आज़ादी की खोज

आज़ादी की खोज

जे. कृष्णमूर्ति

अनुवादक
बलराम शर्मा

संशोधित संस्करण : 2013

ISBN : 978-93-5064-094-4

Azadi Ki Khoj
Hindi Translation of 'On Freedom' Author : J. Krishnamurti

Translated by : Balram Sharma

For the original English Text
© Krishnamurti Foundation Trust Ltd. Brockwood Park,
Bramdean Hampshire S024 OLQ England
&
© Krishnamurti Foundation of America,
P.O. Box No. 1560 Ojai, California 93024 U.S.A.

For the Hindi Translation
© Krishnamurti Foundation India
with special permission from the copyright holders
Vasanta Vihar, 124-126, Greenways Road.
Chennai-600 028

राजपाल एण्ड सन्ज़

1590, मदरसा रोड, कश्मीरी गेट-दिल्ली-110006
फोनः 011-23869812, 23865483, फैक्सः 011-23867791
website : www.rajpalpublishing.com
e-mail : sales@rajpalpublishing.com

''आर्थिक तौर पर शायद आप ऐसे संसार का प्रबंध कर सकते हैं ताकि आदमी कुछ और आराम से रह सके—थोड़ी और सुविधाएं—कुछ और ज़्यादा खाना और कपड़े और मकान, और आप सोच सकते हैं कि यही आज़ादी है। यह सब बेहद ज़रूरी है, इन चीज़ों का होना एकदम लाज़िमी है, लेकिन वही मुकम्मल आज़ादी नहीं। आज़ादी तो एक अवस्था है मन की, एक गुणवत्ता, एक सिफ़त।''

प्राक्कथन

जिद्दू कृष्णमूर्ति का जन्म 1895 ई. में भारत में हुआ। तेरह वर्ष की उमर में उनके पालण-पोषण का काम थियोसोफिकल सोसाइटी ने अपने हाथ में ले लिया, जो उन्हें विश्व गुरु का वाहन मानती थी। जिसके आगमन के वह दावे कर रही थी। कृष्णमूर्ति जल्द ही एक अत्यंत प्रभावशाली रूप से उभर कर सामने आए, एक ऐसे शिक्षक के रूप में जिसे किसी वर्ग या श्रेणी विशेष में नहीं बांधा जा सकता, जो कभी किसी समझौते को राज़ी नहीं था, जिसकी किताबें या वार्ताएं किसी भी मज़हब से नहीं जुड़ी थीं, वे न तो पूर्व की थीं न ही पश्चिम की, उनका नाता तो सारे संसार से था। अपनी मसीहाई छवि का पूरी तरह से खंडन करते हुए 1929 ई. में उन्होंने उस विशाल संगठन को बड़े ही नाटकीय अंदाज़ से भंग कर दिया जिसे उनके ही इर्द-गिर्द खड़ा किया गया था और यह घोषणा की कि सत्य एक पथहीन भूमि है, जिस तक किसी भी रस्मी मज़हब, फलसफा या पंथ के ज़रिए नहीं पहुंचा जा सकता।

तमाम उमर वो बड़ी ही शिद्दत से गुरु की उस पदवी को नकारते रहे जिसे दूसरे उन पर थोपने की कोशिश करते रहते थे। दुनिया भर में वो सुनने वालों को बड़ी तादाद में अपनी तरफ खींचते रहे, लेकिन कभी किसी अथॉरिटी का दावा नहीं किया, चेलों की चाहना नहीं की, और सिर्फ़ एक व्यक्ति के नाते ही दूसरे व्यक्तियों से मुखातिब होते रहे। उनकी शिक्षाओं की तह में यही एहसास छुपा था कि समाज में एक बुनियादी बदलाव व्यक्ति की चेतना के रूपांतरण से ही लाया जा सकता है। उन्होंने हमेशा स्व-बोध की, खुद को जानने की ज़रूरत पर ज़ोर दिया। वो हमेशा इस बात पर बल देते रहे कि कैसे मज़हबों और कौमों से जुड़े संस्कार हमें बांटते हैं, सिकोड़ते हैं। कृष्णमूर्ति खुलेपन की फौरी ज़रूरत

पर हमेशा ज़ोर देते रहे, इशारा करते रहे दिमाग के भीतर छिपे उस अनंत आकाश की तरफ जिसमें ऊर्जा के ऐसे अथाह भंडार छिपे हैं, जिनकी कल्पना भी नहीं की जा सकती। संभवतः यही उनकी अपनी सृजनशीलता का स्रोत था और इतने अलग-अलग किस्म के लोगों पर उनका जो कैटालिटिक प्रभाव पड़ता उसका राज़ भी शायद वहीं छुपा है।

नब्बे वर्ष की उम्र तक निरंतर दुनिया भर में वो अपनी वार्ताएं देते रहे, यह सिलसिला 1986 ई. में उनके देहांत के साथ ही खत्म हुआ। उनके संवाद और वार्ताओं को, जरनलों तथा पत्रों को साठ से भी ज़्यादा किताबों में इकट्ठा किया गया है। शिक्षाओं के इस विशाल भंडार से ही विषय के अनुकूल चुनाव करते हुए किताबों की यह श्रृंखला प्रकाशित की जा रही है। इस श्रृंखला की हर किताब किसी विशेष मुद्दे को आधार बनाएगी जिसका हमारे रोज़मर्रा के जीवन में एक खास और फौरी महत्त्व है।

क्रम

1

आज़ादी में ही सत्य उद्घाटित हो सकता है

कैसे कोई तबदील हो, कुछ 'बनने' की प्रक्रिया से परे बस अस्तित्व की सहज स्थिति में रूपांतरण कैसे हो? वो शख़्स जो कुछ बन जाने के चक्र में फँसा है, संघर्ष और कामनाओं में उलझा है, वो ख़ुद ही से भिड़ा हुआ है—वो उस स्थिति को कैसे जाने जो सद्गुण है, स्वतंत्रता है? उम्मीद है कि मैं सवाल को स्पष्ट कर पा रहा हूं। यानी कुछ ना कुछ होने-बनने के लिए मैं बरसों से जद्दोजहद करता आ रहा हूं : ईर्ष्या से मुक्त होने के लिए, उससे पीछा छुड़ाने के लिए। कैसे मैं इसे छोड़ूं और सहज हो जाऊं, जैसा हूं। क्योंकि जब तक मैं ऐसा कुछ करने के चक्कर में रहता हूं, जिसे मैं सदाचार कहता हूं, पुण्य कहता हूं तो मैं ज़ाहिर तौर पर अपने ही चक्रव्यूह में फंस के रह जाता हूं; और उस चक्रव्यूह में कोई स्वतंत्रता नहीं होती। सो मैं बस इतना ही कर सकता हूं कि सजग हो जाऊं, होने-बनने की अपनी इस प्रक्रिया के बारे में शांत, सजग। अगर मैं छिछला हूं, उथला-उथला, तो मैं शांत रूप से इस बारे में सजग हो सकता हूं कि हां मैं छिछला हूं, कुछ और होने के किसी प्रयास में अटके बिना। अगर मैं क्रोधी हूं, ईर्ष्यालु या बेरहम हूं, दूसरों से जलता हूं, तो मैं उसके बारे में होशपूर्ण रह सकता हूं, बिना कोई टकराव खड़ा किए। जिस घड़ी आप किसी गुण-अवगुण में उलझते हैं, आप संघर्ष को ही बल देने लगते हैं, और यूं प्रतिरोध की दीवार को और मज़बूती दे देते हैं। प्रतिरोध की इसी दीवार को ही 'सदाचार' समझ लिया जाता है, किंतु ऐसे सदाचारी के जीवन में सत्य का दर्शन कभी नहीं हो सकता। वो तो केवल स्वतंत्र शख़्स ही है जिसके दर पर सत्य दस्तक देता है, और हां, आज़ाद होने के लिए याद्दाश्त का पोषण काम नहीं आता, वह तो सदाचार है, यानी गुण-अवगुण में उलझ कर रह जाना।

सो निरंतर चलती इस जंग के बारे में, इस जद्दोजहद के बारे में हमें चौकन्ना रहना होगा। बिना किसी टकराव के, बिना निंदा के महज़ सजग, और अगर आप सचमुच ही सजग होते हैं, निष्क्रिय, लेकिन चौकसी से भरे हुए, तो आप देखेंगे कि ईर्ष्या, जलन, लोभ, हिंसा और ऐसी तमाम चीज़ें गायब हो जाती हैं, और तब एक व्यवस्था उभरती है—सहज-स्फूर्त, एक व्यवस्था जो सदाचार नहीं होती, एक बंद दायरे में बंधी नहीं होती। क्योंकि सद्गुण, नेकी तो स्वतंत्रता है, किसी तरह की मजबूरी नहीं है। सिर्फ आज़ादी में ही सत्य उद्घाटित हो सकता है। इसलिए नेकी ही बुनियादी मुद्दा है, न कि सदाचारी होना, क्योंकि नेकी ही व्यवस्था लाती है। वो सिर्फ सदाचारी ही है जो उलझा है, द्वंद्व में पड़ा है, वो केवल सदाचारी ही है जो प्रतिरोध के यंत्र के रूप में अपनी इच्छा शक्ति को मज़बूत करता है, और इच्छा शक्ति वाला शख़्स कभी सत्य तक नहीं पहुंच सकता, क्योंकि वो कभी मुक्त नहीं होता। 'जो है' उसे पहचानते हुए उसे कबूल करते हुए, उसके संग जीना—उसे बदलने की कोशिश किए बिना, उसकी निंदा किए बिना—नेकी में, सद्व्यवहार में जीना यही स्वतंत्रता है। सिर्फ वहां जहां मन स्मृतियों का पोषण नहीं करता, प्रतिरोध के शस्त्र के रूप में जब वह क़ायदे-कानून का, सदाचार का हवाला नहीं देता, वहीं स्वतंत्रता है, मुक्ति है, और तभी वह यथार्थ उभरता है, जिसका आनंद भोगने योग्य है।

प्रश्न : लगता है कि आप इस विचार से सहमत नहीं हैं कि भारत में हमें आज़ादी मिली है। आप के मतानुसार असल आज़ादी है क्या?

कृष्णमूर्ति : जनाब, आज़ादी जब एक राष्ट्र के दायरे में कैद हो जाती है तो महज़ एक अलगाव हो कर रह जाती है, और अलगाव तो लाज़िमी तौर पर टकरावों की तरफ ले जाता है, क्योंकि अलग-थलग हो कर तो कुछ रह ही नहीं सकता। होने का मतलब ही संबंधित होना है, अपने आप को कौमी हदबंदियों में रोक कर जुदा कर लेना तो सिर्फ उलझाव को ही बुलावा देगा, टकराव, जंग, भुखमरी और दुख-क्लेशों को न्योता देगा, कितनी ही बार यह बात साबित हो चुकी है। सो एक अलग राज के रूप में आज़ादी लाज़िमी तौर पर टकराव और जंग ही ले कर आएगी, क्योंकि ज़्यादातर लोगों के लिए इस का मतलब ही अलगाव है। और जब आप खुद को एक राष्ट्रीय पहचान के रूप में अलग कर लेते हैं, तो क्या यह आज़ादी है? क्या आप ने शोषण से मुक्ति पा ली, वर्ग-संघर्ष से, भुखमरी से, मज़हबी टकराव से, पंडे-पुजारियों से, सांप्रदायिक तनाव से, लीडरों से? नहीं। आप ने केवल गोरे लुटेरों को निकाल बाहर किया है, उनकी जगह

काले हाकिमों ने ले ली है—वो शायद और भी निर्मम होंगे। सब कुछ तो पहले जैसा ही है, वही शोषण, वही पंडे-पुरोहित और संस्थागत धर्म, वही अंधविश्वास और वर्ग-युद्ध। क्या इससे हमें आज़ादी मिली है? बात तो यह है जनाब कि हम आज़ाद होना ही नहीं चाहते। बराय मेहरबानी खुद को मूर्ख मत बनायें। क्योंकि आज़ादी का मतलब होता है तत्काल सूझ-बूझ, प्रेम; और उसमें निहित है शोषण का अभाव एवं सत्ता के सामने घुटने टेकने से इनकार। आज़ादी का मतलब है अद्वितीय सद्गुण, अद्भुत खूबी। जैसा कि मैंने कहा, सदाचार, नीतिपरायणता तो सदा ही अलगाव की प्रक्रिया है, अलगाव और नीतिपरायणता तो साथ-साथ ही चलते हैं, जबकि सद्गुण और आज़ादी का चोली दामन का साथ है। एक प्रभुसत्तासंपन्न राष्ट्र हमेशा अलग-थलग ही रहता है, और इसीलिए कभी आज़ाद नहीं हो सकता; यह निरंतर कलह की, शक-शुबह की, टकराव तथा युद्धों की वजह बना रहता है।

बेशक आज़ादी की शुरुआत व्यक्ति से होती है, जो कि अपने आप में एक मुकम्मल प्रक्रिया है, न कि समूह के विरोध में। व्यक्ति ही संसार की पूरी प्रक्रिया है, और अगर वो ही खुद को राष्ट्रीयता अथवा नीतिपरायणता के नाम पर अलग-थलग कर लेता है, बांट लेता है, तब वही दुख और बरबादी की वजह हो जाता है। लेकिन अगर व्यक्ति—जो कि समस्त प्रक्रिया है, समूह के विरोध में नहीं, बल्कि जो खुद ही समूह का परिणाम है, समग्र का—अगर वह व्यक्ति खुद को तबदील कर लेता है, अपने जीवन को बदल लेता है, तो ही वह स्वतंत्र होता है। क्योंकि वह संपूर्ण प्रक्रिया का परिणाम है, जब वह खुद को राष्ट्रीयता से, लोभ और शोषण से मुक्त कर लेता है तो संपूर्ण पर उसका सीधा असर होता है। व्यक्ति का पुनरुत्थान भविष्य में नहीं है बल्कि अभी है, अगर आप उसे कल के लिए टाल रहे हैं तो आप अंधेरे में भटक रहे हैं, उलझनों को बुलावा दे रहे हैं। पुनरुत्थान तो अभी है, कल नहीं, क्योंकि समझ तो सिर्फ वर्तमान में है। इस क्षण आप उसे नहीं समझते क्योंकि आप अपना दिलो-दिमाग उसमें झोंकते नहीं, जिसे आप समझना चाहते हैं उसमें पूरा ध्यान नहीं लगाते। अगर आप पूरे दिलो-दिमाग से किसी चीज़ को समझना चाहेंगे तो आप समझ जायेंगे। श्रीमान् अगर आप हिंसा के मूल की तलाश में जी-जान लड़ा देते हैं, उसकी बाबत अगर पूरी तरह से सचेत हैं, तो आप इसी क्षण अहिंसक होंगे। लेकिन बदकिस्मती से हमने अपने दिमाग को इतना संस्कारित कर लिया है सामाजिक नैतिकता से, धार्मिक पलायनवाद से कि हम सीधे तौर पर उसे देखने में ही असमर्थ हो गए हैं, यही हमारी मुश्किल है।

तो समझदारी हमेशा वर्तमान में है, भविष्य में नहीं। बुद्धिमता इस क्षण है, आने वाले कल में नहीं। और आज़ादी, जो कि अलगाव नहीं है, वह केवल तभी हो सकती है जब हममें से हर कोई समस्त के प्रति अपनी ज़िम्मेदारी को समझता है। व्यक्ति समग्र की संतान है—वह उससे जुदा नहीं है। आखिरकार आप पूरे भारत का परिणाम हैं, पूरी मानवता का। आप खुद को भले ही किसी नाम से पुकारें, आप पूरी प्रक्रिया का परिणाम हैं, मतलब यह कि आदमी हैं। और अगर आप, मानसिक-मनोवैज्ञानिक तौर पर जो आप हैं, मुक्त नहीं हैं तो बाहरी तौर पर आप कैसे आज़ाद हो सकते हैं; उस बाहरी स्वतंत्रता का फिर क्या मतलब रह जाता है? आपकी अलग तरह की सरकारें हो सकती हैं—क्या यह आज़ादी है? आप प्रांतों की गिनती बढ़ा सकते हैं, क्योंकि हर कोई नौकरी चाहता है, पर क्या यह आज़ादी है? श्रीमान सच तो यह है कि हम थोथी लफ्फाजी ही करते आये हैं, प्रोपेगंडे के प्रभाव में यानी झूठ में जीते आये हैं। हमने खुद कभी समस्याओं पर गौर ही नहीं किया, क्योंकि ज़्यादातर लोग पिछलग्गू होना ही पसंद करते हैं। हम सोचना और पता लगाना नहीं चाहते, क्योंकि सोचना तकलीफदेह है, भ्रांतियों को उघाड़ने वाला। या तो हम सोचते हैं और भ्रमों को टूटता हुआ देखकर सभी में दोष देखना शुरु कर देते हैं—या फिर सोचते-विचारते हैं और पार निकल जाते हैं। और जब आप पार हो जाते हैं, सारी चिंतन प्रक्रिया से परे, वहीं आज़ादी है। और उसी में आनंद है, एक सृजनात्मक अस्तित्व है, जिसे अपने अलग-थलग अस्तित्व में जीने वाला, सदाचार के नियमों का पालन करने वाला, व्यक्ति कभी समझ ही नहीं सकता।

सो हमारी मुश्किल यह है कि हमारी सोच इधर-उधर व जहां-तहां भटकती रहती है, स्वाभाविक है कि हम उसमें व्यवस्था लाना चाहते हैं। किंतु यह व्यवस्था लाई कैसे जाए? देखिए एक तेज़ घूमती मशीन को समझने के लिए, हमें उसे धीमा करना पड़ता है, पड़ता है ना? किसी डायनेमो को समझना है तो रफ्तार घटा कर उसका अध्ययन करना होगा, लेकिन अगर आप उसे बंद कर देते हैं तो वह एक मृत-जड़ वस्तु हो जाएगी, और मुर्दा चीज़ को तो कभी समझा नहीं जा सकता। सिर्फ जीवंत शै को ही समझा जा सकता है। ऐसा मन, जो बाधाएं खड़ी करके या अलग-थलग हो कर विचारों का गला घोंटता है, कभी बुद्धिमान नहीं हो सकता, किंतु मन विचारों को धीमा करके उनकी प्रक्रिया को समझ सकता है। अगर आप ने कभी धीमी गति की फिल्म देखी हो तो घोड़े के कूदते वक्त उसकी मांसपेशियों में होने वाली गज़बनाक हरकतों को आप अच्छे से देख सकते

हैं, लेकिन जब वह झट से कूद जाता है, वह खूबसूरती खो जाती है, क्योंकि यह सब बिजली की रफ्तार से घटता है। उसी तरह मन जब धीमे-धीमे चलता है क्योंकि वह हर विचार को समझना चाहता है, जैसे ही वह विचार उठ रहा होता है, तो वहां विचार की जकड़ से छुटकारा मिलता है, अनुशासित और बांध-बांध कर रखे गए विचारों से मुक्ति मिलती है। विचार तो यादों की ही प्रतिक्रिया है, इसलिए विचार कभी सृजनात्मक नहीं हो सकते। जब आप नए को नए के ही रूप में मिलते हैं, ताज़े को ताज़ा ही देखते हैं, तभी सृजनात्मक हस्ती उभरती है। मन तो एक रिकार्डर है, यादों को संजोने वाला संग्रहकर्ता, और जब तक चुनौतियां यादों को जीवन देती रहती हैं, विचारों की हिलजुल चलती ही रहती है। लेकिन अगर हर सोच को गौर से देखा जाए, महसूस किया जाए, उसकी गहराई में उतरा जाए, और उसे पूरी तरह समझा जाए, तो आप देखेंगे कि यादें मुझाने लगती हैं। हम मानसिक स्मृतियों की बात कर रहे हैं, तथ्यपरक स्मृति की नहीं।

बंबई,
7 मार्च 1948

2

जांच-परख का यह यंत्र

हम यह पता लगाने की कोशिश कर रहे हैं कि क्या जीवन का कोई उद्देश्य है, यही चर्चा का विषय है, और क्या उस उद्देश्य को मापा जा सकता है। मापना-आंकना तो केवल ज्ञात के ही दायरे में हो सकता है, अतीत के संदर्भ में, और जब मैं जाने हुए के दायरे में जीवन के मकसद को आंकता हूं, तो मैं उसे अपनी पसंद-नापसंद के ही हिसाब से परखूंगा। तो वो उद्देश्य मेरी ही ख्वाहिशों से बंधा होगा, उनके द्वारा संस्कारित, और तब वह उद्देश्य उद्देश्य कहलाने लायक कहां रह जाता है। यह तो एकदम स्पष्ट है, या नहीं? सिर्फ अपने पूर्वाग्रहों के चश्मे से, अपनी चाहतों और इच्छाओं के माध्यम से ही मैं यह जान सकता हूं कि जीवन के क्या मायने हैं, क्या मकसद है, अन्यथा तो मैं जान नहीं सकता, या जान सकता हूं? यूं मापना-आंकना, रिकार्डिंग या कोई भी मापदंड, सब मेरे ही ज़हन के संस्कार हैं, अपने ही संस्कारों द्वारा धकेला हुआ मैं यह फैसला करता हूं कि मकसद क्या है। लेकिन क्या वही जीवन का मकसद है? यह तो मेरी ही चाहत की पैदाइश है, इसलिए यह तो हरगिज़ जीवन का मकसद हो नहीं सकता। जीवन के उद्देश्य को समझ पाने के लिए, उसका पता लगाने के लिए मन को माप-तोल के बंधनों से मुक्त होना होगा; सिर्फ तभी वह पता लगा सकता है। अन्यथा तो आप अपनी ही ख्वाहिशों को आरोपित कर रहे होंगे। यह कोई बौद्धिक रस्साकशी नहीं है, अगर आप इसकी गहराई में उतरेंगे तो इसकी अहमीयत को समझ पायेंगे। आखिरकार मैं अपने पूर्वाग्रहों के मुताबिक, अपनी चाहतों, ख्वाहिशों और रुचियों के अनुरूप ही यह तय करता हूं कि जीवन का क्या उद्देश्य होना चाहिए। सो मेरी ख्वाहिशें ही लक्ष्य निर्धारित कर लेती हैं। निस्संदेह यह तो जीवन का उद्देश्य नहीं है। ज़्यादा महत्त्वपूर्ण क्या है—जीवन के लक्ष्य का पता

लगाना, या फिर मन को उसके संस्कारों से मुक्त करना? और मन जब अपने संस्कारों से मुक्त होता है, वो स्वतंत्रता ही स्वयं में उद्देश्य है। क्योंकि आखिरकार स्वतंत्रता में ही कोई किसी सत्य की खोज कर सकता है।

सो पहली ज़रूरत तो है आज़ादी, जीवन के उद्देश्य की तलाश नहीं। साफ है कि बिना आज़ादी के तो कोई उसे पा ही नहीं सकता; अपनी छोटी-छोटी छिछली चाहतों से, लालसाओं से, महत्त्चाकांक्षाओं से छूटे बगैर, ईर्ष्या और तुच्छ भावनाओं से, इन सबसे मुक्त हुए बिना कोई कैसे यह निरीक्षण कर सकता है, कैसे जीवन के उद्देश्य को ढूंढ सकता है? जो जीवन के उद्देश्य की खोज कर रहा है क्या उसके लिए यह अहम नहीं कि वो पहले यह पता लगाए कि जांच परख का वह यंत्र इस काबिल है भी कि जीवन की तह में उतर सके, अपने ही वजूद की मनोगत पेचीदगीयों में? क्योंकि यही तो है जो हमारे पास है, क्या ऐसा नहीं है? जैसे यह यंत्र ढाला गया है हमारी तुच्छ चाहतों के ढांचे में, ढला यह यंत्र भला कैसे हमारे अनुभवों, चिंताओं और दुश्चिंताओं अथवा तुच्छ भावनाओं से बन कर निकला है, कैसे ऐसा यंत्र यथार्थ को पा सकता है? और अगर आपको जीवन के उद्देश्य का पता लगाना है तो क्या यह महत्त्वपूर्ण नहीं कि पहले आप यह पता लगायें कि खोज करने वाला जीवन के मकसद को समझने के, उसका पता लगा पाने के योग्य है भी? मैं बात को आपकी तरफ घुमा नहीं रहा, किंतु जब भी हम जीवन के उद्देश्य की खोज करते हैं उसमें यही सब निहित है। जब भी हम यह सवाल उठाते हैं, हमें पहले यही पता लगाना होगा कि सवाल करने वाला, वो खोजी, समझ पाने के योग्य है भी।

बंगलौर,
18 जुलाई 1948

3

आज़ादी, भय और प्यार

प्रश्न : अंग्रेज़ी हकूमत के खात्मे के बाद भी हमारी शिक्षा के ढांचे में कोई बुनियादी तबदीली नहीं आई। मांग वही है और ज़ोर आज भी स्पैशलाईज़ेशन पर, विषय-विशेष में महारथ हासिल करने पर है; तकनीकी और पेशेवाराना ट्रेनिंग पर। कैसे हमारी शिक्षा असल आज़ादी का वाहन हो सकती है, सही मायनों में उसको अमल में लाने का साधन बन सकती है?

कृष्णमूर्ति : श्रीमान् असल आज़ादी से हमारे क्या मायने हैं? राजनैतिक आज़ादी? या फिर जैसा आप चाहें वैसा सोचने की आज़ादी, छूट? क्या आप जैसा चाहें सोच सकते हैं, मर्ज़ी मुताबिक? और क्या सोच-विचार से आज़ादी लाई जा सकती है? क्या सारी चिंतन प्रक्रिया ही संस्कारित नहीं है? तो वास्तविक आज़ादी से आप का अर्थ क्या है?

जितना हम जानते हैं, शिक्षा संस्कारित चिंतन ही है, क्या ऐसा नहीं? हमारा मतलब तो नौकरी हासिल करने से है या उन जानकारियों का इस्तेमाल करने से—अपने अहम की संतुष्टि व खुद को बढ़ा-चढ़ा कर दिखाने के लिए, दुनिया में आगे बढ़ने के लिए। क्या यह देखना अहम नहीं होगा कि असल आज़ादी से हमारे मायने क्या हैं? यदि हम यह समझ पायें तो शायद किसी पेशेवाराना महारथ की, किसी तकनीकी ट्रेनिंग की अपनी कुछ अहमीयत हो सकती है। किंतु महज़ तकनीकी सामर्थ्य को ही बढ़ाए चले जाना बिना यह समझे कि असल में आज़ादी है क्या, यह तो तबाही की तरफ ही ले जाएगा, भयंकर युद्धों की तरफ, और यही तो है जो अब संसार में घट रहा है। तो आईए पता लगायें कि वास्तविक आज़ादी से हमारा तात्पर्य क्या है।

बेशक आज़ादी की पहली जरूरत है कि कहीं कोई भय ना हो—सिर्फ समाज

द्वारा थोपे गए भय नहीं बल्कि असुरक्षा की भावना ढोते मनोगत भय भी। आप के पास अच्छी भली नौकरी हो सकती है, हो सकता है कि आप कामयाबी की सीढ़ियों पर दनादन आगे बढ़े जा रहे हों, लेकिन अगर वहां महत्त्वाकांक्षा है, कुछ बनने की होड़ है, क्या वह भय के बीज नहीं डालेगी। तो क्या इसका यह मतलब नहीं कि वह जो बहुत कामयाब है सच्चे अर्थों में आज़ाद नहीं है? सो परंपरा द्वारा थोपे गए भय, सामाजिक रस्मो-रिवाज निभाने की कथित ज़िम्मेदारियां, और मौत का डर, असुरक्षा, बीमारी का खौफ—यही सब तो हमारी हस्ती की असल आज़ादी को रोकता है, है कि नहीं?

सो आज़ादी मुमकिन नहीं है जब तक किसी भी रूप में बाहरी अथवा भीतरी विवशता मौजूद है। ऐसी विवशता तभी जन्म लेती है जब किसी सामाजिक ढांचे का अनुकरण करने की ललक रहती है, या फिर किसी ऐसे ढांचे की जिसे खुद आपने अपने लिए तैयार किया हो, उसे भले आप अच्छा मानते हों या बुरा। ये ढांचे सोच द्वारा ही खड़े किए जाते हैं, जो कि अतीत की उपज हैं, आपकी परंपरा की, शिक्षा-दीक्षा की, आपका सारा अनुभव ही अतीत पर खड़ा है। सो जब तक किसी भी तरह की विवशता है—सरकारी, मज़हबी या अपनी ही किसी ढंग-प्रणाली की जिसे आपने अपने लिए खड़ा कर लिया है अपनी इच्छाओं की पूर्ति के माध्यम से या महान बनने के लिए—तब तक कोई असल आज़ादी नहीं हो सकती। इसे हासिल करना कोई आसान काम नहीं है, ना ही यह समझ पाना ही इतना सहज है कि असल आज़ादी से हमारा भाव क्या है। लेकिन हम यह भलीभांति देख सकते हैं कि जब तक भय लेश-मात्र भी मौजूद है, किसी भी रूप में, हम नहीं जान सकते कि वास्तविक आज़ादी है क्या।

व्यक्तिगत हो या सामूहिक, जब तक भय है, विवशता है, कोई आज़ादी नहीं हो सकती। हम असल आज़ादी के बारे में कल्पनाएं ज़रूर कर सकते हैं, परंतु वास्तविक आज़ादी तो उसके बारे में किए गए काल्पनिक विचारों से सर्वथा भिन्न ही होगी।

सो जब तक मन किसी भी तरह से सुरक्षा के पीछे भाग रहा है—और ज़्यादातर लोग इसी के तो पीछे लगे हैं—जब तक मन किसी भी रूप में स्थायित्व के लिए तड़प रहा है, आज़ादी हो नहीं सकती। जब तक व्यक्तिगत या सामूहिक रूप से हम सुरक्षा तलाशते हैं, जंग तो होगी ही, यह बात एकदम साफ है—यही तो है जो दुनिया भर में आज हो रहा है। तो असल आज़ादी तभी हो सकती है जब मन सुरक्षा की कामना के तमाम सिलसिले को, अमरता और निरंतरता

की आरज़ू को समझ लेता है। आखिर यही तो है जो हम अपने देवताओं में, अपने गुरुओं में ढूंढते हैं, सामाजिक सबंधों में, सरकारों में हम सुरक्षा ही तो तलाशते हैं, परमात्मा के रूप में हम परम सुरक्षा की भावना पोषित करते हैं, जो हमसे ऊपर है; उस छवि को आप ऐसे विचारों में ढांप लेते हैं कि आप की हस्ती तो एकदम क्षण-भंगुर है—पानी का बुदबुदा—परंतु वहां उस रूप में तो आखिरकार आप अमर हैं। तो आप धार्मिक स्थायित्व की कामना से शुरू करते हैं, आपकी सारी सियासी, धार्मिक और सामाजिक गतिविधियां, वे जो भी हों, स्थायी, हमेशा बने रहने की लालसा पर ही खड़ी हैं—निश्चित होने की। खानदान के माध्यम से, कौम या किसी विचार के ज़रिये या पुत्रादि के द्वारा आप खुद को ही चिर-स्थायी बनाने में लगे हैं। कैसे वो मन जो जाने-अनजाने हर वक्त सुरक्षा की, अमरता की ही तलाश में रहता है, वह कैसे कभी आज़ादी पा सकता है?

सही मायनों में हम वास्तविक आज़ादी तो चाहते ही नहीं। हम उससे कुछ अलग चाहते हैं; हम चाहते हैं बेहतर हालात, एक बेहतर राज्य। हम आज़ादी नहीं चाहते; हम चाहते हैं बेहतर, बढ़िया, अच्छे हालात, और उसे हम शिक्षा कहते हैं। क्या यह शिक्षा संसार में अमन ला सकती है? एकदम नहीं। इसके विपरीत यह तो और बड़े युद्धों, तकलीफों को जन्म देने वाली है। जब तक आप हिंदू हैं, मुसलमान हैं, और खुदा जाने क्या-क्या हैं, आप हर हाल में दुख-क्लेश ही खड़े करने वाले हैं—अपने लिए, अपने पड़ोसियों और कौम के लिए। क्या हमें इसका एहसास है? देखें तो सही क्या हो रहा है! मुझे यह बताने की ज़रूरत नहीं आप खुद भली-भांति जानते हैं।

एक सुलझे हुए इनसान होने की बजाए आप अलगाव के ही सुर में सोचते हैं; आपकी तमाम कारगुज़ारियां बंटी हैं, फंसी हुई हैं गुटबंदी में, विभाजनकारी हैं—आप सब लड़ मर रहे हैं। यही नतीजा है इस तथाकथित आज़ादी का और इस नामनिहाद शिक्षा का। आप कहते हैं कि मज़हबी तौर पर आप एकजुट हैं पर असल में आप लड़ रहे हैं तबाह-ओ-बरबाद कर रहे हैं एक दूसरे को, क्योंकि आप जीवन की समग्र प्रक्रिया को नहीं देखते, आप सिर्फ आने वाले कल तक ही महदूद हैं, अच्छी नौकरियां पाने तक। यह सब सुन कर जैसे ही आप बाहर निकलेंगे वही सब कुछ करना जारी रखेंगे। आप तंगदिल ही रहेंगे, सारे संसार से मुंह फेरे हुए। जब तक आप इसी सुर में सोचते हैं, युद्ध, तकलीफें और बरबादी आपके मुकद्दर में बंधे हैं। आप कभी महफूज़ नहीं होंगे, न आप, न ही आप के बच्चे, हालांकि आप महफूज़ होना चाहते हैं और इसीलिए आप इसे तंग इलाकाई

नज़रिये से देखते हैं। जब तक आप इन्हीं राहों में अटके हैं जंग की तलवार सिर पर लटकती ही रहेगी।

जीने का आपका यह तरीका यही बताता है कि आप सचमुच आज़ादी चाहते ही नहीं, आप सिर्फ जीने का एक बेहतर तरीका ढूंढ रहे हैं, ज़्यादा सुरक्षा, ज़्यादा संतुष्टि, अपनी नौकरी बचाना चाहते हैं, मज़हबी और सियासी तौर पर अपने ओहदे को, अपनी पोजीशन को पक्का करना चाहते हैं। ऐसे लोग नए संसार की रचना नहीं कर सकते। वे धार्मिक लोग नहीं हैं। वे बुद्धिमान लोग नहीं हैं। वो भी तमाम सियासतदानों की तरह फौरी नतीजों के ही संदर्भ में सोचते हैं। और आप जानते हैं, जब तक आप दुनिया को सियासी लोगों के भरोसे छोड़े रहेंगे, दुख-तकलीफें, तबाही और जंग होती ही रहेंगी। जनाब मेहरबानी करके मुस्करायें मत। यह आपकी ज़िम्मेदारी है, आपके लीडरों की नहीं, यह आपकी व्यक्तिगत ज़िम्मेदारी है।

आज़ादी तो बिलकुल ही अलग शै है, यह उभर कर आती है, इसके पीछे दौड़ा नहीं जा सकता। आज़ादी का खिलना होता है जब कोई भय ना हो, जब दिल में प्यार हो। और आप हिंदू, ईसाई, मुसलमान या पारसी का जामा ओढ़े रहें, यह मुमकिन नहीं। होते हुए आप प्यार तो कर ही नहीं सकते। आज़ादी तो तभी आती है जब मन अपने लिए सुरक्षा की मांग नहीं करता, ना ही परंपरा में और ना ही ज्ञान में। मन जो जानकारियों से दबा है, अपंग हो चुका है, वह मुक्त मन नहीं हो सकता। मन तो तभी मुक्त होता है जब वह तत्क्षण जीवन का सामना करने में समर्थ हो जाता है, हर नई घटना, नई सोच, नया अनुभव जो कुछ भी सामने आता है उसके यथार्थ का सामना करने में। जब तक मन अतीत के बोझ का मारा है, वह आविर्भाव, वह उद्बोधन, संभव नहीं।

शिक्षक की ज़िम्मेदारी है : नए इनसान को जन्म देना। उसका काम है एक अलग ही तरह की आदम-जात को तैयार करना, जो अभय और आत्मनिर्भर हो, जो एक अलग तरह के समाज का निर्माण करे—ऐसा समाज जो हरगिज़ हमारे जैसा नहीं होगा, क्योंकि हमारे समाज की नींव है भय, ईर्ष्या, महत्त्वाकांक्षा, भ्रष्टाचार। असल आज़ादी तभी आती है जब प्रज्ञा का जन्म होता है—जिसके मायने हैं समग्र की समझ, अस्तित्व की अखंड धारा की समझ।

पूना,
31 जनवरी 1953

4

समाज के प्रति, अपने प्रति मेरा क्या फ़र्ज़ है

प्रश्न : आप आज़ादी की बात करते हैं। क्या आज़ादी के साथ कुछ फ़र्ज़ नहीं जुड़े हुए? समाज के प्रति, अपने प्रति मेरे क्या फ़र्ज़ हैं?

कृष्णमूर्ति : क्या आज़ादी और फ़र्ज़ दोनों की तुलना हो सकती है? क्या फ़र्ज़ निभाने वाला बेटा आज़ाद होगा? क्या मैं समाज के प्रति फ़र्ज़ निभाते हुए भी मुक्त रह सकता हूं? क्या मैं फ़र्ज़ों के प्रति पाबंद रहते हुए भी सही मायनों में क्रांतिकारी हो सकता हूं, आर्थिक अर्थों में नहीं? अगर मैं किसी सियासी या मज़हबी ढांचे के मुताबिक चलता हूं, तो क्या मै कभी मुक्त हो सकता हूं? या फिर मैं सिर्फ नकल ही उतारता हूं, अनुसरण करता हूं? क्या यह सारी व्यवस्था ही महज़ नकल नहीं है? एक आज्ञाकारी बेटे के नाते, अपने पिता का हर हुक्म बजाते हुए, समाज के हिसाब से सही राह पर चलना—क्या यह सब अपने आप में ही नकल का एहसास नहीं दिलाता? मेरे पिता चाहते हैं कि मैं एक वकील बनूं, तो क्या यह मेरी ड्यूटी हो जाती है? पिता कहते हैं कि किसी धार्मिक संस्था के सदस्य हो जाओ, तो क्या यह मेरा फ़र्ज़ बन जाता है?

क्या फ़र्ज़ का प्रेम से कुछ लेना-देना है? जब प्रेम का कहीं कोई नामो-निशां नहीं होता, कोई स्वतंत्रता नहीं होती तो फ़र्ज़ 'शब्द' बहुत महत्त्वपूर्ण हो जाता है। और फ़र्ज़ एक परंपरा बन कर रह जाता है। यही हमारी सूरते हाल है, ऐसे ही जीते हैं हम, क्या नहीं?—हर हाल में फ़र्ज़ निभाना।

समाज के प्रति मेरा क्या फ़र्ज़ है? अपने प्रति मेरा क्या कर्तव्य है? कई तरह की मांगें लादता है समाज आप पर; हुक्म बजाना होगा, अनुसरण करना होगा, कुछ परंपरायें तो निभानी ही होंगी, कुछ कर्म-कांड करने ही होंगे, कुछ विश्वास लाज़िमी होंगे। यह आपको कुछ खास तरह की सोचों से बांध देता है, खास तरह

के विश्वासों से। अगर आप सत्य की खोज में जुटे हैं—न कि इसमें कि समाज के प्रति क्या कर्तव्य हैं, न ही किसी खास ढांचे पर खरे उतरने की कोशिश कर रहे हैं—सत्य क्या है उसका पता लगाने का प्रयास कर रहे हैं, तो क्या आपको पहले मुक्त नहीं होना होगा?

आज़ाद होने का मतलब यह नहीं है कि आप किसी चीज़ को दरकिनार कर देते हैं, या हर चीज़ का ही विरोध करने की ठान लेते हैं; यह कोई आज़ादी नहीं है। आज़ादी का मतलब है विचारों के प्रति निरंतर सजगता, जिसका मतलब है फर्ज़ शब्द में जो कुछ भी छिपा है उसे देखते-समझते हुए आगे बढ़ना—न कि महज़ किसी खास तरह की आज़ादी को उठा कर ताक पर रखना—इसी में से स्वतंत्रता उजागर होती है। आप तमाम परंपराओं को समझ नहीं सकते, अगर आप उनकी निंदा करते हैं या समर्थन करते हैं, किसी विशेष विचार या सोच के साथ खुद को जोड़ लेते हैं तो आप उनकी अहमियत का ठीक-ठीक अंदाज़ा ही नहीं लगा पाते। जब मैं इस की खोज-पड़ताल शुरू करता हूं कि समाज या अपने प्रति मेरे क्या कर्तव्य हैं, तो मैं पता कैसे लगाऊंगा? कसौटी क्या होगी? मानदंड क्या रहेगा? और क्या हम यह छानबीन करेंगे कि हम इन शब्दों पर निर्भर क्यों हैं? कितनी जल्दी खोजने परखने वाला, तलाशने वाला मन फर्ज़ शब्द के शिकंजे में फंस जाता है! बूढ़ा बाप बेटे से कहता है, ‘मेरी मदद करना तुम्हारा फर्ज़ है’, और बेटा भी उसे अपना फर्ज़ मानता है। हालांकि वह कुछ और करना चाहता है, तस्वीरें बनाना, जिससे इतनी आमदनी नहीं होगी कि बाप-बेटे दोनों का गुज़ारा हो सके, वह खुद से कहता है कि कमाई करना उसका फर्ज़ है और जो वह असल में करना चाहता है उसे नज़रअंदाज़ कर देता है, और सारी उम्र के लिए उसी में उलझ कर रह जाता है। सारे जीवन में कड़वाहट घुल जाती है, दिल में खटास लिए वह मां-बाप को कमा कर देता रहता है। यही हमारा जीवन है, हम कड़वाहट से भरे जीते हैं और उसी में डूबे मर जाते हैं।

क्योंकि असल में हमारे भीतर प्यार नहीं है, क्योंकि हम स्वतंत्र नहीं हैं, इसीलिए अपने विचारों को काबू में रखने के लिए, भावनाओं और दिलो-दिमाग को खास ढांचे में ढालने के लिए हम शब्दों का सहारा लेते हैं, और हम संतुष्ट हो जाते हैं। बेशक प्रेम ही क्रांति की एक मात्र राह हो सकती है, और यही एकमात्र राह है भी। लेकिन ज़्यादातर लोगों को क्रांति से परहेज़ है, केवल सतही क्रांति नहीं, आर्थिक क्रांति वगैरह नहीं, बल्कि कहीं गहरे और सार-भूत रूप में, सोच की क्रांति जो कहीं अहम है, सृजन की क्रांति। जब तक हमें इससे परहेज़

है, हम ऊपर-ऊपर से सुधार करते रहेंगे और शब्दों का, धमकियों का, महत्त्वाकांक्षा का सहारा लेकर यहां-वहां थोड़ी बहुत लीपापोती करते रहेंगे।

आप कहेंगे कि अभी तक मैंने आपके सवाल का जवाब नहीं दिया, "कि समाज के प्रति मेरे क्या फ़र्ज़ हैं, अपने पिता और खुद के प्रति।" मैं कहूंगा कि यह सवाल ही गलत है। यह सवाल एक ऐसे मन से निकला है जो स्वतंत्र नहीं है, जो बागी नहीं है, हुक्म का गुलाम है, दब्बू है, मन जिसमें ज़रा भी प्यार नहीं। क्या ऐसा मन जो स्वभाव से दब्बू है, हुक्म बजाने वाला, प्रेम से खाली, जिसमें कड़वाहट घुली है, क्या ऐसा मन समाज के या अपने प्रति कर्तव्यपूर्ण हो सकता है? क्या ऐसा मन एक नए संसार की रचना कर सकता है, एक नई संरचना को ला खड़ा कर सकता है?

सिर मत हिलाईये। क्या आप जानते हैं कि आप चाहते क्या हैं? आप क्रांति नहीं चाहते, मन में होने वाली क्रांति नहीं चाहते आप। आप अपने बच्चों को वैसे ही पालना चाहते हैं जैसे कि आप पले-बढ़े हैं। आप भी उसी तरह उन्हें संस्कारित करना चाहते हैं, बंधे बंधाये ढर्रे पर ढालना चाहते हैं, आप चाहते हैं वो भी वैसे ही सोचें, धार्मिक रीति-रिवाज़ों में शामिल हों, उसी में विश्वास करें जिसमें आप की आस्था है। आप उन्हें खुद पता लगाने के लिए प्रोत्साहित नहीं करते। जैसे आप खुद को अपने संस्कारों में बरबाद कर रहे हैं वैसा ही दूसरों को भी बरबाद करना चाहते हैं। सो समस्या यह नहीं है कि, "दूसरों के प्रति मेरे क्या फ़र्ज़ हैं?" बल्कि यह है कि मैं प्रेम को अपने भीतर कैसे जगाऊं, आज़ादी कैसे खोजूं? "और जब वहां वो प्यार होता है, हो सकता है आप फर्ज़ों के ज़रा भी पाबंद ना हों।

प्रेम अत्यंत क्रांतिकारी शै है, लेकिन मन उस प्रेम की धारणा नहीं कर सकता। प्रेम को रोप नहीं सकते आप, यह तो बस होता है; यह कोई पिछवाड़े में उगाई जाने वाली चीज़ नहीं है; यह तो एक ऐसी शै है जो निरंतर जांच-परख में पनपती है, प्रवाहशील असंतोष और बगावत में, जब आप कभी किसी सत्ता के पिछलग्गू नहीं होते, जब आप निर्भय होते हैं—जिसका अर्थ है जब आप गलतियां करने के काबिल हो जाते हैं और उन गलतियों से सीख लेते हैं। एक मन जो निर्भय है, सच में क्षुद्र नहीं हो सकता, उसमें गहनता होती है—गहराई में जाने की सामर्थ्य; ऐसा मन फिर पता लगा ही लेता है कि प्रेम क्या है, आज़ादी क्या है।

बंबई,
8 मार्च 1953

5

आज़ादी क्या है?

प्रश्न : आज़ादी क्या है?

कृष्णमूर्ति : मुझे नहीं मालूम कि क्या सचमुच ही वह यह जानना चाहती हैं कि आज़ादी क्या है! क्या हममें से कोई भी जानता है कि आज़ादी क्या है? हम तो बस इतना ही जानते हैं कि हम बस कुछ करने के लिए बने हैं, हालात या हमारे अपने ही भय हमें कुछ करने के लिए मजबूर करते हैं, और हम उनसे दूर भागना चाहते हैं। हम हर मजबूरी से, हर डर से छुटकारा चाहते हैं, सब बंधन तोड़ डालना चाहते हैं, या कुछ और है जिसे हम आज़ादी कहते हैं। मेहरबानी करके सुनिए।

बंधनों से छुटकारा, सब रुकावटों को परे हटा देना, किसी तरह की मजबूरी से उभर आना आज़ादी नहीं है। आज़ादी तो अपने आप में ही कुछ है, किसी और से दूर हटने में नहीं। मेहरबानी करके इसे समझें। किसी वजह से जेल में बंद कैदी वहां से छूटना चाहता है, आज़ाद होना चाहता है। वह सिर्फ भागने या छूटने की भाषा में ही सोचता है। अगर मैं गुस्सैल हूं, क्रोधित हूं, तो मुझे लगता है कि काश मैं इस गुस्से से बच पाऊं तो मैं आज़ाद हो जाऊंगा। अगर मैं ईर्ष्यालु हूं, तो ईर्ष्या पर काबू पाना आज़ादी नहीं है, छूटना, काबू पाना या दबाना तो उसी चीज़ को व्यक्त करने का ही दूसरा तरीका है, यह आज़ादी नहीं है। आज़ादी किसी से दूर हटने में नहीं, वो तो खुद में ही है। किसी चीज़ के लिए प्यार, सिर्फ उसी की खातिर, यह है आज़ादी। जब आप पेंटिंग करते हैं क्योंकि आपको उससे प्यार है, ना कि किसी रुतबे या मशहूरी के लिए, तो वहीं आज़ादी है। स्कूल में, तस्वीरें बनाने में, पेंटिंग से आप को प्रेम है तो वही प्रेम ही आज़ादी है, और उसका मतलब है मन के सभी मार्गों की गज़बनाक समझ।

और यह बहुत सरल भी है, एकदम आसान, किसी चीज़ को सिर्फ उसी के लिए करना ना कि इसलिए कि उससे आपको कुछ हासिल होने वाला है, कुछ ईनाम या कोई सज़ा। किसी भी चीज़ से बस उसी के लिए प्यार करना यही आज़ादी की शुरुआत है।

क्या आप अपनी क्लास में दस मिनट भी इसके लिए समय निकालते हैं, बात करते हैं इस पर? या फिर आप एकदम से भूगोल, गणित या इंग्लिश आदि की अपनी दुनिया में खो जाते हैं? क्या होता है? कुछ देर इस पर चर्चा करने की बजाए क्यूं आप उन सब फालतू बातों पर अपना समय खराब करते हैं जिनमें दर-असल आपकी कोई रुचि है ही नहीं, करते हैं क्यूं कि बस करना ही होता है? क्यों आप टीचर के साथ इन मुद्दों पर कुछ देर के लिए भी चर्चा नहीं करते? यह आपके जीवन में आपके लिए मददगार साबित होगा हालांकि हो सकता है कि कामयाब होने में, महान या मशहूर होने में यह आपके कुछ काम ना आ सके। अगर आप दस मिनट भी रोजाना इन विषयों पर बात करेंगे, समझदारी से, निडर हो कर, तो जीवन भर यह आपके काम आएगी, क्योंकि यह चर्चा आपको सोचने के लिए मजबूर करेगी ना कि यूं ही तोतों की तरह बस दोहराते रहने को। तो मेहरबानी करें, बात करें अपने टीचर से कि वो इन मामलों पर चर्चा करें आपसे। तब आप यह देखेंगे कि आपके अध्यापक और आप दोनों ही और समझदार होते जा रहे हैं।

राजघाट, वाराणसी
20 जनवरी 1954

6

आज़ादी संकल्प का मसला नहीं है

बेशक आज़ादी कई तरह की हो सकती है, राजनीतिक आज़ादी, वो भी आज़ादी है जो ज्ञान से आती है, जब आपको पता चलता है कि फलां-फलां काम को कैसे करना है, तकनीकी सूझबूझ, अमीर आदमी की आज़ादी जो पूरी दुनिया घूम सकता है, योग्यता से जुड़ी आज़ादी, अच्छी तरह से लिख पाना, खुद की बात को दूसरों तक पहुंचा पाना, स्पष्टता से सोच सकना। फिर एक आज़ादी है किसी चीज़ से आज़ाद हो जाना—शोषण से मुक्त होना, ईर्ष्या से, परंपरा से आज़ाद हो जाना, महत्त्वाकांक्षाओं से आज़ाद होना वगैरह। और फिर एक वह भी आज़ादी है जिसकी हम आशा करते हैं कि वो हमें मिलेगी बिलकुल आखिर में—किसी अनुशासन के साधने में, किसी कोशिश के कामयाब होने पर, कोई गुण हासिल कर लेने में—परम आज़ादी जिसकी हम उम्मीद करते हैं कि वो कुछ ना कुछ करने से ही मिलेगी। सो योग्यताओं से जो आज़ादी आती है, आज़ादी जो किसी से हासिल की जाती है या वह आज़ादी जिसकी हम एक सदाचारी जीवन के अंत में आशा करते हैं—आज़ादी की यही वो सब किस्में हैं जिनके बारे में हम जानते हैं। तो क्या यह जो सब तरह-तरह की आज़ादियां हैं एक प्रतिक्रिया भर नहीं हैं? जब आप यह कहते हैं कि 'मैं गुस्से से आज़ाद होना चाहता हूं', तो यह एक प्रतिक्रिया ही है, यह कोई गुस्से से आज़ादी तो नहीं है। और वह आज़ादी जो आपको लगता है कि एक सदाचारी जीवन बिताने पर आपको मिलेगी, जद्दोजहद करते हुए—जूझते हुए या अनुशासन द्वारा, वो भी एक प्रतिक्रिया ही है जो भी था उसके खिलाफ एक प्रतिक्रिया। बराए मेहरबानी ध्यान से सुनिए इसे, क्यूंकि मैं कुछ ऐसा कहने जा रहा हूं जो कि आपको थोड़ा मुश्किल लग सकता है क्योंकि आप उसके आदी नहीं हैं। एक ऐसी भी आज़ादी है जो किसी चीज़ से नहीं,

किसी दूसरे से नहीं, जिसका कुछ कारण नहीं, लेकिन वह आज़ादी की अवस्था है—आज़ाद होने की। आपने कभी ध्यान दिया है कि जिस भी आज़ादी को हम जानते हैं वह हमेशा इच्छा शक्ति द्वारा ही लाई जाती है, क्या ऐसा नहीं है? मैं मुक्त हो जाऊंगा, मैं फलां तकनीक सीख लूंगा, मैं फलां चीज़ में माहिर हो जाऊंगा, मैं अध्ययन करूंगा—और उससे मुझे आज़ादी मिलेगी। तो हम आज़ादी हासिल करने के लिए इच्छा शक्ति का इस्तेमाल करते हैं, करते हैं ना? मैं गरीब नहीं होना चाहता इसलिए मैं इच्छा शक्ति का, योग्यता का, हर तरीके का इस्तेमाल करता हूं जिससे मैं अमीर हो जाऊं। या फिर मैं एक बेकार सा आदमी हूं और मैं मन में यह ठान लेता हूं कि मैं ऐसा नहीं रहूंगा। तो हमें यह लगता है कि इरादे के बल पर—इच्छा शक्ति के बूते—हम आज़ादी हासिल कर लेंगे। लेकिन सच्चाई इसके ठीक उल्टी है, इच्छा-शक्ति तो कभी आज़ादी नहीं ला सकती।

तो जैसा कि मैं कह रहा था, किसी बात से आज़ादी कोई आज़ादी नहीं। आप गुस्से से आज़ाद होने का प्रयास करते हैं, मैं नहीं कहता कि आपको गुस्से से मुक्त नहीं होना चाहिए, लेकिन मैं यह कहता हूं कि वह कोई आज़ादी नहीं। मैं लोभ से, ईर्ष्या से, तंगदिली से और ऐसी दर्जनों चीज़ों से मुक्त हो सकता हूं और फिर भी हो सकता है कि आज़ाद ना हो पाऊं। आज़ादी तो मन की एक गुणवत्ता है, एक खूबी है। यह गुणवत्ता किसी बहुत ही ध्यानपूर्वक और सम्मानजनक ढंग से की गई खोज से, जांच-पड़ताल से, सटीक विश्लेषण या विचारों को किसी खास तरीके से संजोने से नहीं आती। इसीलिए इस सत्य को देखना इतना महत्त्वपूर्ण है कि जिस आज़ादी की हम निरंतर मांग करते रहते हैं वो किसी चीज़ से आज़ाद होने की है, मसलन दुख से आज़ाद होने की। ऐसा नहीं कि दुख से आज़ादी है नहीं, लेकिन उससे आज़ाद होने की मांग महज़ एक प्रतिक्रिया है और इसीलिए वह दुख से आपको मुक्त नहीं करती। क्या मैं अपनी बात को साफ कर पा रहा हूं? मैं दुख में हूं कई कारणों से, और कहता हूं कि मुझे हर हाल में मुक्त होना है, आज़ाद होना है। दुख से छूटने की यह ख्वाहिश दर्द से उठती है। मैं दुख उठाता हूं, अपने बेटे, अपने पति या किसी दूसरे की वजह से, अपनी वह हालत मुझे हरगिज़ पसंद नहीं और मैं उससे निकलना चाहता हूं। आज़ादी की वह चाहत महज़ प्रतिक्रिया है, यह आज़ादी नहीं। यह सिर्फ एक तरह की मनपसंद अवस्था ही है जिसे मैं जो है उस पर तरजीह देता हूं। वह आदमी जो दुनिया भर में घूम सकता है क्योंकि उसके पास ढेरों दौलत है, ज़रूरी नहीं कि आज़ाद हो, ना ही वह आदमी जो चतुर है, होशियार या काबिल है,

आज़ाद होने की उसकी चाह फिर भी सिर्फ एक प्रतिक्रिया ही है। तो क्या मैं यह देख नहीं सकता कि इस आज़ादी को, मुक्ति को पाया नहीं जा सकता, सीखा नहीं जा सकता, किसी भी प्रतिक्रिया के ज़रिए उसके पीछे नहीं भागा जा सकता? इसलिए मुझे प्रतिक्रिया को समझना होगा और यह भी समझना होगा कि आज़ादी इच्छा-शक्ति से, संकल्प–से नहीं आती। इच्छा-शक्ति और आज़ादी परस्पर विरोधी हैं, जैसे कि विचार और आज़ादी विरोधी हैं। विचार आज़ादी को जन्म नहीं दे सकते क्योंकि वह तो खुद संस्कारित हैं, बंधे हैं। आर्थिक तौर पर शायद आप ऐसे संसार का प्रबंध कर सकते हैं ताकि आदमी कुछ और आराम से रह सके—थोड़ी और सुविधाएं—कुछ और ज़्यादा खाना और कपड़े और मकान, और आप सोच सकते हैं कि यही आज़ादी है। वह बेहद ज़रूरी चीज़ें हैं, एकदम लाज़िमी, लेकिन वही मुकम्मल आज़ादी नहीं। आज़ादी तो एक अवस्था है, मन की एक गुणवत्ता, एक सिफ्त। और हम उसी सिफ्त की, उसी गुणवत्ता की छानबीन कर रहे हैं। अगर वह सिफ़त नहीं, गुणवत्ता नहीं तो भले जो भी करें, दुनिया भर के सद्गुणों को साध लें, वो आज़ादी आपको नहीं मिलेगी।

पूना,
21 सितंबर 1958

7

आप किस गहराई से छानबीन करते हैं?

संवाद के सभी रूपों में, स्वाभाविक ही शब्द बहुत महत्त्वपूर्ण हैं। जब आप कुछ अमूर्त चीज़ों से निपट रहे होते हैं, कुछ महीन समस्याओं से तो वह और भी महत्त्वपूर्ण हो जाते हैं क्योंकि हर कोई अपने ही हिसाब से, अपनी ही समझ के मुताबिक शब्दों का अर्थ निकाल लेता है। सो जब कोई जीवन की असाधारण समस्याओं से निपटना चाहता है, उनकी सारी पेचीदगीयों में, बारीकीयों में जाना चाहता है तो बहुत मुश्किल हो जाता है। शब्द सचमुच ही महत्त्वपूर्ण हो जाते हैं अगर हम उनके शब्दकोष वाले अर्थों को कायम रखते हुए और साथ ही खुद को उनकी परिभाषाओं से परे जाने की इजाज़त भी देते हुए शब्द के उन संभावी भावार्थों से भी आगे जा सकें जो निष्कर्ष के रूप में निकाले जा सकते हैं।

मिसाल के तौर पर आज़ादी शब्द को ही ले लेते हैं। हर कोई अपनी ही ज़रूरतों के अनुसार, अपनी मांग, दबावों और डरों के मुताबिक ही इसके अर्थ निकालेगा। अगर आप महत्त्वाकांक्षी हैं तो आप इस शब्द को कुछ इस तरह से ढाल लेंगे जो आपकी ख्वाहिशों की पूर्ति के लिए, आपकी महत्त्वाकांक्षाओं को ढोने के लिए मुनासिब हो सके। वो आदमी जो किन्हीं परंपराओं से बंधा है उसके लिए आज़ादी एक डराने वाला शब्द होगा। वो आदमी जिसने खुद को अपने सपनों की दुनिया में, अपनी तमन्नाओं में डुबो डाला है उसके लिए इस शब्द का अर्थ होगा और भी ज़्यादा रंगीनियों की संभावना। सो शब्दों का हमारे जीवन में बहुत ही महत्त्वपूर्ण स्थान है। मैं नहीं जानता कि आप ने कभी यह महसूस किया या नहीं कि ये शब्द हमारे जीवन में कितना गहरे उतरे हुए हैं, कितना ज़बरदस्त असर है इनका। ईश्वर, आज़ादी, कम्युनिस्ट, अमरीकन, हिंदू, ईसाई जैसे कितने ही शब्द हैं जो हमारे दिमागी तंतुओं को ही प्रभावित नहीं करते बल्कि

हमारे पूरे वजूद में गूंजते रहते हैं, कुछ खास तरह की प्रतिक्रियाओं की वजह बने रहते हैं। मुझे नहीं पता कि आपने यह सब कभी महसूस किया है या नहीं, अगर आप इस के बारे में सजग होते हैं तो आप देखेंगे कि मन को शब्द के चंगुल से आज़ाद करवा पाना कितना मुश्किल है। मैं क्योंकि आप के साथ एक बहुत ही पेचीदा मसले पर बात करना चाहता हूं, मुझे लगता है कि हमें बहुत ही नाजुक तरीके के साथ इसे छूना चाहिए, बहुत एहतियात से, मन की ऐसी स्पष्टता के साथ जो ना सिर्फ शब्दों को समझ सकती हो, उनके महत्त्व का जिसे पूरा-पूरा एहसास हो, बल्कि साथ ही साथ वह उनके पार जाने में भी समर्थ हो।

कोई भी यह देख सकता है कि दुनिया भर में आजकल क्या हो रहा है। जहां-जहां पर तानाशाहियां हैं वहां कोई आज़ादी नहीं, जहां पर मज़हब के, चर्च के ताकतवर संगठन हैं, वहां भी कोई आज़ादी नहीं। हालांकि वह आज़ादी शब्द का इस्तेमाल करते हैं, लेकिन सियासी और धार्मिक दोनो ही तरह के संगठन आज़ादी से इनकार हैं। यह भी स्पष्ट है कि जहां कहीं भी आबादी का ज़्यादा दबाव रहता है, आज़ादी का वहां हर हाल में पतन हो जाता है, और जिस समाज में ज़रूरत से ज़्यादा ही संगठनकारी हो जाएं, जन संचार की भरमार हो, वहां आज़ादी नहीं रहती। इस सब को देखते हुए आप और मेरा जैसा एक व्यक्ति आज़ादी का क्या मतलब लगाए। एक ऐसे संसार में जीना, जैसा कि हो रहा है, जहां समाज पूरी तरह से संगठनों से बंधा है, जहां तकनीशियन बहुत महत्त्वपूर्ण हैं, मन किसी खास तकनीक का, तौर-तरीकों का, प्रणाली का गुलाम हो कर रह गया है। सो हम किस स्तर पर, कितनी गहराई में इस आज़ादी शब्द का मतलब लगाएं? अगर आप दफ्तर छोड़ कर बाहर आ जाएंगे तो वह कोई आज़ादी नहीं होगी, आप सिर्फ अपनी नौकरी से हाथ धो बैठेंगे। अगर आप सड़क पर उल्टी तरफ गाड़ी चलाएंगे, तो पुलिस वाला आपको धर लेगा, आपकी आज़ादी पर अंकुश लग जाएगा। अगर आप मन मर्ज़ी से जीते हैं, और या फिर अमीर हो जाते हैं, तो राज्य आप पर लगाम कसेगा। हमारे चारों तरफ पाबंदियां हैं, कानून हैं, परंपराएं हैं, मजबूरियों व सत्ता के अनेकों रूप हैं, और वे सब आज़ादी के आड़े आते हैं।

तो अगर एक इन्सान होने के नाते आप इस समस्या को समझते हैं, जो कि सचमुच एक समस्या है, तो आप किस गहराई से इस की छानबीन करते हैं? या फिर ऐसा है कि आपको इससे कुछ फर्क ही नहीं पड़ता? मुझे तो यही लगता है कि जैसे ज़्यादातर लोगों का इससे कुछ लेना-देना ही नहीं है। हमें तो बस फिक्र है तो अपनी रोज़ी-रोटी की, अपने परिवार की, अपनी छोटी-मोटी

मुश्किलों की, ईर्ष्याओं और महत्त्वाकांक्षाओं की, लेकिन हमें इन व्यापक और बड़ी समस्याओं की कुछ परवाह नहीं। और फिर सिर्फ परवाह भर करने से यह समस्याएं सुलझने वाली नहीं। तुरंत आपको इसका कोई हल खोजना होगा, लेकिन वह हल केवल दूसरी समस्याएं ही ले कर आएगा, जैसा कि हम सब जानते ही हैं। तो आप किस स्तर पर, किस गहराई में जा कर इस आज़ादी शब्द पर अपना प्रतिकर्म करेंगे, इसे अपना प्रत्युत्तर देंगे?

हमें इस बात का एहसास होना चाहिए, बिल्कुल पक्के तौर पर, कि शब्द तो वस्तु नहीं है। शब्द 'सच' तो खुद में सच नहीं है। लेकिन हममें से अधिकांश लोगों के लिए तो बस शब्द ही काफी है, हम शब्द के आगे जाते ही नहीं और यह छानबीन नहीं करते कि शब्द के पीछे क्या छिपा है। मेहरबानी करके इस पर ज़रा गौर करें। महज़ मुसलमान शब्द ही आपको एक इनसान की तरफ देखने से रोक देता है जो उस शब्द की नुमायंदगी करता है। उस शब्द से जुड़ा मानसिक प्रभाव और दिमागी **तंतुओं** में एकदम से होने वाला वह प्रतिकर्म इतना ज़बरदस्त है, बहुत ही गहरा जो आपके अंदर कई तरह के विचारों, विश्वासों और पूर्वाग्रहों की एक लड़ी छेड़ देता है। लेकिन अगर हम गहराई से सोच पाएं तो यह एकदम से साफ हो जाएगा कि हमें शब्द को असल चीज़ से अलग करना होगा। हमारे संबंधों में जो गड़बड़ी है उसकी एक बड़ी वजह तो इसी में है कि हमने शब्दों को बेवजह ही इतनी अहमियत दे रखी है। इसलिए यह बहुत महत्त्वपूर्ण है कि आप और मैं, दो व्यक्तियों के रूप में परस्पर एक सही संवाद स्थापित करें ताकि हम एक दूसरे को समझ सकें, एक ही समय पर, एक ही स्तर पर। मैं नहीं जानता कि आपने इस पर कभी गौर किया है या नहीं, लेकिन जब आप किसी से प्यार करते हैं तो आप दोनों में संवाद तुरंत स्थापित हो जाता है—एकदम से। उसी तरह अगर हम परस्पर संवाद बना सकें तो मुझे लगता है कि हम इस बेहद पेचीदा मसले की तह तक उतर पाएंगे। संवाद स्थापित करने में एक बड़ी मुश्किल तो यही शब्द है, और आपको और मुझे इस शब्द को चीरते हुए उसके पार जाना होगा अगर हमें आपस में संवाद रचाना है तो, अगर कुछ साझा करना है तो, जिस समस्या से हम निपटने जा रहे हैं, चर्चा करने जा रहे है उसे सुलझाने में कोई भूमिका निभानी है तो।

हम देखते हैं कि विचारों की प्रक्रिया यादों की ही प्रतिक्रिया है, जो हर वक्त मशीन की तरह चलती ही रहती है। तो हम पूछते हैं, क्या है आज़ादी का मतलब? उम्मीद करता हूं कि आप सवाल को समझ रहे हैं, मतलब कि मैं ठीक

से समझा पा रहा हूं। अगर मेरा सारा का सारा मन समय की उपज है, परंपराओं की, विभिन्न संस्कृतियों की, अनुभवों की, संस्कारों की, परिवार की सारी पृष्ठभूमि को ढोने की, नस्लों की, विश्वासों की उपज है, जो हमेशा उसी दायरे में ही घूमता रहता है जो जाना जा चुका है—ज्ञात है—तो आज़ादी कहां है? अगर मैं हर वक्त अपने ही मन की सीमाओं में घूमता रहता हूं, जैसा कि हो रहा है, मन जो यादों से भरा है और जो समय की उपज है, तो कैसे यह मन खुद के पार जाए? ऐसे मन के लिए आज़ादी शब्द का कुछ मतलब नहीं, या है? क्योंकि यह आज़ादी को भी एक और मांग में बदल देता है, और कहता है, कैसे आज़ाद हो सकता हूं मैं? मेहरबानी करके गौर करें इस पर, देखें ध्यान से, और फिर आप साफ देख पाएंगे। सचेत या अचेत तौर पर मैं यह जानता हूं कि मेरा जीवन कितना संकरा है, कितना उथला, हमेशा कोई ना कोई चिंता घिरी रहती है, डर, संघर्ष, दुख-तकलीफें और बस यही कुछ। तो फिर मैं कहता हूं, मुझे आज़ाद होना होगा, मन की शांति हासिल करनी होगी मुझे, मुझे इन सीमाओं से छुटकारा पाना होगा। यही तो है जो हममें से हर कोई मांग रहा है। बाहरी तौर पर, अनेकों तानाशाह सरकारों के अधीन कोई आज़ादी नहीं है—आपको बताया जाता है कि क्या करना है और आप करते हैं—और भीतरी तौर पर भी वही समस्या बनी रहती है। और यहां, तथाकथित लोकतांत्रिक देश में आप कमोबेश बाहरी रूप से तो आज़ाद हैं, लेकिन भीतर से कैदी ही हैं, और आज़ादी का यह सवाल उठा रहे हैं। चर्च या समाज जितना ही संगठित होंगे, जितनी महारत बढ़ेगी, जन संचार के साधन बढ़ेंगे, उतना ही टकराव बढ़ेगा, उथल-पुथल बढ़ेगी। सो हम हमेशा संघर्ष में रहते हैं, अपने इर्द-गिर्द के साथ, अपने साथ, खुद में ही। संघर्ष निरंतर जारी है और वहां टकराव हैं, दुख हैं—'मेरी पत्नी मुझे प्यार नहीं करती।' 'मैं किसी और को चाहता हूं।' मौत खड़ी है।' 'मैं विश्वास करता हूं या विश्वास नहीं करता।' वहां हमेशा ही कोई गड़बड़ झमेला है, अशांति है, जैसे कि समंदर में।

क्या आपने कभी समंदर देखा है? कुछ दिन होते हैं जब हवा बिल्कुल शांत होती है, हल्का सा झोंका भी नहीं होता मानो सांस थम गई हो, तब समंदर तारों को दर्शाता है। तब वहां शांति होती है, सुकून, कहीं कोई जुंबिश तक नहीं, सब थमा-थमा, लेकिन वहीं नीचे उसके गहरी तरंगें होती हैं, उफनती लहरों की हलचल, दूर-दूर के विशाल दायरों तक उसका ही पानी फैला होता है, चारों ओर सिर्फ वही और दरअसल वह कभी खामोश नहीं होता, स्थिर नहीं होता, हमेशा गतिमय रहता है, कभी टिकता-ठहरता नहीं, सदा बेचैन सी उथल-पुथल। हवा का हर

झोंका शांति को भंग कर जाता है, झकझोर जाता है निश्चलता को। वैसा ही है मन। सदा से बेचैन हैं हम, और उसके प्रति सजग होते ही हम पुकारते हैं—'मुझे शांति चाहिए। ईश्वर को पाना है मुझे। मैं इन मुसीबतों से छुटकारा चाहता हूं और देखना चाहता हूं कि क्या कहीं कोई शांति है, आनंद है। यही तो बस हम चाहते हैं, और इसीलिए तो इतने डरावने संघर्ष में फसे हैं, विरोधाभासों का ऐसा तनाव, हर कोई दूसरे से उलझना चाहता है। महत्त्वाकांक्षाएं हताशा और खालीपन को जन्म देती हैं, और फिर, फिर से भरे-पूरे होने की यह तमन्ना निराशा की परछाईयां लिए आती है। इस अवस्था की मैं बस व्याख्या करता रहूं इससे कुछ फायदा नहीं, हम जानते हैं यह सब, नहीं जानते क्या? उलझनें हैं, भटकने हैं, दुख-तकलीफें या फिर चंद लम्हों की वो खुशियां, उनका एहसास, कभी-कभी यूं ही आकाश की तरफ झांक लेना और कहना : ओह! कैसा खूबसूरत है यह, कितना अद्भुत! और कभी-कभार प्रेम के एहसास को जान लेना। लेकिन यह सब अस्थाई है, क्षणभंगुर, पानी के बुदबुदे सा चलायमान। तो मन यह कहता है कि क्या शांति की कोई स्थाई अवस्था नहीं? और यह ईश्वर के विचार की शरण में ले जाता है, सत्य की कल्पना की ओर, जहां स्थिरता है। और सभी धर्म अमरता की इस धारणा में आश्रय लेने को बढ़ावा देते हैं। दुनिया का हर धर्म यही कहता है कि हां एक स्थिरता है—अमरता है—एक आनंद जिसकी हमें हर हाल में तलाश करनी होगी और वहां तक पहुंचने का रास्ता भी है। वह कहते हैं कि शोरगुल से, अशांति से हकीकत की तरफ जाता एक रास्ता है। समझ रहे हैं ना आप? जिस घड़ी आप किसी ऐसी अवस्था को खोजने लगते हैं जो स्थाई होगी, तो आपको उसका रास्ता ढूंढना होगा—कोई विश्वास, कोई विधि-विधान, कोई तरीका, कोई अनुशासन जिस पर चला जा सके। अब जहां तक मेरा सवाल है, ना तो वहां कोई अमरत्व है, ना विधि-विधान। सच्चाई तक पहुंचने की, उसे खोज निकालने की कोई पद्धति नहीं।

बंबई,
3 दिसंबर 1958

8

क्या विचार जीवन की असल अहमियत को उजागर कर सकता है?

यकीनन, सोच-विचार एक सतही प्रक्रिया है, यादों का प्रतिकर्म—संचित अनुभवों का, संस्कारों का प्रत्युत्तर—और उन्ही संस्कारों के हिसाब से ही, जो कि हमारी पृष्ठभूमि है, विचार किसी भी चुनौती का उत्तर देते हैं। विचार तो सदा इन इकट्ठे हुए अनुभवों से बंधे रहते हैं, तो सवाल यह है कि क्या विचार कभी आज़ाद हो सकते हैं? क्योंकि यह सिर्फ आज़ादी में ही संभव है कि हम देख-परख सकें, सिर्फ आज़ादी में ही कोई खोज हो सकती है, सिर्फ सहजता की अवस्था में, जहां कोई दबाव नहीं, तत्काल कोई मांग नहीं, सामाजिक प्रभावों का कोई दबाव नहीं, वहीं असल खोज संभव है। यकीनन यह देखने को कि आप क्या सोच रहे हैं, क्यों सोच रहे हैं, इन विचारों का स्रोत क्या है, उद्देश्य क्या है, यह सब देखने के लिए एक तरह की सहजता चाहिए, आज़ादी चाहिए, क्योंकि कोई भी प्रभाव देखने के सारे ढंग को बदल सकता है। विचारों में अगर कहीं कोई दबाव है, किसी तरह की कोई मजबूरी तो विचार एकदम से खुराफातों पर उतर आते हैं, चालाकियों पर। तो क्या विचार कभी आदमी को आज़ाद कर सकते हैं, मन को मुक्त कर सकते हैं, और आज़ादी क्या सच को खोजने की एक लाज़िमी शर्त है? आम तौर पर दो ही तरह की आज़ादी की बात होती है, एक तो है किसी चीज़ से आज़ादी या कुछ पाने की आज़ादी, कुछ बनने की। फिर एक और भी आज़ादी है, बस आज़ादी, मुक्ति। हममें से ज़्यादातर लोग तो किसी बात से छुटकारा चाहते हैं—समय के किसी बंधन से, किसी संबंधी से, या फिर हम आज़ादी चाहते हैं कुछ हो पाने की, खुद को पेश कर पाने की। आज़ादी से जुड़े हमारे सभी विचार बस दो ही तरह के हैं—किसी चीज़ से आज़ादी या कुछ होने-बनने की

आज़ादी। अब दोनो प्रतिक्रियाएं ही तो हैं, क्या नहीं हैं? दोनो ही विचार का परिणाम हैं, किसी तरह की भीतरी या बाहरी मजबूरी का नतीजा। विचार तो इसी प्रक्रिया में फँसे हैं; विचार तानाशाही से मुक्ति चाहते हैं, भ्रष्ट सरकार से मुक्ति, किसी खास रिश्ते से, किसी चिंता से छूटना चाहते हैं, और यूं खुद को आज़ाद करते हुए वो उम्मीद करते हैं किसी विकल्प से खुद को भरने की। तो हम हमेशा या तो किसी से आज़ाद होने की सोचते हैं या फिर कुछ हो पाने की आज़ादी चाहते हैं, कुछ बन पाने की। और ऐसा लगता है कि आज़ादी के बारे में सिर्फ इन्हीं दो तरीकों से सोचना बहुत सतही है।

तो क्या कोई ऐसी आज़ादी है जो महज़ प्रतिक्रिया नहीं है, जिसमें ना तो किसी से दूर हटना है या छूटना है और ना ही कुछ होना है? और क्या ऐसी आज़ादी को मुट्ठी में लिया जा सकता है, विचार क्या उसे एक धारणा के रूप में बांध सकता है? क्योंकि आप अगर सिर्फ किसी चीज़ से आज़ाद हैं तो आप सच में आज़ाद नहीं, और अगर आप कुछ होने या बनने के लिए आज़ाद हैं, तो वहां हमेशा एक चिंता घेरे रहेगी, डर बना रहेगा, दुख और निराशा। क्या विचार मन को यूं आज़ाद कर सकते हैं कि चिंताएं और दुख जड़ से मिट जाएं। बेशक प्यार ही की तरह, सच्ची भलमनसियत को, नेकी को विचार तराश नहीं सकता। यह तो होने की एक अवस्था है, लेकिन वह मन उस अवस्था तक नहीं जा सकता जो खुद से यह मांग करता है कि 'मुझे अच्छा होना है'। तो क्या कोई विचार के भिन्न-भिन्न मार्गों पर तलाश करता हुआ यह पता लगा सकता है कि आज़ादी क्या है? क्या विचार जीवन की असल अहमियत को सामने ला सकता है, हकीकत का पता लगा सकता है? और या फिर सच्चाई के सामने आने के लिए विचार का पूरी तरह से एक तरफ हो जाना ज़रूरी है?

चलो मैं इसे दूसरे तरीके से कहने की कोशिश करता हूं। आप किसी चीज़ के पीछे हैं, उसकी तलाश में, हैं ना? अगर आप कोई धार्मिक किस्म के आदमी हैं तो आप उसकी खोज में होंगे जिसे आप भगवान कहते हैं, खुदा कहते हैं, या फिर पैसे के पीछे हैं, ज़्यादा खुशी पाने की तलाश में हैं, या फिर आप भला आदमी बनना चाहते हैं; आप अपनी ही लालसाओं की परछाईयों के पीछे भाग रहे हैं। हर कोई किसी न किसी तलाश में है, किसी दौड़ में।

अब इस तलाश से हमारा मतलब क्या है? खोजने का तो मतलब ही यही है कि आप उसे जानते हैं जिसकी आपको तलाश है। जब आप यह कहते हैं कि आप मन की शांति चाहते हैं, तो इसका यही मतलब होगा कि या तो आप

पहले ही उसका स्वाद चख चुके हैं और उस अनुभव को दोहराना चाहते हैं, या फिर आप किसी कोरी धारणा के पीछे हैं जो सचमुच में कुछ है नहीं बस विचार द्वारा घड़ ली गई कोई शै है। तो तलाश का मतलब है कि आप को पहले से उसका पता है जिसे आप खोज रहे हैं, आपको उसका अनुभव है। आप किसी ऐसी चीज़ के पीछे नहीं हो सकते जिसका आपको पता ही नहीं। जब आप कहते हैं कि मुझे खुदा की तलाश है, इसका मतलब है आप पहले ही जानते हैं कि परमात्मा क्या है या फिर आपके संस्कारों ने यह धारणा खड़ी कर ली है कि वहां कोई खुदा है। तो विचार ही आपको उसके पीछे भागने के लिए मजबूर करता है जिसका प्रक्षेपण, जिसकी कल्पना खुद उसी ने की है।

विचार जो कि सतही है, विचार जो इकट्ठे किए गए अनेकों अनुभवों का नतीजा है, और वही आपकी पृष्ठभूमि बनाता है—उसी विचार से आप फिर एक धारणा खड़ी कर लेते हैं और फिर उसके पीछे भागने लगते हैं! और फिर खुदा की उस खोज में आपको कुछ दिखने लगता है, इलहाम होने लगते हैं, आपको वही अनुभव होते हैं जो आपकी खोज को और बल देते हैं और अपनी ही पृष्ठभूमि की बनाई उस धारणा के पीछे दौड़ने के लिए आपको उत्साहित करते हैं। तो यह तलाश भी विचार की ही दौड़ का हिस्सा है।

कोई शख़्स मुसीबत में फंसा है, टकरावों में उलझा है, और उन झमेलों से बचने के लिए विचार एक कल्पना बुनता है—शांति की, उस आनंद की जो स्थाई होगा—और फिर उसके पीछे हो लेता है। बिल्कुल यही तो हो रहा है हम सब में। हम इस दुखदाई जीवन को बिल्कुल भी समझ नहीं पाते, इस अंतहीन गड़बड़ झमेले को, और ऐसी कोई पनाह ढूंढते हैं जहां सदैव आनंद हो। अब वह अवस्था तो मन की ही कल्पना है, उसे सामने खड़ा करके विचार अब यह कहता है, मुझे उसे हासिल करने का कोई तरीका ढूंढना होगा। यूं फिर शुरू होते हैं विधि-विधान, प्रणालियां, अभ्यास-साधना। विचार समस्या खड़ी करता है और फिर तरह-तरह के ढंग-तरीकों से उससे बच निकलने की कोशिशें करता है, उस स्थाई अवस्था की कल्पित धारणा तक पहुंचने की कोशिश करता है। यूं विचार अपनी ही कल्पनाओं के पीछे भागता है, अपनी ही परछाईयों के पीछे। अब सवाल तो असल में यह उठता है कि क्या मन विचार को एक तरफ करके मन की एक नई गुणवत्ता से रोज़मर्रा की ज़िंदगी को जी सकता है, सामना कर सकता है उसका? इसका मतलब सारी यादों को, सारे के सारे तजुर्बों को भुला देना या नज़र-अंदाज़ कर देना नहीं है। तकनीशियन, पुल बनाने वाले, साईंसदान और

क्लर्क वगैरह तो चाहिए ही होंगे, लेकिन क्या यह संभव है, कि इस बात को समझते हुए कि विचार हमारी समस्याओं का हल नहीं, हम विचार को एक तरफ हटा दें और सीधे समस्या को देखें, उसका निरीक्षण करें। पता नहीं आपने कभी यह कोशिश की है या नहीं, सचमुच में, समस्या का सामना करना विचार की बेचैनियों, उथल-पुथल और उत्तेजनाओं के बिना उसे देखना। यह विचार तरह-तरह से तरंगित होता है, लहरों पर लहर, फिक्र-चिंता, बेचैनियां और किसी नतीजे पर पहुंचने की मांग। क्या आपने कभी कोशिश की सोच को हटाने की, उसे एक तरफ करके सीधे समस्या को देखने की? जब मैं बोल रहा हूं तो इस दौरान ही मेहरबानी करके कोशिश तो करें। सुनें ताकि आप समस्या को देख सकें बिना विचार की किसी हिलजुल के।

ढेरों समस्याएं हैं आपकी—रिश्तों की समस्या, परिवार की, काम-धंधे की, कितनी ज़िम्मेदारियां हैं, सामाजिक और सियासी जीवन की समस्याएं, पर्यावरण से जुड़ी समस्याएं—क्या वो अभी हैं, सिर पर सवार या कहीं दूर। किसी भी समस्या को ले लें और देखें उसे। आपने हमेशा उसे विचार की एक उत्तेजना के साथ ही देखा है, क्या ऐसा नहीं? विचार का वो उतावलापन जो कहता है, मुझे इसे हल करना है, तो क्या करूं मैं, ठीक क्या है, यह या फिर वह, क्या यह सम्मानजनक है या फिर संभव ही नहीं? और यह सिलसिला चलता ही जाता है। और इसी बेचैन विचार के माध्यम से आप समस्या का निरीक्षण करते हैं, ज़ाहिर है कि उस परेशानी के रास्ते से आप जिस भी समाधान तक पहुंचेंगे वह कोई असली हल नहीं होगा और वह सिर्फ और समस्याएं ही खड़ी करेगा। यही तो है जो हम सब के साथ हो रहा है, घट रहा है असल में। तो क्या आप विचार को एक तरफ हटा कर समस्या को देख सकते हैं? विचार जो संचित अनुभवों का परिणाम है और वही यादें ही समस्या पर प्रतिक्रिया करती हैं, जवाब देती हैं उसका, लेकिन क्या आप विचार को एक तरफ कर सकते हैं ताकि उस घड़ी आपके दिमाग पर, आपके मन पर कोई दबाव न हो, वह हजारों बीते दिनों के बोझ तले दबा न हो? यह सिर्फ इतना भर कहने की बात नहीं है कि मैं नहीं सोचूंगा। वह तो असंभव है। लेकिन अगर आप इस सच्चाई को देख लेते हैं कि एक उत्तेजित मन जो सिर्फ अपने संस्कारों के ही हिसाब से चल रहा है, पृष्ठभूमि के मुताबिक, आप देख लेते हैं कि उसके जमा किए हुए सारे अनुभव ना तो समस्या को सुलझा सकते हैं और ना ही उसे समझ ही सकते हैं—अगर आप उस तथ्य की सच्चाई को पूरी तरह देख

लेते हैं तो आप समझ जाते हैं कि विचार वो साधन नहीं जो हमारी समस्याओं को सुलझा सके।

मैं इसे दूसरे तरीके से कहता हूं। ऐसा लगता है कि जो कुछ भी आदमी कर सकता है वो एक सटीक इलैक्ट्रिक मशीन भी कर सकती है। यह देखा जा रहा है, और एक दो दशकों में यह और भी पूरी तरह से सामने आ जाएगा, कि जो कुछ आदमी का दिमाग कर सकता है वही मशीन भी कर सकती है और बाखूबी कर सकती है। यह मुमकिन है कविताएं लिखने लगे, धुनें बनाने लगे, किताबों का अनुवाद करने लगे, ऐसा ही और भी बहुत कुछ। रासायनिक तौर पर ऐसी दवाईयां बन रही हैं जो आपको आराम दे सकती हैं, अमन-सुकून दे सकती हैं, चिंताओं से छुटकारा दिला सकती हैं, आपके दिमाग को शांत कर सकती हैं। तो समझ रहे हैं आप क्या होने जा रहा है? क्या मशीन आपकी जगह काम करेगी और संभवतः बेहतर ही करेगी, और क्या दवाईयों से मन की शांति मिलेगी? कल्पना करें कि ऐसी कुछ दवाईयां हैं जो आपके दिमाग को एकदम गजब तरीके से शांत कर सकती हैं, आपको बस एक टेबलेट निगलनी है फिर आपको साधना की, संयम की, श्वास प्रक्रियाओं की या ऐसी दूसरी तरकीबों में उलझने की ज़रूरत ही नहीं पड़ेगी। तो वो सीमित, तुच्छ, खोखला मन जो महज़ अपनी नाक तक ही सोच सकता है, अब उसे कोई चिंता-फिक्र नहीं रहेगी, वो एकदम शांत होगा। लेकिन ऐसा मन अभी भी उथला ही रहेगा, उसकी सीमाएं स्पष्ट दिखेंगी और उसका सारा चिंतन खोखला ही होगा। भले ही गोलियां ले कर वो परम शांत हो गया है, लेकिन उसने अपनी सीमाओं को नहीं तोड़ा, या तोड़ा है? एक तुच्छ मन परमात्मा के बारे में मनन-चिंतन करता, कल्पित छवियों के बीच भटकता एक से फिर दूसरी की ओर, ढेरों प्रार्थनायें बुदबुदाता, मंत्र उच्चारण करता हुआ भी तुच्छ ही बना रहता है। और हममें से ज़्यादातर लोगों का यही तो हाल है। तो कैसे यह विचार, जो कि हमेशा ही सतही है, तुच्छ है, सीमित है, कैसे वह विचार एक तरफ हो ताकि कोई सीमा ही ना रहे, ताकि आज़ादी हो—किसी से आज़ादी या कुछ होने की आज़ादी नहीं? आशा है कि आप सवाल को समझ रहे होंगे।

आप तो जानते ही हैं कि आप हमेशा ही खुद को बेहतर बनाते चले जा सकते हैं, पहले से ज़्यादा बढ़िया—थोड़ा और बेहतर सोच सकते हैं, अपनी योग्यताओं को निखारने के लिए दिलोजान लगा सकते हैं, थोड़ा और दयालु, ज़्यादा खुलादिल, लेकिन होगा यह सब कुछ खुदी के ही दायरे में, वही 'मैं'। यह मैं

ही तो है जो कुछ बन रही है, हासिल कर रही है, और उस 'मैं' को हमेशा ही अनुभवों के, यादों के एक भंडार के रूप में पहचाना जा सकता है। जबकि समस्या यह है कि कैसे इस 'मैं' की सीमाओं को तोड़ा जाए, कैसे समाधान हो इसका। कैसे से मेरा मतलब किसी विधि-विधान से नहीं बल्कि जांच-पड़ताल से है। सभी विधियों में विचार तो शामिल रहते हैं, विचारों पर नियंत्रण, एक की जगह दूसरे विचार को लाना। सो जब आपके पास सिर्फ विधियां होती हैं, प्रणालियां, अनुशासन, तो फिर कोई जांच-पड़ताल नहीं होती, कोई परीक्षण नहीं होता।

इस सब कुछ को देखते हुए कि विचार तो यादों का परिणाम हैं, अनुभवों के भंडार का, जो कि बहुत सीमित है, और हकीकत, परमात्मा, सच्चाई, पूर्णता या सुंदरता की तलाश महज़ विचार की कल्पना है—जो वर्तमान से टकराव में रहती है और भविष्य के ख्याल की तरफ भागती है—फिर इसे देखना कि भविष्य की दौड़ ही समय को जन्म देती है, इस सबको देखते हुए यह तो साफ है कि विचार को एक तरफ होना होगा। निश्चय ही कुछ तो होगा, जिसे विचार नहीं पकड़ पाता, यादों में नहीं बांध पाता, कुछ बिल्कुल ही नया, जिसे बस जाना ही ना जा सके, जो पहचान में बंध ना पाए। और कैसे आप अपनी सोच की उस बेचैनी के साथ उस अवस्था को समझ पाएंगे?

समझ क्या कोई समय का मामला है? क्या आप कल समझ जाएंगे, इसके बारे में सोचते विचारते हुए? आप जानते हैं कि कैसे जब आपके सामने कोई समस्या खड़ी होती है, विचार इसकी छानबीन करता है, विश्लेषण करता है, हिस्सों में बांट लेता है उसे, जहां तक संभव हो उसकी तह तक जाता है, और फिर भी जवाब नहीं मिलता, क्योंकि वह हमेशा ही समस्या की चिंता से घिरा रहता है। फिर वह छोड़ देता है उसे, शून्य में कहीं बनी रहती है वो, लेकिन क्योंकि विचार ने उस से नाता तोड़ लिया है इसलिए मन पर अब उसका कोई दबाव नहीं रहता, सचेत या अचेत रूप में, तब फिर जवाब उभर आता है। लाज़िमी ही यह आपके साथ भी हुआ होगा।

तो क्या हम विचार के इस सारे ताने-बाने के आर-पार नहीं देख सकते? पता है आपको कैसे आप बुद्धिजीवियों की पूजा करते हैं, उस शख्स की जो ज्ञान से भरा है, जो और कुछ नहीं बस खाली शब्दों और विचारों से लदा है, लेकिन जो अभी भी एक सतही जीवन ही जी रहा है। आपने कभी गौर किया कैसे आप खुद-ब-खुद उसकी तरफ खिंचे चले जाते हैं जो कहता है, हां, मैं जानता हूं। तो इस सब को देखते हुए अब सवाल यही है, क्या विचार को एक तरफ

किया जा सकता है? अगर आप समस्या को समझ गए हैं, तो जैसे-जैसे मैं इसके भीतर जाऊंगा, इसकी छानबीन करूंगा, आप भी साथ-साथ चल पाएंगे।

हमारे सामने मृत्यु की समस्या है, ईश्वर का मसला है, सद्गुणों का, संबंधों का, उस टकराव की समस्या है जिसमें हम फंसे हैं, फिर नौकरी है, पैसों की कमी है, गरीबी का मसला है, भुखमरी है, आशा और निराशा के तमाम झमेले हैं। एक-एक करके आप इनका हल नहीं कर सकते, यह असंभव है। आपको एक साथ ही उनका समाधान करना होगा, थोड़ा-थोड़ा करके नहीं बल्कि एक ही इकाई के तौर पर, एक ही बार में, वरना आप उन्हें कभी हल नहीं कर पाएंगे। क्योंकि किसी एक समस्या का यूं हल करते हुए जैसे कि वो दूसरी समस्याओं से बिल्कुल अलग हो, एकदम कटी हुई, तब आप सिर्फ और समस्याएं ही खड़ी करेंगे। कोई भी समस्या अलग-थलग से नहीं है, जुड़ी है दूसरी समस्याओं से, सतही तौर पर या गहराई से, तो आप को इसे समग्र रूप से ही समझना होगा। और विचार कभी समग्र रूप से उसे समझ नहीं सकता क्योंकि वह खुद ही अधूरा है, बंटा-बंटा सा। तो कैसे मन इस समस्या का हल करे? एक अलग-थलग रूप में आप इसका कोई हल नहीं कर सकते, ना ही दिमागी घोड़े दौड़ा कर किसी अमूर्त तरीके से ही कोई समाधान निकाल सकते हैं, ना ही यादों के जमा भंडार से ही इसका कोई हल निकल सकता है, ना ही मंदिर भागने में इसका कोई हल है, ना शराब में, ना ही काम-भोग या किसी दूसरी चीज़ में। इसे एक अखंड रूप से समझना होगा, उसकी समग्रता में देखना होगा उसे, और यह सिर्फ तभी हो सकता है जब विचार पूरी तरह से हट जाए। जब मन शांत और स्थिर हो, तब मन पर पड़ने वाला समस्या का वो प्रतिबिंब बिल्कुल ही दूसरा होगा, एकदम से अलग। जब झील एकदम शांत होती है तो आप उसकी गहराई में झांक सकते हैं, एक-एक मछली को, पानी के नीचे की दूब को, हर हिलोर को ठीक उसी तरह जब मन पूरी तरह शांत होता है तब हम देख सकते हैं एकदम साफ-साफ। यह केवल तभी संभव है जब विचार वहां न हो, एक तरफ हट जाए, समस्या का कोई हल निकालने के लिए नहीं, बल्कि उसके महत्त्व को समझने के लिए, उसके खंडित स्वभाव को देखने के लिए, तब विचार खुद-ब-खुद शांत हो जाता है, गतिशून्य, सिर्फ चेतन धरातल पर नहीं बल्कि गहराई में।

इसीलिए तो स्व-बोध ज़रूरी है, अपने बारे में जानना-सीखना इसीलिए तो इतना लाज़िमी है। और अगर आप देखते ही नहीं तो आप खुद के बारे में नहीं सीख सकते, और या फिर एक ऐसे मन से देखते हैं जो सूचनाओं से ठसा पड़ा

है। सीखने के लिए आपका आज़ाद होना ज़रूरी है। तब आप समस्या को ऐसे देख सकते हैं कि आप की नज़र सिर्फ सतह पर ही अटकी ना रह जाए, तब हर चुनौती का जवाब उस गहराई से उठेगा विचार जिसे छू भी नहीं सकता।

एक शांत मन, एक स्थिर मन कोई जीर्ण-शीर्ण, प्राणहीन, या भ्रष्ट मन नहीं होगा जैसा कि वह मन जिसे कोई दवा-गांजा दे कर शांत किया गया है, श्वास की किसी क्रिया द्वारा या खुद को सम्मोहित करके शांत किया गया है। यह एक ऐसा मन है जो पूरी तरह से जीवंत है, अंधकार में डूबा हर कोना अपने आप ही रोशनी से नहा जाएगा, और रोशनी के उसी केंद्र से वह प्रतिकर्म करेगा—और उसकी कोई परछाई नहीं होगी, कोई छलावा नहीं।

बंबई,
14 दिसंबर 1958

9

प्रतिबद्धताओं से मुक्त होना क्या है?

मुझे नहीं मालूम कि आप किसी न किसी चीज़ से अपनी पहचान जोड़ने की इस अनोखी मजबूरी के प्रति किस हद तक सजग हैं? मुझे यकीन है कि आप में से ज़्यादातर लोग किसी ना किसी राजनैतिक पार्टी से जुड़े होंगे, किसी विशेष ग्रुप या किसी संगठित विश्वास से, आप जीने और सोचने के किसी खास ढंग से जुड़े हुए हैं, दिशा-विशेष में प्रतिबद्ध हैं, और यकीनन ही वह सब आज़ादी में बाधा है। मैं नहीं जानता कि आपने जुड़ने की इस विवशता के बारे में कभी कोई छानबीन की है या नहीं, खुद को किसी देश, किसी सिस्टम, ग्रुप, किन्हीं खास सियासी या फिर धार्मिक विश्वासों से अपनी पहचान जोड़ना, उनके साथ एकत्व महसूस करना। इसमें भी कोई शक नहीं कि जुड़ने की इस विवशता को समझे बिना सिर्फ किसी एक पार्टी या ग्रुप से बाहर आने का कुछ खास मतलब नहीं, क्योंकि जल्द ही आप किसी दूसरे से जा जुड़ेंगे।

क्या आप ने यह सब नहीं किया? किसी एक वाद को छोड़ कर आप किसी दूसरे से जा चिपटते हैं—कैथोलिकवाद, कम्युनिज़्म, नैतिक हथियारबंदी, और पता नहीं क्या-क्या। किसी से जुड़े होने की ख्वाहिश के धकेले हुए आप किसी एक प्रतिबद्धता को छोड़ कर दूसरी की तरफ खिसक लेते हैं। क्यों? मेरे ख्याल से यह एक महत्त्वपूर्ण सवाल है जो हमें खुद से पूछना चाहिए। क्यूं आप जुड़ना चाहते हैं? एकदम साफ है कि मन जब बिल्कुल अकेला खड़ा हो जाता है तभी वह उसे जो भी सच है देख पाने में समर्थ होता है—तब नहीं जब वह किसी पार्टी या विश्वास से बंधा होता है। मेहरबानी करके इसके बारे में सोचें, दिल की गहराई से बात करें, उससे संवाद करें। क्यूं जुड़ते हैं आप? क्यों आप किसी देश, किसी पार्टी, किसी विचारधारा, किसी विश्वास, परिवार या नस्ल से बंध

जाते हैं? क्यों किसी के साथ जुड़ने की, खुद को किसी के साथ एक करके देखने की यह चाहत है आपमें? और इस प्रतिबद्धता के नतीजे क्या हैं? सिर्फ वही आदमी जो पूरी तरह हर दायरे से बाहर है, बस वही समझ सकता है—वह शख्स नहीं जो किसी खास ग्रुप के प्रति वफादार है, या वह जो निरंतर एक समूह से दूसरे समूह में भटकता फिरता है, किसी एक प्रतिबद्धता से दूसरी की तरफ गतिशील है।

बेशक, आप किसी चीज़ से इसीलिए जुड़ना चाहते हैं क्योंकि इससे आपको एक तरह की सुरक्षा का एहसास मिलता है—सिर्फ सामाजिक सुरक्षा ही नहीं, बल्कि आंतरिक सुरक्षा भी। जब आप किसी से जुड़ते हैं तो सुरक्षित महसूस करते हैं। इससे जुड़ कर जिसे हिंदू धर्म कहते हैं, आप सामाजिक तौर पर इज़्ज़तदार, आंतरिक तौर पर सुरक्षित महसूस करते हैं, महफूज़। तो आप सुरक्षित महसूस करने के लिए किसी शै से जुड़ जाते हैं, प्रतिबद्ध हो जाते हैं, ज़ाहिर है कि इससे आपकी आज़ादी का गगन कुछ सिकुड़ जाता है, ऐसा होता है या नहीं?

हममें से ज़्यादातर लोग आज़ाद नहीं हैं। हम हिंदू धर्म के गुलाम हैं या फिर कम्युनिज़्म के, किसी एक या फिर दूसरे समाज के, लीडरों के, राजनीतिक पार्टियों के, संगठित धर्मों के, गुरुओं के, सो एक इनसान के रूप में हम अपनी शान, अपना मान-सम्मान सब गंवा चुके हैं। इनसानी गौरव तो बस इसी में है जब आप उस अद्भुत चीज़ का आनंद लेते हैं, उसकी महक लेते हैं, उसे चखते हैं जिसे आज़ादी कहते हैं। आज़ादी के इस फलने-फूलने से, खिलने से ही तो इनसान का गौरव है। अगर हमें इस आज़ादी का स्वाद ही पता नहीं तो हम बस गुलाम हैं। बस यही दुनिया भर में हो रहा है, है कि नहीं? मेरे ख्याल से जुड़ने की यह चाहत, अपने आपको किसी चीज़ से प्रतिबद्ध करने की यह ख्वाहिश भी एक वजह है आज़ादी के मुझाने की। जुड़ने की इस ललक से छूटने के लिए, खुद को किसी से प्रतिबद्ध करने की इस ज़बरदस्त आदत से मुक्त होने के लिए, हमें अपने सोचने के ढंग की छानबीन करनी होगी, खुद से ही संवाद बिठाना होगा, बहुत करीब से अपने दिल को, अपनी लालसाओं को टटोलना होगा, बात करनी होगी उनसे। यह बहुत ही मुश्किल काम है। इसके लिए सब्र चाहिए, देखने की, छूने की, महसूस करने की खास नाजुकता, कोमलता चाहिए, बिना किसी निंदा या स्वीकार के अपने ही भीतर एक निरंतर खोज, लगातार। सही अर्थों में यही ध्यान है, लेकिन आप देखेंगे कि यह आसान नहीं है, हममें से बहुत थोड़े से लोग ही हैं जो इसमें हाथ डालना चाहेंगे।

ज़्यादातर लोग आसान राह ही चुनेंगे, जिसमें कोई राह दिखाए, कोई लीडर हो; हम किसी चीज़ से जुड़ जाते हैं, और यूं अपनी इनसानी शान और गरिमा गंवा बैठते हैं। शायद आप यही कहेंगे, ओह! मैंने यह सब पहले भी सुन रखा है, मनपसंद विषय पर लौट आया है वो, और फिर मुँह मोड़ लेंगे। काश, आप इसे यूं सुन सकें जैसे पहली बार सुन रहे हों—जैसे ढलती हुई शाम को देखते हैं, या जैसे किसी दोस्त के चेहरे को देखते हैं, पहली बार। तो फिर आप कुछ सीखेंगे, और उसी सीखने में ही आपको अपनी आज़ादी दिखेगी—कोई ऐसी आज़ादी नहीं जो दूसरे द्वारा परोसी गई हो।

तो आइए, बड़े धीरज के साथ और बड़ी साबत कदमी से इस मुद्दे की छानबीन करें कि आज़ादी क्या है। ज़ाहिर है कि सिर्फ आज़ाद आदमी ही सच को समझ सकता है, जिसका मतलब है यह पता लगाना कि क्या सच में ही ऐसा कुछ है जो सदीवी है, अनंत, कुछ ऐसा जो मन की पकड़ से बाहर है। और वह आदमी जो अपने ही अनुभव और ज्ञान के बोझ तले दबा है कभी मुक्त नहीं हो सकता, क्योंकि ज्ञान सीखने में आड़े आता है।

हम एक दूसरे से संवाद रचाने जा रहे हैं, साथ मिल कर इस सवाल की छानबीन करने कि आज़ादी क्या है, और कैसे उस तक पहुंचा जाए। और छानबीन के लिए, ज़ाहिर है कि शुरू से ही आज़ादी चाहिए, वरना आप कोई छानबीन नहीं कर सकते, या कर सकते हैं? आपको किसी भी चीज़ से अपनी पहचान जोड़ना बंद करना होगा, एकदम पूरी तरह से, सिर्फ तभी आपका मन छानबीन के काबिल होगा। लेकिन अगर आपका मन सिकुड़ा हुआ है—सीमित, किन्हीं प्रतिबद्धताओं में जकड़ा है, वो भले राजनैतिक हो, धार्मिक, सामाजिक या आर्थिक, तब वही प्रतिबद्धता आपकी छानबीन के आड़े आएगी, क्योंकि आप आज़ाद नहीं हैं, मुक्त नहीं हैं।

मेहरबानी करके जो भी कहा गया उसे सुनिए, और इस सच्चाई को खुद देखें कि छानबीन का पहला कदम आज़ादी से ही निकलता है। आप किसी चीज़ से बंधे हुए नहीं हो सकते, उस सूरत में कोई छानबीन, उस पशु से ज़्यादा क्या हो सकती है जो किसी खूंटे से बंधा उसके गिर्द घूम रहा है। जब तक आपका मन कम्युनिज़्म, हिंदुत्व, बुद्ध धर्म, ईसाई या फिर इस्लाम धर्म से बंधा है या फिर किसी ऐसी बात से जो उस का अपना ही आविष्कार है, वह गुलाम ही रहेगा। तो हम साथ-साथ बढ़ नहीं सकते जब तक ठीक शुरू से ही हम यह समझ ना लें, अभी से ही, कि छानबीन के लिए आज़ादी ज़रूरी है। अतीत से एक मुकम्मल

विदाईगी—बीते से नाते रिश्ते सब खत्म—अनमने मन से नहीं, झिझकते, सकुचाते नहीं, बल्कि पूर्णतया विदा कर देना उसे, बस जाने देना।

आखिरकार वह साईंसदान जो चांद तक पहुंचने की राह में आने वाली मुश्किलों से जूझने कि लिए इकट्ठा हुए थे, वो अपनी छानबीन में पूरी तरह से आज़ाद थे, हालांकि मुमकिन है कि वो अपने-अपने देशों के गुलाम ही हों, और जो कुछ भी इससे जुड़ा है। मैं वैज्ञानिकों की एक खास किस्म की आज़ादी की ही बात कर रहा हूं जो उन्हें उनके रिसर्च स्टेशन पर हासिल रहती है। कम से कम थोड़े समय के लिए ही सही, अपनी प्रयोगशाला में तो वह छानबीन के लिए आज़ाद ही होते हैं। लेकिन हमारी प्रयोगशाला तो हमारा जीवन है, रोज़ाना जीवन का महीनों, सालों तक फैला यह सारा का सारा क्षेत्र ही हमारी प्रयोगशाला है, और छानबीन की हमारी आज़ादी एकदम मुकम्मल होनी चाहिए, यह कोई कटी-छंटी चीज़ नहीं हो सकती, जैसा कि टैक्नीकल लोगों के साथ है। इसीलिए अगर हमें यह समझना है, सीखना है कि आज़ादी क्या है, अगर हमें इसकी अथाह गहराईयों में गहरे उतरना है तो हमें ऐन शुरू से ही अपनी तमाम प्रतिबद्धताओं को छोड़ना होगा, और खड़े होना होगा एकदम अकेले। और यह करना बहुत ही दुश्वार काम है।

कश्मीर में कई संन्यासियों ने मुझसे यह कहा, हम इस बर्फानी इलाके में एकदम अकेले रहते हैं। हमने कभी किसी का चेहरा तक नहीं देखा। कोई कभी हमारे पास नहीं आया। और मैंने उनसे पूछा, क्या आप सचमुच ही अकेले हैं या फिर आपने सिर्फ जिस्मानी तौर से खुद को दुनिया से अलग कर लिया है? उन्होंने कहा, जी हां, हम बिल्कुल अकेले हैं। पर वो अपने वेदों से घिरे बैठे थे, उपनिषदों से, अनुभवों और जमा किए सारे अपने ज्ञान के साथ थे वो, ध्यान और साधना की सारी प्रणालियों के साथ। अभी भी वो अपने संस्कारों का बोझा लादे थे। यह तो अकेला होना नहीं हुआ। ऐसे लोग भगवा कपड़ा पहन कर खुद से कहते हैं, हमने संसार छोड़ दिया। लेकिन ऐसा है नहीं। आप कभी संसार को छोड़ नहीं सकते क्योंकि संसार तो आपका हिस्सा है। आप कुछ गायों को, घर और जायदाद वगैरह को छोड़ सकते हैं, लेकिन खानदानी विरासत को, परंपरा को, रगों में जमा हुई नसली अनुभूतियों को, संस्कारों के सारे बोझ को छोड़ना—इसके लिए बहुत गहरी छानबीन चाहिए, गहन खोज-पड़ताल, जिसका मतलब है सीखना, सीखते ही जाना। वरना तो साधु-संन्यासी या भिक्षु हो जाना मामूली सी बात है।

तो देखें, गौर करें इस तरफ कि कैसे आपकी नौकरी, हर रोज़ घर से दफ्तर की तरफ जाना, तीस, चालीस, पचास बरस तक, एक इंजीनियर, वकील,

गणितशास्त्री या लैक्चरार के तौर पर आपका एक विशेष तकनीकी ज्ञान—कैसे यह सब आपको गुलाम बना रहा है। बेशक संसार में जीने के लिए कोई तकनीक तो सीखनी ही होगी, नौकरी वगैरह ज़रूरी है, लेकिन ध्यान दें कि किस तरह ये तमाम चीज़ें आपकी आज़ादी के दायरे को सिकोड़ती चली जाती हैं। धन-दौलत, तरक्की, सुरक्षा, कामयाबी—हर चीज़ दिमाग को सिकोड़ती चली जाती है, तो आखिरकार, जैसा कि अभी है, मन मशीनी हो जाता है और सीखी हुई बातों को बस ढोए चला जाता है।

वह मन जो आज़ादी के बारे में छानबीन करना चाहता है और उसकी अनंतता, उसकी खूबसूरती, उसकी रवानियों में उतरना चाहता है, उसके उस अद्भुत गुण को जानना चाहता है जो दुनियावी अर्थों में उसे प्रभावशाली नहीं होने देता—उस मन को बिल्कुल शुरू में ही अपनी सारी प्रतिबद्धताओं को एक तरफ कर देना चाहिए, जुड़े होने की अपनी ख्वाहिश को एक तरफ हटा कर ही, सिर्फ ऐसी आज़ादी में ही उसे छानबीन करनी होगी। इसमें बहुत से सवाल शामिल हैं। उस मन की क्या अवस्था है जो छानबीन के लिए मुक्त है? प्रतिबद्धताओं से मुक्त होने का क्या मतलब है? क्या शादीशुदा आदमी को अपनी प्रतिबद्धता से मुक्त होना होगा? ज़ाहिर है कि जहां प्यार है वहां कोई प्रतिबद्धता नहीं, आप अपनी पत्नी से जुड़े हुए नहीं है, और ना ही आपकी पत्नी ही आपसे जुड़ी है। लेकिन हम तो एक दूसरे से जुड़े हुए हैं, क्योंकि हमने कभी उस अद्भुत शै को महसूस ही नहीं किया, जो कि प्यार है, और यही हमारी मुश्किल है। ठीक वैसे ही हमने शादी में भी खुद को बांध कर रखा है जैसे कि किसी तकनीक को सीखने के लिए किया था। प्रेम कोई प्रतिबद्धता नहीं है, लेकिन बात फिर वही है, इसे समझ पाना कोई आसान बात नहीं है, बेहद मुश्किल है, क्योंकि शब्द तो वस्तु नहीं है। किसी दूसरे के प्रति संवेदनशील होना, एकदम शुद्ध, खालिस एहसास बुद्धि ने जिसे दूषित ना किया हो—बेशक वही प्यार है।

पता नहीं आपने कभी बुद्धि के स्वभाव पर गौर किया या नहीं। अक्ल और उसकी सभी सरगर्मियां एक स्तर तक तो सही हैं, ठीक? लेकिन जब यह अक्ल उस खालिस एहसास में दखल देना शुरू करती है, तभी फूहड़ता शुरू होती है। बुद्धि की भूमिका को पहचानना, उसके कार्य क्षेत्र को, और उस शुद्ध एहसास के प्रति सजग रहना, उन दोनों को एक दूसरे में मिलाए बिना, ताकि वो दोनो ही एक-दूसरे को बरबाद न कर दें, इसके लिए बेहद धारदार सजगता चाहिए, तीखी।

अब जब हम कहते हैं कि हमें फलां चीज़ की छानबीन करनी है, क्या वहां सचमुच ही कोई छानबीन करनी होती है या केवल एक बोध होता है-सीधा सरल उद्बोधन? समझे आप? मुझे उम्मीद है मैं अपनी बात समझा पा रहा हूं। छानबीन आमतौर पर विश्लेषण की एक प्रक्रिया होती है जिसके ज़रिए किसी नतीजे पर पहुंचा जाता है। यह मन का काम है, बुद्धि का, है कि नहीं? बुद्धि कहती है कि मैंने सब विश्लेषण कर लिया और यह है वो निष्कर्ष जिस पर मैं पहुंची हूं। फिर उस निष्कर्ष से वह दूसरे निष्कर्ष की तरफ बढ़ जाती है, और यूं वह चलती चली जाती है।

ज़ाहिर है जब सोच किसी निष्कर्ष से उछाल भरती है, तो वह सोच-विचार की प्रक्रिया रहती ही नहीं, क्योंकि मन तो पहले ही निर्णय ले चुका है। सोच-विचार तो तभी तक है जब तक कोई निष्कर्ष वहां मौजूद नहीं है। इस पर फिर आपको ध्यान देना होगा, ना इसे स्वीकारते हुए ना ही रद्द करते हुए, बस इस पर गौर करना होगा। अगर मैं पहले से ही इस नतीजे पर पहुंच चुका हूं कि कम्युनिज़्म, या कैथोलिकवाद और या कोई दूसरा वाद ऐसा या वैसा है, तो मैं सोचना बंद कर चुका हूं। अगर मैंने यह निष्कर्ष निकाल लिया कि परमात्मा है या परमात्मा नहीं है, तो छानबीन तो मैंने बंद ही कर दी। निष्कर्ष विश्वास का रूप ले लेते हैं। अगर मुझे पता लगाना है कि ईश्वर है या नहीं, या व्यक्ति के साथ संबंध में राज्य की सही-सही भूमिका क्या है, तो मैं किसी निष्कर्ष से शुरू नहीं कर सकता, क्योंकि निष्कर्ष तो एक तरह की प्रतिबद्धता है।

तो बुद्धि का काम तो हमेशा जांच-पड़ताल करना है, विश्लेषण करना, खोजना-तलाशना लेकिन क्योंकि हम भीतरी तौर पर सुरक्षित होना चाहते हैं, मानसिक रूप से, क्योंकि हम डरे हुए हैं और जीवन को ले कर चिंतित हैं तो हम किसी ना किसी नतीजे पर जा पहुंचते हैं, जिसके लिए हम प्रतिबद्ध, समर्पित हो जाते हैं। फिर एक प्रतिबद्धता से हम दूसरी की तरफ बढ़ जाते हैं, और मैं तो कहता हूं कि ऐसा मन, ऐसी बुद्धि, किसी निष्कर्ष के अधीन होने की वजह से सोचना, जांच-पड़ताल सब बंद कर देती है।

मुझे नहीं पता कि आपने कभी इस बात का निरीक्षण किया है या नहीं कि बुद्धि हमारे जीवन में कितनी बड़ी भूमिका निभाती है। अखबार, पत्रिका, हमारे परिवेश की हर चीज़ तर्क को तीखा करने में लगी है। ऐसा नहीं कि मैं तर्क के खिलाफ हूं। बल्कि मैं तो कहता हूं कि आदमी को ठीक से तर्क करने के काबिल होना चाहिए, स्पष्ट और एकदम धारदार तर्क एकदम चाहिए। लेकिन

अगर आप गौर से देखेंगे तो पता चलेगा कि बुद्धि तो अंतहीन तरीके से विश्लेषण किए ही चले जाती है कि क्यों हमें जुड़ना चाहिए या नहीं जुड़ना चाहिए, सच्चाई का पता लगाने के लिए सभी दायरों को छोड़ कर एकदम से बाहर हो जाना ज़रूरी क्यों है, और ऐसा ही बहुत कुछ। हमने खुद को विश्लेषण करना सीख लिया है। तो एक तरफ तो यह बुद्धि है जिसकी जांच-पड़ताल करने की एक सामर्थ्य है, वह विश्लेषण कर सकती है, तर्क और फिर कोई नतीजा निकाल सकती है, साथ ही एक एहसास है, शुद्ध भावना, बुद्धि जिसे हमेशा अपने रंग में रंगने की कोशिश में रहती है, हमेशा उसकी राह में रोड़े अटकाती रहती है। और जब अक्ल शुद्ध भावना में दखल देना शुरू करती है, तो उसी दखलअंदाज़ी से एक फूहड़ मन की शुरूआत होती है। एक तरफ तो हमारे पास बुद्धि है, तर्क करने की उसकी सामर्थ्य के साथ जो कि उसकी पसंद और नापसंद पर टिकी है, उसके संस्कारों पर, उसके अनुभव और ज्ञान पर, तो दूसरी तरफ हमारे पास एहसास हैं, भावनाएं, जो समाज द्वारा, भय द्वारा, दूषित हो चुकी हैं। तो क्या यह दोनो उजागर कर पाएंगी कि सच क्या है? या फिर केवल एक बोध है—एक अनुभूति, और कुछ नहीं? मुझे नहीं लगता कि मैं अपनी बात समझा पा रहा हूं। ठीक है तो मैं विस्तार से बताता हूं कि क्या मतलब है मेरी बात का।

मेरे लिए तो सिर्फ बोध है—जो किसी चीज़ को सच या झूठ के रूप में देखता है, तुरंत। क्या सच है और क्या झूठ इसकी तुरंत अनुभूति ही असल चीज़ है—न कि बुद्धि, जिसकी अपनी तर्क क्षमता है जो उसकी चालाकियों पर टिकी है, उसके ज्ञान और प्रतिबद्धताओं पर। कभी यह आपके साथ भी हुआ होगा कि आपने किसी चीज़ के सच को एकदम से देख लिया हो, तुरंत, जैसे कि यह सच कि आप किसी भी खेमे से नहीं जुड़े। वही अनुभूति है, उद्बोधन है : किसी चीज़ के सच को तुरंत देख लेना, बिना किसी विश्लेषण के, बिना किसी तर्क-वितर्क के, हर उस चीज़ के बिना जिसे बुद्धि बोध को टालने के लिए रच लेती है। यह उस तथाकथित अंतर्ज्ञान वाले आभास से, इंट्यूशन से बिल्कुल अलग है, जो कि एक ऐसा शब्द है जिसे हम बड़ी सफाई और आसानी से इस्तेमाल कर लेते हैं। और अनुभूति का, उद्बोधन का, अनुभव से कुछ लेना-देना ही नहीं। अनुभव तो यही कहता है कि आप को हर हाल में किसी न किसी चीज़ से जुड़ना होगा, वरना आप बरबाद हो जाएंगे, आपकी नौकरी चली जाएगी, आपका परिवार, आपकी जायदाद, आपका मान-सम्मान, आपका रुतबा, रौब-दाब सब खत्म हो जाएगा।

अपने सारे तर्क-वितर्क, चालाकी से भरे अपने सारे अंदाज़ों, और अपनी संस्कारित सोच के साथ बुद्धि तो यही कहती है कि आपको किसी न किसी चीज़ से जुड़ना ही होगा, या फिर यूं कि जिंदा रहने के लिए प्रतिबद्धता तो ज़रूरी है। लेकिन अगर आप को इस बात का बोध हो जाता है कि व्यक्ति को बिल्कुल अकेले खड़े होना होगा—निपट अकेले—तब वह बोध, वह अनुभूति ही मुक्तिदाई हो जाती है, अकेला होने के लिए आपको संघर्ष नहीं करना पड़ता।

मेरे लिए तो सिर्फ यही एक सीधा बोध है, तत्काल सूझबूझ—कोई तर्क-वितर्क नहीं, न ही कोई जोड़-तोड़, न हिसाब-किताब और न ही कोई विश्लेषण। आप में विश्लेषण की काबलियत होनी चाहिए, एक अच्छा तेज़ दिमाग होना चाहिए जो तर्क कर सके, लेकिन वह मन जो तर्क और विश्लेषण तक ही सीमित है, वह सत्य को समझ पाने में असमर्थ है। इस बात की सच्चाई को झट से समझ जाना—एकदम से—कि किसी भी धार्मिक संगठन से जुड़ना सरासर बेवकूफी है, आपको अपने दिल की गहराईयों में झांक सकने के काबिल होना होगा। उसे मुकम्मल तौर पर समझने के काबिल होना होगा, दिमाग द्वारा खड़ी की गई सारी रुकावटों को एक तरफ करते हुए। अगर आप खुद से संवाद रचाएंगे तो देखेंगे कि क्यों आप जुड़ते हैं, क्यों किसी प्रतिबद्धता में पड़ते हैं, अगर थोड़ा और गहराई में जाएंगे तो आपको अपनी पराधीनता नज़र आएगी, कैसे आपकी आज़ादी सिकुड़ जाती है, इनसानी शानो-शौकत फीकी पड़ जाती है जिसकी वजह प्रतिबद्धता ही है, वहीं से शुरूआत होती है इस सबकी। जब तत्काल आप इस सब को समझ लेते हैं, तो बस आप आज़ाद हैं, आज़ाद होने के लिए फिर कुछ करना नहीं पड़ता, कोई प्रयास नहीं। इसीलिए तो प्रत्यक्ष बोध ज़रूरी है। आज़ाद होने की सारी कोशिशें अंतर्विरोध का परिणाम हैं। हम यत्न करते हैं क्योंकि अपने भीतर हम टकरावों में फँसे हुए हैं, और ये विरोध-विसंगतियां, ये प्रयास, बचने के, पलायन के अनेकों रास्ते खोल देते हैं और हम बस पराधीनता की उस दलदल में फंस कर रह जाते हैं।

सो मुझे लगता है कि हमें एकदम से संजीदा होना होगा—संजीदगी से मेरा मतलब किसी तरह की प्रतिबद्धता से नहीं। वे लोग जो किसी चीज़ के प्रति प्रतिबद्ध हैं, समर्पित हैं बिल्कुल भी संजीदा नहीं हैं। अपने किसी मकसद के लिए ही उन्होंने खुद को किसी दिशा में झोंक दिया है, अपना रुतबा या मान-सम्मान बढ़ाने के लिए। ऐसे लोगों को मैं हरगिज़ संजीदा नहीं मानता। संजीदा तो वह आदमी है जो यह पता लगाना चाहता है कि आज़ादी क्या है, और ज़ाहिर है कि इसके लिए वह अपनी पराधीनता की छानबीन करेगा, उसकी गहराई में जाएगा। मत

कहें कि आप गुलाम नहीं हैं। आप जुड़े हैं किसी शै से और वही गुलामी है, हालांकि आपके लीडर आज़ादी की बातें करते हैं। वही हिटलर करता था और वही ख़्रुश्चेव। हर तानाशाह, हर गुरु, राष्ट्रपति, उपराष्ट्रपति, सारे इस धार्मिक और राजनैतिक जगत में हर कोई आज़ादी की बातें करता है। लेकिन आज़ादी तो बिल्कुल दूसरी ही चीज़ है। बेशकीमती नगीना है यह जिसके बिना इनसानी गरिमा खो जाती है। प्रेम है यह, जिसके बगैर आप कभी परमात्मा को, सच को और उस अनाम हस्ती को पा नहीं सकते। आप भले ही जो जी में आए करें—सारे सद्गुणों को साध लें, कुरबानियां करें, दास हो जाएं, आदमी की सेवा के रास्ते तलाश कर लें—आज़ादी के बिना उन में से कोई भी चीज़ आपके दिल में उस हकीकत की ज्योति को नहीं जगा पाएगी। वह हकीकत, वह असीम सिर्फ तभी आता है जब मुकम्मल आज़ादी होती है—और पूर्ण आंतरिक मुक्ति तभी संभव है जब आप किसी से भी बंधे नहीं होते, प्रतिबद्ध नहीं होते, जब आप बिल्कुल अकेले खड़े हो पाने में समर्थ हो जाते हैं, वह भी बिना किसी कड़वाहट के, बिना किसी सनकीपन के, बिना किसी आशा, निराशा के। सिर्फ ऐसा ही मन, ऐसा ही दिलो-दिमाग उसे पा सकता है जो अनंत है, असीम।

मद्रास,
22 नवंबर 1959

10

यह मत पूछें कि आज़ादी कैसे हासिल हो?

अपने भीतर गहराई तक उतरने के लिए, तह तक जाने के लिए, आज़ादी की भावना अवश्य चाहिए—अंत में नहीं, बल्कि बिलकुल शुरू में ही। यह मत पूछें कि कैसे मैं यह आज़ादी हासिल करूं। ध्यान का कोई भी तरीका, कोई किताब, कोई दवा आप को आज़ाद नहीं कर सकती, मानसिक तौर पर आप खुद को भले कितना ही मूर्ख क्यों न बनाते रहें। आज़ादी तो बस इस समझ से ही आती है कि आज़ादी लाज़िमी है। जिस घड़ी आप यह समझ जाते हैं कि आज़ादी ज़रूरी है, तो भीतर से एक बगावत उठती है—इस भद्दी बदसूरत दुनिया के खिलाफ, हर तरह की रूढ़िवादिता के खिलाफ, परंपरा के खिलाफ, राजनैतिक और धार्मिक लीडरशिप के खिलाफ। मन के दायरे में उठने वाली बगावत जल्द ही मुरझा जाती है, लेकिन एक ऐसी पायेदार और स्थाई बगावत होती है जब आप खुद यह गहन रूप से समझ लेते हैं कि आज़ादी कितनी ज़रूरी है।

दुर्भाग्य से ज़्यादातर लोग अपने आप के बारे में जागरूक नहीं हैं। जिस तरह हम तकनीकी मामलों में ध्यान देते हैं, काम-धंधे और नौकरी-पेशे के बारे में सोचते विचारते हैं उस तरह हम कभी इस तरफ ध्यान नहीं देते कि हमारा मन किस तरह काम करता है। हम कभी खुद को देखते ही नहीं, गौर ही नहीं करते। बिना किसी हिसाब किताब के, बिना सोचे समझे, कुछ हासिल करने की उम्मीद के बगैर हम कभी अपने भीतर की गहराईयों में नहीं उतरते। बगैर किसी मकसद के हम कभी अपने भीतर की यात्रा पर नहीं जाते। जब कोई मकसद होता है, कोई उद्देश्य, तो आदमी उसका गुलाम हो जाता है, वह आज़ादी से अपने भीतर घूम नहीं सकता, क्यों कि हर घड़ी फिर वह तबदीली के बारे में, खुद को सुधारने के ही बारे में सोचता रहता है। वह स्व-सुधार के खंभे

से बंध कर रह जाता है, जो उसके अपने ही छिछले और संकरे मन की एक परवाज़ है, कल्पना है।

मेहरबानी करके मेरी बातों पर ध्यान दें, सिर्फ ज़बानी-कलामी नहीं, बल्कि देखें अपने मन को, गौर करें उस पर, अपने भीतर की हकीकत पर। जब तक आप गुलाम हैं, आपकी किसी भी चीज़ का जो भी आपने पवित्र किताबों से सीखा है कुछ मतलब नहीं होगा, भले ही परमात्मा के नाम की रटन लगाएं, या सच्चाई की दुहाई दें, यह सिर्फ आपकी गुलामी को ही मजबूत करेगा। लेकिन अगर आपका मन आज़ादी की ज़रूरत को समझने लगेगा, तो वह अपनी एक ऊर्जा पैदा करेगा, जो आपकी किसी जोड़-तोड़ के बगैर, आज़ाद होने की आपकी किसी कोशिश के बिना ही अपना काम करेगी।

तो हमारी सारी फिकरमंदी, सारी चिंता व्यक्ति की आज़ादी को ले कर है। लेकिन फिलहाल तो व्यक्ति को खोज पाना ही बहुत मुश्किल हो गया है, क्योंकि जैसे हम हैं हम व्यक्ति नहीं हैं। हम अपने माहौल की पैदावार हैं, अपनी संस्कृति की, वातावरण की, खान-पान की, रस्मो-रिवाज और परंपराओं की उपज हैं हम। यकीनन ही यह सब तो व्यक्तित्व नहीं, अखंड मानस नहीं। मेरे ख्याल में व्यक्तित्व की, अखंड-अविभाजित व्यक्ति के वजूद की शुरूआत तो तभी होती है जब हम इस बारे में पूरी तरह से सजग हो जाते हैं कि किस तरह से माहौल और परंपराएं हमारे भीतर अपनी पकड़ बनाती चली जाती हैं, जो मन को एक गुलाम बना कर रख देती है। जब तक मैं किसी परंपरा के इशारों पर चलता हूं, किसी संस्कृति विशेष से बंधा हूं, जब तक मैं अपनी यादों का बोझा लादे फिरता हूं, अपने अनुभवों का, जो कि आखिरकार मेरे संस्कारों का ही परिणाम हैं, तब तक मैं महज़ एक उत्पाद हूं, हालातों-संस्कारों की पैदावार, कोई अखंड व्यक्ति नहीं।

बंबई,
23 दिसंबर 1959

11

सीखने के लिए मन में गहन विनम्रता चाहिए

अखबारों को पढ़ते हुए या दुनिया भर में हो रही घटनाओं को देखते हुए यह देखा जा सकता है कि आज़ादी का दायरा सिकुड़ता ही जा रहा है, घटता ही जा रहा है। क्या आप मेरे कहने का मतलब समझे? मन के पास आज़ाद होने की बहुत ही कम संभावना है, वह सोचने-समझने के, महसूस करने के, किसी चीज़ का पता लगाने के काबिल ही नहीं, क्योंकि संगठित धर्मों ने अपने कट्टर विचारों के साथ दुनिया भर में हमारी सोच को पंगु बना दिया है, अंधविश्वासों और परंपराओं ने मन को कुंद कर दिया है, संस्कारित कर दिया है। आप हिंदू हैं, ईसाई हैं, मुसलमान हैं या दूसरे किसी संगठित विश्वास से जुड़े हैं जो बचपन से ही आप पर थोपा गया है, और आप उन्हीं सीमित दायरों के भीतर ही भीतर सब कुछ करते हैं, वह दायरे भले बड़े हों या छोटे। जब आप कहते हैं कि आप हिंदू हैं या मुसलमान हैं या और कुछ हैं तो प्लीज़ अपने मन को गौर से देखें—ध्यान से। क्या आप सुनी सुनाई बातों को नहीं दोहरा रहे, जो भी आपसे कहा गया है? आपने कुछ भी जाना नहीं, बस मान भर लिया है—मान लिया है, क्योंकि इसी में सुविधा है। उसी दायरे में जीने से, स्वीकार कर लेने से सामाजिक और आर्थिक तौर पर आपको एक सुरक्षा मिलती है। तो यूं आज़ादी की एक तरह से मनाही ही हो जाती है—न सिर्फ हिंदुओं, मुसलमानों और ईसाइयों के लिए—बल्कि उन सब लोगों के लिए जो किसी भी संगठित धर्म की हदबंदियों में जीते हैं।

अगर आप गौर करेंगे तो आपको पता चलेगा कि आप जिस किसी भी धंधे से जुड़े हैं वह भी आपको पराधीन बनाता है। कैसे वह आदमी आज़ाद हो सकता है जिसने चालीस बरस किसी एक खास पेशे में ही लगा दिए हों? किसी डाक्टर के जीवन पर ध्यान दें। सात-आठ साल किसी कालेज में बिताने के बाद,

बाकी सारी उमर वह या तो आम प्रैक्टीशनर बन कर रह जाता है या फिर कोई स्पैशलिस्ट हो जाता है, अपने ही पेशे का गुलाम हो कर रह जाता है वो। ज़ाहिर है कि आज़ादी की गुंजायश उसके लिए बहुत कम रह जाती है। और यही बात किसी सियासतदान के लिए भी उतनी ही सच है, किसी समाजसुधारक के लिए या उन लोगों के लिए जिनके कुछ आदर्श होते हैं, जीवन में जिन्हें कुछ हासिल करना है, जिनका कुछ लक्ष्य है।

तो अगर आप ध्यान से देखेंगे तो पाएंगे कि संसार में हर जगह आज़ादी और इनसानी गरिमा की गुंजायश घटती ही जा रही है। हमारे मन तो बस मशीन हैं। हम कोई काम-धंधा सीख लेते हैं और फिर हमेशा के लिए उसके गुलाम हो जाते हैं। और मुझे लगता है कि मन और समाज के इस जंजाल को तोड़ने के लिए जो उन्होंने यहां हर किसी के इर्द-गिर्द बुन दिया है एक गहरी समझ चाहिए, सच्ची सूझबूझ, एक अंतर्दृष्टि। इस आधीनता को बिल्कुल नए अंदाज़ से देखने के लिए, बुनियादी तौर पर उनसे निपटने के लिए, गहराई से, जड़ों में जा कर, तो आदमी को क्रांतिकारी होना होगा—जिसका मतलब है सोचना, महसूस करना, मुकम्मल तौर पर, न कि चीज़ों को बस सरसरी तौर पर देखना, बाहर ही बाहर से। आदमी के भीतर विनम्रता होनी चाहिए, चाहिए ना?

मुझे नहीं लगता कि विनम्रता को विकसित किया जा सकता है। साधी गई, विकसित की गई नेकी तो भयानक है, क्योंकि जब भी आप किसी सद्गुण को साधते हैं तो वह सद्गुण तो रहता है नहीं। सद्गुण अथवा नेकी तो बस धाराप्रवाह होते हैं, कुछ समय नहीं लगता उनमें, हमेशा वर्तमान में महकते रहते हैं—सदा मौजूद। मन जो विनम्रता की सिर्फ साधना करता है वह कभी उसकी गहराई को, उसकी पूर्णता को समझ नहीं पाएगा, सचमुच विनम्र होने की क्या खूबसूरती है वह कभी जान नहीं पाएगा, और अगर मन सचमुच उस अवस्था में नहीं है तो मुझे नहीं लगता कि वह सीख सकता है। वह मशीनी तौर पर सरगरम हो सकता है, लेकिन सीखना, ज़ाहिर है कि सूचनायें जमा करने का कोई मशीनी खेल तो नहीं है। सीखने का मामला तो बिल्कुल ही दूसरी तरह का है, एकदम अलग। और सीखने के लिए मन में एक गहन विनम्रता चाहिए।

मैं जानना चाहता हूं कि आज़ादी क्या है—कोई काल्पनिक आज़ादी नहीं, जो किसी चीज़ की प्रतिक्रिया के रूप में अपनी ही कोई ख्याली उड़ान होती है। क्या सचमुच ही आज़ादी नाम की कोई चीज़ होती है-कोई अवस्था मन जिसमें सचमुच ही परंपराओं से जंजालों से खुद को आज़ाद कर रहा होता है जो सदियों

से उस पर थोपे गए होते हैं? मैं जानना चाहता हूं कि वह अद्भुत हस्ती है क्या, सदियों से लोग जिस के लिए संघर्ष कर रहे हैं, मैं उसके बारे में सब सीखना चाहता हूं, पता लगाना चाहता हूं। और कैसे मैं इसे कर सकता हूं अगर मेरे भीतर नम्रता की कोई भावना ही नहीं? विनम्रता का उस विनयशीलता से कुछ भी लेना-देना नहीं जिसे स्व-बचाव की मुद्रा में आया मन ओढ़ लेता है। वह तो एक भद्दी और भौंडी चीज़ है। विनम्रता को साधा नहीं जा सकता, बेशक इसका अनुभव हो पाना बेहद मुश्किल है क्योंकि हम पहले से ही किसी ना किसी मुकाम पर जमे हुए हैं। हमारे कुछ विचार हैं, कुछ मूल्य हैं, कुछ अनुभव इकट्ठे किए हैं हमने, कुछ ज्ञान, और यही सारी पृष्ठभूमि हमारे विचारों को, हमारी गतिविधियों को दिशा निर्देश देती है। एक बड़ा-बूढ़ा आदमी जिसने अपने और दूसरों के अनुभव के ज़रिए ढेरों ज्ञान इकट्ठा किया है, जिसे कुछ खास होने की, सत्ता के किसी ओहदे पर जम पाने की, मान-सम्मान हासिल करने की उसकी भावनाएं दौड़ाए फिरती हैं—कैसे वह आदमी विनम्रता की अवस्था में हो सकता है और कैसे फिर वह अपनी ही तुच्छता-धृष्ठता के बारे में जान सकता है? तो मुझे ऐसा लगता है कि विनम्रता की, विनय की भावना के प्रति हमें अत्यंत ध्यानपूर्ण और खूब गहराई से सजग होना होगा।

वाराणसी,
24 जनवरी 1960

12

अनुभव मन को मुक्त नहीं करता

इस दुनिया में हमने भले कितनी ही तरक्की क्यों न कर ली हो, आसमानों की कितनी ही गहराई हमने क्यूं न माप ली हो, चांद, शुक्र और कितने ही नक्षत्रों पर भले ही हम हो आए हों, हममें से अधिकांश का जीवन अभी भी उथला है, सतही है, वह अभी भी बाहर की तरफ भाग रहा है। और भीतर की यात्रा पर जाना कहीं ज़्यादा मुश्किल है, इसके लिए कोई तकनीक नहीं है, कोई प्रोफ़ेसर इसे सिखा नहीं सकता, कोई ऐसी लैब नहीं जहां आप भीतर जाना सीख सकें। कोई अध्यापक नहीं है यहां जो आप को राह दिखा सके—मेहरबानी करके मेरा यकीन करें—कहीं किसी तरह की ऐसी कोई सत्ता नहीं, कोई अधिकारी नहीं जो मन के इस बेहद पेचीदा जगत में छानबीन के लिए आपकी कोई मदद कर सके। यह सब आपको खुद ही करना होगा, बिना किसी पर ज़रा सा भी निर्भर हुए। और आधुनिक सभ्यता ज्यूं-ज्यूं और भी ज़्यादा जटिल होती जा रही है, और भी ज़्यादा बाहर की तरफ रुझान रखने वाली, प्रगतिशील होती जा रही है, हम सबमें और भी सतही जीवन जीने की रुचि जोर पकड़ती जा रही है, है या नहीं? हम ज़्यादा चतुराई भरी पुतकें पढ़ते हैं, ज्यादा संगीत सभाओं में जाते हैं, सिनेमा देखते हम थकते नहीं, बौद्धिक वाद-विवाद के लिए अक्सर इकट्ठे होते हैं, विश्लेषकों की मदद से अपनी मानसिक समस्याओं की छानबीन करते हैं, और ऐसा ही बहुत कुछ। और क्योंकि हम ऐसी सतही ज़िंदगी जीते हैं, इसीलिए मठों-मसीतों की तरफ भागते हैं और उनके कट्टर सिद्धांतों को अपने दिमागों में ठूंसे चले जाते हैं, उचित और अनुचित दोनों ही तरह के, और एकदम बेहूदा विश्वासों को भरे जाते हैं मन में, किसी तरह के रहस्यवाद में जा पनाह ढूंढते हैं। दूसरे शब्दों में कहें तो ऐसा है कि यह देखते हुए कि हमारा रोज़ाना का जीवन बिलकुल खोखला

है हममें से ज़्यादातर लोग उससे भागने की कोशिश में रहते हैं। हम अपने दिमागों को उलझाए रखते हैं ख्याली फलसफों में, और जिन्हें हम ध्यान कहते हैं, चिंतन-मनन कहते हैं, जो बस एक तरह से खुद को सम्मोहित करना ही है, और अगर कहीं हम बुद्धिजीवी हैं तो हम अपना ही एक विचार-जगत बना लेते हैं जिसमें हम अमन-चैन से जीते हैं, दिमागी तौर पर संतुष्ट।

यह सब कुछ देखते हुए, मुझे ऐसा लगता है कि समस्या यह नहीं है कि कैसे जिएं या क्या करें, या फिर जब जंग हमारे बिलकुल सामने खड़ी हो तो हमारी तत्काल क्रिया क्या हो, कैसे उस तबाही का हम सामना करें जो संसार भर में सचमुच ही चल रही है, बल्कि बात यह देखने की है कि आज़ादी के बारे में छानबीन कैसे करें, कैसे उसे समझें। क्योंकि आज़ादी के बिना तो कोई रचना संभव नहीं, निर्माण संभव नहीं। आज़ादी से मेरा मतलब जो जी में आए वह सब करने की आज़ादी नहीं है, मनमाने ढंग से गाड़ी चलाने की, जो अच्छा लगे वह सोचने की, या फिर किसी खास गतिविधि में खुद को व्यस्त रखने की। मुझे लगता है कि आज़ादी के ये सभी रूप असल में आज़ादी हैं ही नहीं। लेकिन क्या मन की आज़ादी जैसा कुछ है? यह देखते हुए कि हममें से अधिकतर लोग रचनात्मक जीवन नहीं जीते, मेरे ख्याल से किसी भी गंभीर सोचने समझने वाले आदमी के लिए लाज़िमी है कि वह इस सवाल की पूरी गहराई से, पूरी शिद्दत के साथ छानबीन करे।

अगर आप गौर से देखेंगे तो यह साफ दिखाई देगा कि आज़ादी की गुंजाइश कम होती जा रही है, राजनैतिक तौर पर, धार्मिक तौर पर, तकनीकी तौर पर, हमारे मनों को एक खास शक्ल में ढाला जा रहा है, और हमारे रोज़ाना के जीवन में आज़ादी की खुशबू कम होती जा रही है। जितना ही हम सभ्य होते जा रहे हैं आज़ादी उतनी ही घटती जा रही है। मुझे नहीं मालूम, आपने कभी इस पर गौर किया है या नहीं कि कैसे सभ्यता हमें तकनीशियनों में बदलती जा रही है, और वह मन जो किसी तकनीक के इर्द-गिर्द खड़ा किया गया हो एक आज़ाद मन नहीं हो सकता। वह मन जिसे किसी चर्च ने, संगठित धर्मों ने या जड़सूत्रों ने ढाला हो एक आज़ाद मन तो नहीं है। वह मन जिसमें ज्ञान ने अंधेरा कर रखा हो आज़ाद मन नहीं है। अगर हम खुद को देखेंगे थोड़ा गौर से, तो जल्द ही यह साफ हो जाएगा कि हमारा मन ज्ञान के बोझ तले दबा है—हम कितना ज़्यादा जानते हैं। हमारे मनों को जड़सूत्रों ने, विश्वासों ने जकड़ रखा है जिन्हें संगठित धर्मों ने दुनिया भर में उन पर लादा है। हमारी शिक्षा तो आमतौर पर

और ज़्यादा तकनीक, और अधिक दक्षता सीखने का ही सिलसिला है ताकि हम और बेहतर जीवनयापन कर सकें, आसपास की हर चीज़ हमारे मनों को ढाल रही है, हर तरह का प्रभाव हमें नियंत्रित कर रहा है, किसी खास दिशा में धकेल रहा है। यूं आज़ादी की गुंजाइश कम होती जा रही है। मान-सम्मान का भयानक बोझ, लोगों की निगाह में जगह बनाना, कितने ही भय हैं हमारे अपने, कितनी चिंताएं—अगर आदमी ज़रा सा भी इनके बारे में होशमंद है तो ज़ाहिर है कि ये सारी चीज़ें आज़ादी की महक को क्षीण किए जा रही हैं। और यही वह मुद्दा है जिस की हम चर्चा कर सकते हैं और समझ सकते हैं, कैसे कोई मन को खुला रखकर—आज़ादी को कायम रखते हुए—इस संसार में जी सकता है सारी इसकी तकनीकों के साथ, ज्ञान और अनुभवों के साथ। मेरे ख्याल में यही समस्या है, बुनियादी मुद्दा, सिर्फ इसी देश में नहीं, बल्कि भारत में, यूरोप में, दुनिया भर में हर जगह। हम रचनात्मक नहीं हैं, मशीनी होते जा रहे हैं। रचनात्मक होने से मेरा मतलब कवितायें लिखने या तस्वीरें बनाने से नहीं, और न ही नयी-नयी ईजाद से है। वे सब तो प्रतिभाशाली मन की खूबियां हैं—गुण हैं उसके। मेरा मतलब एक ऐसी अवस्था से है जो खुद में ही सृजनशील हो, रचनात्मक हो।

जब हम बुनियादी मुद्दे को समझेंगे तो इन सब चीज़ों की गहराई में जाएंगे, और मुद्दा यही है कि दिनों-दिन हमारे मन और ज़्यादा संस्कारित होते जा रहे हैं, आज़ादी की गुंजायश कम होती जा रही है। हम या तो अमरीकन हैं, अपनी सारी जज़्बाती, कौमपरस्त खूबियों के समेत जो एक झंडे से जुड़ी हैं, या फिर रूसी, हिन्दुस्तानी या ऐसा ही कुछ हैं। हदों ने बांट रखा है हमें, जड़सूत्रों ने, सोचने के अलग-अलग तरीकों ने जो टकराते रहते हैं, संगठित धार्मिक विचारों की अलग-अलग श्रेणियों ने, हम सियासी तौर पर जुदा-जुदा हैं, धार्मिक, आर्थिक और सांस्कृतिक रूप से बंटे हैं। अगर आप इस सारे सिलसिले की जाँच-पड़ताल करेंगे जो हमारे चारों तरफ चल रहा है तो हम यह देखेंगे कि इनसान तो हम कभी बहुत कम ही होते हैं, एक व्यक्ति के रूप में हमारा वजूद लगभग है ही नहीं।

हमारी बहुत सी समस्याएं हैं, निजी तौर पर भी और सामूहिक रूप से भी। निजी तौर पर शायद उनमें से कुछ को सुलझाने में हम कामयाब हो जाएं, और सामूहिक रूप से भी हम वह सब करेंगे जो संभव है। लेकिन यकीनन ही ये सारी समस्याएं मुख्य मुद्दा नहीं हैं। मेरे ख्याल से तो मुख्य मुद्दा मन को आज़ाद करने का है, और कोई भी मन को आज़ाद नहीं कर सकता, और न ही मन ही खुद को आज़ाद कर सकता है जब तक वह खुद को समझ न ले। इसलिए स्व-बोध

लाजिमी है, अपने आप को जानना। उसके लिए एक खास किस्म की सजगता चाहिए, क्योंकि अगर आदमी खुद को ही नहीं जानता तो किसी तरह की समझदारी के लिए, तर्क और सोच-विचार के लिए कोई जगह ही नहीं बचती। लेकिन सजगता और ज्ञान दो अलग-अलग बातें हैं। सजगता एक निरंतर प्रक्रिया है, जबकि ज्ञान हमेशा गतिहीन रहता है—स्थिर।

पता नहीं आपको यह नुक्ता स्पष्ट हुआ या नहीं, अगर नहीं तो संभवतः जैसे-जैसे हम साथ-साथ आगे बढ़ेंगे मैं इसे साफ करने की कोशिश करूंगा। लेकिन फिलहाल मैं कुछ बातों की तरफ सिर्फ आपका ध्यान खींचना चाहता हूं, बाद में हम उनकी गहराई से जांच-पड़ताल कर सकते हैं। शुरूआत तो हमें एक व्यापक तस्वीर से ही करनी होगी—किसी विशेष नुक्ते, या किसी खास ऐक्शन या समस्या पर ध्यान केंद्रित किए बगैर, एक तरह से अपने समस्त जीवन को, सारे अस्तित्व को समग्र रूप से देखते हुए। अपनी इस अद्भुत तस्वीर को जैसी भी वह है एक बारगी देख लेने के बाद फिर हम उसके विस्तार में जा सकते हैं, एक-एक अध्याय को, एक-एक पेज को गौर से देख सकते हैं।

तो मेरे लिए तो केंद्रीय मुद्दा आज़ादी का है। आज़ादी किसी चीज़ से नहीं, वह तो केवल प्रतिक्रिया है। आज़ादी तो मेरी नज़र में बिल्कुल ही कोई दूसरी चीज़ है। अगर मैं डर से मुक्त हो जाता हूं, वह एक बात है। डर से मुक्त होना एक प्रतिक्रिया है, जो सिर्फ एक तरह का हौसला ही ले कर आती है। लेकिन मैं जिस आज़ादी की बात कर रहा हूं वह किसी चीज़ से नहीं है, कोई प्रतिक्रिया नहीं है; और उसके लिए चाहिए खासी गहरी समझ।

मैं यह सुझाव देना चाहूंगा कि जो लोग सुन रहे हैं वो ज़रूर ही कुछ समय इस पर विचार करें, जो भी चर्चा हम कर रहे हैं उस पर थोड़ा सोचें ज़रूर। न तो हम किसी चीज़ को रद्द कर रहे हैं न ही कुछ स्वीकार कर रहे हैं, मैं किसी भी तरह आपके लिए कोई अथॉरिटी नहीं हूं, कोई माहिर नहीं हूं, न ही मैं खुद को गुरु के रूप में स्थापित करना चाहता हूं। मेरे लिए न तो यहां कोई गुरु है न शिष्य—आप यकीन करें मेरा, पूरी शिद्दत के साथ मैं यह बात कहना चाहता हूं। मैं आपका गुरु नहीं हूं न ही आप मेरे चेले हैं। जिस घड़ी आप किसी का अनुसरण करने लगते हैं, बस बंध जाते हैं, आज़ाद नहीं रहते। अगर आप किसी सिद्धांत को मान लेते हैं तो आप जकड़े जाते हैं उसमें। अगर आप किसी प्रणाली के मुताबिक अभ्यास करते हैं, भले ही वह कितना ही पुराना या नया क्यों न हो, चाहे कितना ही महीन या पेचीदा क्यों न हो, आप उस प्रणाली के गुलाम हो जाते हैं।

हम जो करने की कोशिश कर रहे हैं वह है साथ मिल कर किसी चीज़ का पता लगाना, उसकी खोज-पड़ताल करना। मैं जो भी मुद्दे उठा रहा हूं आप उन्हें सिर्फ सुन ही नहीं रहे बल्कि साथ-साथ खुद अपने लिए उनके सत्य का पता लगाने की कोशिश भी कर रहे हैं, तो यूं आप आज़ाद हैं। जो आदमी बोल रहा है उसका कुछ मोल नहीं, लेकिन जो कहा गया है, जो भी सामने आया है—बेपर्दा हुआ है—जिसे कोई खुद से देख लेता है, खुद खोज लेता है, उसी का असल मोल है, सारा महत्त्व उसी का है। व्यक्ति पूजा का सारा यह ढकोसला, किसी के पीछे-पीछे चलना, या किसी शख्स को माहिर मान कर सत्ता के सिंहासन पर ले जा बैठाना, यह सब तो एकदम विनाशकारी है। जो चीज़ महत्त्वपूर्ण है वह यही है जो भी आपने अपनी सारी खोज-पड़ताल में सीखा कि कैसे अपने मन को मुक्त करें, ताकि एक इनसान के रूप में आप सृजनात्मक हो पाएं।

क्योंकि आखिरकार सच्चाई या फिर वह शै जो शब्दों से परे है उस मन में तो नहीं आ सकती जो लदा पड़ा है, ठूसा हुआ है। मेरे ख्याल से एक अवस्था है, जिसे आप भले कुछ भी कहें, वह किसी संत का, किसी साधक का या किसी भी ऐसे आदमी का अनुभव नहीं जो उसे पाने का प्रयास कर रहा है, क्योंकि सारे अनुभव असल में अतीत को ही मजबूत करते हैं। मन की सिर्फ वही अवस्था आज़ाद करती है जो सतत बोध में सक्षम है बिना उस हस्ती के जो अनुभव करती है। अनुभव मन को मुक्त नहीं करता, बल्कि अतीत को और मजबूत करता है। मुझे लगता है कि यहां भी कुछ व्याख्या की ज़रूरत है, और हम उस में जाएंगे।

मैं अब जो कहना चाहता हूं वह यही है कि यहां बेहद बेचैनी है, ज़बरदस्त अनिश्चितता है, सिर्फ निजी तौर पर नहीं, बल्कि दुनिया में भी, और इसी बेचैनी, इसी डावांडोल स्थिति की वजह से ही यहां तरह-तरह के फलसफे उभर आए हैं; निराशा का फलसफा, इसी लम्हे, इसी घड़ी में जीने का फलसफा, अस्तित्व को ज्यों का त्यूं कबूल कर लेने का फलसफा। परंपराओं से हटने का भी चलन है, इनकार करने का; प्रतिक्रिया की एक अलग दुनिया बसाने की कोशिश भी दिखाई देती है। या एक धर्म को छोड़ कर आप दूसरे में चले जाते हैं, अगर आप ईसाई हैं तो हिंदू हो जाते हैं, कैथोलिक की जगह किसी दूसरे समूह में शामिल हो जाते हैं। ज़ाहिर है कि इनमें से कुछ भी किसी भी तरह मन को आज़ाद करने में मदद नहीं करता।

इस आज़ादी के लिए तो स्व-बोध चाहिए, खुद से मुलाकात। और लाज़िमी होता है, कैसे आप सोचते हैं उसे गौर से देखना और उस सारी प्रक्रिया को देखते हुए मन के सारे ताने-बाने को समझना, उसकी खोजबीन करना। आप जानते हैं कि तथ्य एक चीज़ है और चिह्न एक दूसरी चीज़, शब्द एक चीज़ है और जिसकी

वह शब्द नुमाइंदगी करता है वह बिल्कुल ही दूसरी चीज़ है। ज़्यादातर लोगों के लिए चिह्न बहुत बहुत महत्त्वपूर्ण हो गए हैं—झण्डे का प्रतीक या चिह्न या फिर क्रास का, यूं हम शब्दों के सहारे जीते हैं, प्रतीकों के। लेकिन ये शब्द, ये चिह्न तो कभी महत्त्वपूर्ण नहीं होते। और शब्दों के आर-पार जाना, प्रतीकों के, उन की तह तक जाना, एक बहुत ही मुश्किल काम है, बेहद मुश्किल। मन को शब्दों से आज़ाद करवाना बहुत दुश्वार है—आप अमरीकन हैं, कैथोलिक हैं, डैमोक्रैट हैं, रूसी या हिन्दुस्तानी—शब्दों से छुटकारा आसान नहीं। लेकिन अगर हमें इस चीज़ की छानबीन करनी है कि आज़ादी क्या है तो हमें शब्दों और प्रतीकों के आर-पार देखना होगा, उनके किले को भेद कर। मन की इन सीमाओं को घड़ा है हमारी शिक्षा-दीक्षा ने, जिन संस्कारों में आप पले-बढ़े हैं उनकी स्वीकृति ने, उन तकनीकों ने जो हमारी विरासत का हिस्सा हैं, और इन सब दीवारों को बेंधने के लिए जो हमारे सोच-विचार को जकड़े रखती हैं, एक बेहद चौकस और शिद्दत से भरा मन चाहिए—एकदम प्रचंड।

मेरे ख्याल से शुरू से ही यह बात तो अच्छी तरह से समझ ही लेनी चाहिए कि इन सारी वार्ताओं का मकसद किसी भी तरह से आपके सोचने के ढंग को प्रभावित करना या किसी खास दिशा में मोड़ना नहीं, उन पर काबू पाना नहीं और न ही आपके मन को किसी सांचे में ढालना है। हमारी समस्या कहीं बड़ी है। यह किसी संगठन से जुड़ कर या किसी वक्ता को सुनने भर से, पूर्वी देशों से आए किसी फलसफे को स्वीकार कर लेने से, बौद्ध धर्म की ज़ेन धारा में खुद को डुबो देने से, ध्यान की कोई नई तकनीक खोज लेने से, या फिर मैसकालाईन अथवा ऐसी ही किसी दूसरी नशीली दवा के इस्तेमाल से किसी ख्याली दुनिया की झलकियां देख लेने से हल होने वाली नहीं। हमें ज़रूरत है एक साफ-स्पष्ट मन की—ऐसा मन जो जांच-पड़ताल करने से नहीं घबराता, ऐसा मन जो अकेला हो पाने में समर्थ है, जो अपने खालीपन का, अपनी तन्हाई का सामना कर सकता है, ऐसा मन जो पता लगाने के लिए खुद को मिटा पाने के भी समर्थ है।

मैं आप सब को बताना चाहता हूं कि सचमुच ही एक संजीदा, एक गंभीर व्यक्ति होने का कितना महत्त्व है, आप यहां किसी मनोरंजन के लिए नहीं आए, और न ही महज़ कोई कौतूहल ही आप को यहां खींच लाया है। वह सब वक्त की बरबादी है। यहां कुछ है बहुत गहरा, बहुत विशाल, व्यापक जिसे हमें ढूंढना है अपने आप, पता लगाना है कि कैसे हम खुद अपनी ही चेतना की हदों से ऊपर उठें। क्योंकि सारी की सारी चेतना ही खुद में एक सीमा है, और चेतना के दायरे के अंदर-अंदर होने वाले सारे बदलाव असल में बदलाव हैं ही नहीं। और मुझे लगता है कि यह संभव है—किसी रहस्यमय तरीके से नहीं, न ही कोई

भ्रांति या छलावा है यह, बल्कि सचमुच में ही उन सीमाओं के बाहर जाना जो मन ने तय कर दी हैं। लेकिन इसे किया सिर्फ तभी जा सकता है जब आप अपने मन की खासियतों, उसके स्वभाव की जांच-पड़ताल करने में समर्थ हों, अपने आप की गहरी समझ हो आप में। खुद को जाने बिना आप दूर तक नहीं जा सकते, क्योंकि आप किसी छलावे में खो जाएंगे, भटक जाएंगे किसी भ्रम में, किन्हीं चमक-दमक वाले ख्यालों में कोई पनाह ढूंढ लेंगे, सांप्रदायिकता या फिरकापरस्ती के किसी नए रूप में।

सो जीवन के इन सभी पहलुओं को देखते हुए हमारी मुख्य समस्या, जैसा कि वक्ता को लगता है, यही आज़ादी की समस्या है। क्यूंकि सिर्फ आज़ादी में ही कुछ खोज सकते हैं, सिर्फ आज़ादी में ही सृजनात्मक मन का हो पाना संभव हो सकता है। जब मन आज़ाद होता है सिर्फ तभी एक अंतहीन ऊर्जा होती है—और यही ऊर्जा ही तो है जो सच्चाई की, यथार्थ की, एक तरंग है, एक लहर है।

अंत में मैं आपसे यही निवेदन करना चाहूंगा कि आप अपने मन की गुलामी को गौर से देखें, सजग हों इसके बारे में, ध्यान दें इसकी तरफ। जो कुछ भी अभी तक कहा गया है वह तो सिर्फ खाका है किताब का, उसकी विषय सूची का। और आप अगर रूपरेखा से, सुर्खियों से ही संतुष्ट हो जाते हैं तो मुझे डर है कि बहुत दूर तक नहीं जा पाएंगे आप। यह सिर्फ मान लेने का या इनकार कर देने का मामला नहीं है, बल्कि अपनी ही जांच-पड़ताल करने की बात है—जिसके लिए किसी तरह की अथॉरिटी नहीं चाहिए, किसी माहिर-विशेषज्ञ की सत्ता नहीं चाहिए। इसके ठीक उलट, इसकी तो मांग ही है कि आप किसी के भी पीछे नहीं चलेंगे, खुद आप ही अपने लिए रोशनी होंगे, और आप अपने लिए रोशनी नहीं बन सकते अगर आप किसी खास आचरण से बंधे हैं, किसी भी ऐसी सरगर्मी से जिसे इज़्ज़तदार माना गया हो, या धार्मिक तौर पर जुड़े हैं किसी से। बहुत दूर तक जाने के लिए हमें बहुत ही करीब से शुरू करना होगा, और खुद को जाने बगैर कोई भी बहुत दूर तक नहीं जा सकता। खुद को जानना किसी विश्लेषक पर निर्भर नहीं करता। हम खुद को देख सकते हैं, उस पर गौर करते हुए कि कैसे हम हर तरह के रिश्तों में से गुज़रते हैं, अपने रोज़ाना जीवन में। और इस समझ के बिना मन कभी आज़ाद नहीं हो सकता।

ओहाय,
21 मई 1960

13

आज़ादी की चाह स्वतः ही अपना एक अनुशासन लेकर आती है

मेरे ख़याल में, हममें से ज़्यादातर लोग एक व्यक्ति की क्रियाशीलता को कोई महत्त्व नहीं देते जब कि सामूहिक कर्म को बेहद ज़रूरी समझा जाता है। हममें से अधिकांश आमतौर पर वैयक्तिक कर्म को सामूहिक कर्म का, कलैक्टिव ऐक्शन का विपरीत मान लेते हैं। ज़्यादा लोग यही मानते हैं कि सामूहिक कर्म कहीं ज़्यादा महत्त्वपूर्ण है, वैयक्तिक कर्म की बजाय समाज के लिए उसकी सार्थकता कहीं ज़्यादा है। हम यही समझते हैं कि एक व्यक्ति का ऐक्शन कहीं पहुंचाता नहीं है, समाज में किसी ठोस बदलाव के लिए, सिस्टम में किसी निश्चित तबदीली के लिए इसकी कुछ खास भूमिका नहीं होती, उसका सृजनात्मक सामर्थ्य बिलकुल मामूली है। सो यूं सामूहिक कर्म को हम कहीं ज़्यादा प्रभावशाली मानते हैं, एक व्यक्ति के कर्म-व्यवहार से कहीं ज़्यादा असरदार—खास तौर पर एक ऐसे संसार में जो दिनों-दिन मशीनी होता जा रहा है, जहां आदमी का मन, उसका रुझान सिर्फ तकनीकी दिशा में ही सिमटता जा रहा है। व्यक्ति के कुछ करने के लिए बहुत थोड़ी जगह बची है, व्यक्ति की अहमियत निरंतर कम होती जा रही है और कलैक्टिव, समूह ही सब कुछ बन बैठा है।

हम यह सब घटित होता हुआ देख सकते हैं कि कैसे आदमी के दिमाग पर कब्ज़ा किया जा रहा है, उसका समूहीकरण किया जा रहा है—अगर मैं इस शब्द का इस्तेमाल करूं तो—पहले से कहीं ज़्यादा उसे मजबूर किया जा रहा है कि वह खुद को किसी सिस्टम के अनुरूप ढाले। मन अब मुक्त नहीं है। सियासत, पढ़ाई-लिखाई, संगठित धार्मिक विश्वास और जड़सूत्र सब उसे ढाल रहे हैं। दुनिया भर में हर कहीं आज़ादी सिमटती ही जा रही है, और व्यक्ति की अहमियत घटती

ही जा रही है। आपने ज़रूर ही यह सब देखा होगा, सिर्फ अपनी ज़िंदगी में ही नहीं, हर कहीं, आज़ादी सिकुड़ रही है, मुझझ रही है—खुले तौर पर, बेरोक-टोक सोचने की आज़ादी, जो भी आप समझते हैं कि सही है उसके लिए डट कर खड़े होने की आज़ादी, स्थापित व्यवस्था को चुनौती देने की, 'इनकार करने' की आज़ादी, सवाल उठाने की, खोजने की, खुद अपने लिए किसी चीज़ का पता लगाने की आज़ादी। लीडरशिप दिनों-दिन ज़्यादा ही महत्त्वपूर्ण होती जा रही है, क्योंकि हम चाहते हैं कि कोई हमें बताए, कोई हमें राह दिखाए। दुर्भाग्य से जब ऐसा होता है तो भ्रष्टाचार लाज़िमी नतीजा होता है, मन की हालत बदतर हो जाती है—तकनीकी मन की नहीं, उस मन की नहीं जो इमारतें बनाता है, ऐटमी रिएक्टर वगैरह बनाता है—लेकिन मन के उस स्वभाव की, उस ख़ासियत की जो रचनात्मक है। रचनात्मक शब्द का इस्तेमाल मैं बिल्कुल ही अलग तरीके से कर रहा हूं, जिन अर्थों में इसका प्रयोग होता है उससे बिल्कुल अलग। रचनात्मक से मेरा मतलब कोई कविता लिखने, इमारतें बनाने या पुल खड़े करने से नहीं, न ही किसी ख्वाब या ज़हन में आई किसी झलक को संगमरमर में उतार लेने से है—वो तो बस सिर्फ उसका प्रकटाव है, अभिव्यक्ति है, जो महसूस होता है या जिस बारे में सोच-विचार होता है। लेकिन हम बिल्कुल ही दूसरे अर्थों में सृजनात्मक मन की बात कर रहे हैं; मन जो आज़ाद है रचनात्मक है, एक मन जो कट्टर सिद्धांतों से, विश्वासों से जकड़ा हुआ नहीं, ऐसा मन जिसने अपने अनुभव की हदों को ही अपनी पनाहगाह नहीं बना लिया, मन जो परंपराओं की घेरेबंदियों से बाहर निकल आया है, प्रभुत्व और महत्त्वाकांक्षाओं को पीछे छोड़ आया है, जो अब ईर्ष्या-जलन के जाल में उलझा हुआ नहीं है—ऐसा ही मन सृजनात्मक मन है। और मुझे लगता है कि ऐसे संसार में जहां जंग का खतरा सामने खड़ा है, जहां हर तरफ बदहाली छायी है, तकनीकी तौर पर नहीं लेकिन बाकी हर लिहाज़ से, ऐसा सृजनात्मक मन यहां एक ज़रूरत है।

आदमी की सोच को, उसके पूरे ढंग को, उसके अस्तित्व को सिरे से बदल देना एकदम ज़रूरी हो गया है, क्योंकि यह दिनों-दिन और भी मशीनी होता जा रहा है। और मुझे समझ नहीं आता कि एक व्यक्ति में नहीं तो ऐसा मुकम्मल इंकलाब और कहां हो सकता है, कैसे हो सकता है। समूह तो क्रांतिकारी नहीं हो सकता, समूह-भीड़ तो सिर्फ पीछे ही चल सकती है, नकल कर सकती है, किसी का समर्थन कर सकती है, किसी के मुताबिक खुद को ढाल सकती है। लेकिन ऐसा तो किसी व्यक्ति में ही हो सकता है, 'आप में', जो सारी जंजीरों

को तोड़-ताड़ कर बाहर आ जाए, सब संस्कारों को पीछे छोड़, और सृजनात्मक हो जाए। यह चेतना का संकट ही है जो ऐसे मन की मांग करता है, इस नए मन की। जहां तक समझ में आता है, लगता है हम इस तरह से कभी सोचते ही नहीं, हमेशा ऐसा ही सोचते हैं कि थोड़ा और सुधार—तकनीकी तौर पर या मशीनों में होने वाला कोई सुधार ही—किसी चमत्कारिक ढंग से सृजनात्मक मन की रचना कर डालेगा, ऐसे मन की जो भय से मुक्त हो, निडर।

सो बजाय तकनीकी सुधारों में उलझने के जो भले ही मशीनी ऐक्शन के सामूहिक संसार में अपनी जगह ज़रूरी हैं, हम अपना ध्यान इस दिशा में लगाने जा रहे हैं कि कैसे एक सृजनात्मक मन उभर कर आए, एक नया मन, क्योंकि इस देश में जैसा कि दिखाई देता है हर दिशा में गिरावट है, संभवतः उद्योग-धंधों की दुनिया को छोड़कर, जिसमें ज़्यादा कमाई, नई-नई रेलवे लाईनें, नहरें, लोहा-इस्पात के कारखाने, और ज़्यादा वस्तुओं की पैदावार आदि सब शामिल हैं—जो सब ज़रूरी तो है, लेकिन उससे एक नई सभ्यता का निर्माण होने वाला नहीं। उससे प्रगति तो होगी, लेकिन जैसा कि हमने देखा यह प्रगति—यह तरक्की—आदमी को आज़ाद नहीं करती। चीज़ें ज़रूरी हैं, पैदावार ज़रूरी है, और घर, और ज़्यादा कपड़े व खाना, यह सब बेहद लाज़िमी है, लेकिन एक दूसरी चीज़ भी है जो उतनी ही ज़रूरी है—एक ऐसा व्यक्ति जो इनकार कर सके, कह सके : 'नहीं'।

'हां' कहने की तुलना में 'ना' कहना कहीं ज़्यादा महत्त्वपूर्ण है। हम सभी बस 'हां' कहने वाले हैं, कभी हम 'ना' नहीं कहते, कभी इनकार का साथ नहीं देते। किसी के पीछे-पीछे चलना, अनुसरण करना कहीं ज़्यादा आसान है और इनकार करना कहीं ज़्यादा मुश्किल। ज़्यादातर लोग पीछे चलना—कबूल करना—ही पसंद करते हैं, क्योंकि यह बहुत आसान है, भय के मारे, सुरक्षा की इच्छा से आप किसी का अनुसरण कर सकते हैं, एकदम आसान है ऐसा करना, लेकिन धीरे-धीरे एक गतिहीनता आ जाती है, बिखराव। लेकिन 'ना' कहने के लिए उच्चतम चिंतन चाहिए—पूरा खिला हुआ, क्योंकि 'ना' के पीछे है एक ऐसी विचार प्रक्रिया, एक ऐसा चिंतन जो नकार सकता है—जिसका मतलब है झूठ को देख पाना। इस बात की सूझ मात्र कि झूठ क्या है, वह शिद्दत जिससे कोई देख पाता है कि हां यह झूठ है, वह सूझ ही सृजनात्मक कर्म है, क्रिएटिव ऐक्शन है। किसी चीज़ से इनकार करना, सवाल करना, तहकीकात करना, भले ही वह चीज़ कितनी ही पवित्र क्यों न हो, कितनी ही ताकतवर या फिर कितनी ही सीमित-मान्य

क्यूं न हो—इसके लिए एक गहरी पैठ चाहिए, ऐसी तीखी सूझ चाहिए जो खुद अपने ही विचारों को चकनाचूर कर सके, परंपराओं को खंड-खंड कर सके। और ऐसा आदमी आज के संसार की एक ज़बरदस्त ज़रूरत है, ऐसा संसार जहां संगठित धर्मों का, ढोंग-नौटंकी का बोलबाला है। पता नहीं आप भी इसकी अहमियत को देख पा रहे हैं या नहीं—ज़बानी-कलामी नहीं, सैद्धांतिक तौर पर नहीं, बल्कि सचमुच में।

आप जानते हैं न, चीज़ों को देखने का एक तरीका होता है। या तो हम उन्हें देखते हैं एकदम सीधे, जो भी देखते हैं अनुभव करते हैं उसे, या फिर खोजबीन करने लगते हैं, शाब्दिक स्तर पर, 'जो है' उसके बारे में फिर सरसरी तौर पर या बौद्धिक रूप से कुछ सिद्धांत गढ़ लेते हैं, 'जो है' उसके लिए व्याख्याएं ढूंढते हैं। लेकिन इन व्याख्याओं के बिना, सतही फैसलों के बिना, जिन पर हम भी बाद में पहुंचेंगे, किसी चीज़ के झूठ को एकदम से देखने के लिए ध्यान चाहिए—चौकसी, आपका पूरा सामर्थ्य, पूरी ऊर्जा चाहिए। और स्पष्ट है, खासतौर पर इस अभागे देश में जहां परंपराओं का, जानी-मानी सत्ताओं का, प्रामाण्य का बोलबाला है, और वो कथित प्राचीन बुद्धिमत्ता जहां राज करती है, हावी है, झूठ को देख सकने की, उससे इनकार करने और उस इनकार पर डटे रहने की वह ऊर्जा बिल्कुल नदारद दिखाई पड़ती है। लेकिन इस छानबीन के लिए कि झूठ क्या है, एक आज़ाद मन चाहिए। अगर आप किसी खास विश्वास से जुड़े हैं, किसी अनुभव विशेष से बंधे हैं, काम-काज की किसी खास प्रणाली से तो आप यह नहीं कर सकते। अगर आप हुकूमत करने के किसी खास ढंग-तरीके से जुड़ बैठे हैं, हिमायती हो गए हैं उसके, तो आप सवाल नहीं कर सकते, सवाल उठाने की जुर्रत नहीं कर सकते, क्योंकि इससे आप अपनी पोज़ीशन से, अपने प्रभाव, अपनी हैसियत से हाथ धो बैठेंगे, जो कि आप हरगिज़ नहीं चाहते। और ठीक इसी तरह जब आप किसी धर्म से जुड़ जाते हैं—हिंदू, बौद्ध या कुछ भी और हो जाते हैं, तो फिर आप सवाल नहीं उठा सकते, सब कुछ को चकनाचूर करके, मिटा करके भी पता लगाने की हिम्मत आप में नहीं रहती। बदकिस्मती से हममें से ज़्यादातर लोग तो राजनैतिक, आर्थिक, धार्मिक, सामाजिक, हर तौर से जुड़े हैं, बंधे हैं, और उसी वजह से कभी उस बुनियादी बात पर 'किंतु' नहीं करते, सवाल नहीं उठाते, क्योंकि उसी से तो हम प्रतिबद्ध हैं। इसीलिए हम हमेशा विचारों में, किताबों में, शब्दों के ढेर में ही आज़ादी ढूंढते हैं।

सो मेरा तो यही सुझाव है कि अगर संभव हो तो यहां पर सुनते हुए आप

सिर्फ शब्दों को ही न सुनें, जो कि बातचीत का, संप्रेषण का एक साधन भर हैं, चिह्न हैं जिनकी हर कोई अपने समझने के लिए व्याख्या-टीका करता है, लेकिन साथ ही साथ शब्दों के माध्यम से होते हुए आपको खुद अपने मन की अवस्था को देखना होगा, खुद उन चीज़ों से दो-चार होना होगा जिन्होंने जकड़ रखा है आपको, आपके दिलो-दिमाग को, जिस्मो-जान को। सचमुच में ढूंढें-खोजें इसे और देखें कि क्या यह पता लगाने के लिए कि सच क्या है आप उन चीज़ों को चकनाचूर कर उनके चंगुल से छूट सकते हैं जिन से आप जुड़े हैं, जिनके प्रति आप समर्पित हैं। क्योंकि मुझे तो दूसरा कोई रास्ता दिखाई नहीं देता जिससे संसार में नवजीवन का द्वार खुल सके। सामाजिक उथल-पुथल तो चलती रहेगी—कम्युनिस्टों की हो या किन्हीं और लोगों की हो, ज़्यादा खुशहाली भी हो जाएगी, ज़्यादा भोजन, और ज़्यादा कारखाने, ज़्यादा खाद, ज़्यादा इंजन और ऐसा ही सब। लेकिन एक बात तो पक्की है कि बस यही तो जीवन नहीं है, यह तो जीवन का एक हिस्सा भर है। पूजा-पाठ में लगने और खंडों में बंटकर जीने से तो हमारी मानवीय समस्याएं हल नहीं होने वालीं। दुख तो अभी भी है, मृत्यु भी है, चिंताएं हैं, अपराध बोध, अनेकों विचारों के, आशाओं, निराशाओं के अपने दर्द हैं; वे सब अपने स्थान पर डटे हैं।

तो सुनने में मेरे ख्याल से मन का ऐसा सुनना निहित होना चाहिए जिसमें मन खुद की छानबीन कर रहा हो—यानी वह अपनी पूरी प्रक्रिया में गहरे पैठ रहा हो, सिर्फ शब्दों को सुने भर नहीं, जिनसे आप सहमत या असहमत हो सकते हैं, इसके कुछ खास मायने नहीं हैं। क्योंकि हम यहां सिर्फ तथ्यों का सामना कर रहे है—यह तथ्य कि आदमी दिनों-दिन मशीनी होते जा रहे हैं, और आज़ादी का दायरा सिकुड़ता जा रहा है, जहां कहीं भी अव्यवस्था व उलझन होती है वहीं किसी अथॉरिटी का सहारा लिया जाता है; और यह भी एक तथ्य है कि बाहरी संसार में द्वंद्व है, टकराव है—जंग के रूप में, और भीतर दुख है, निराशा है, डर है। ये सब सच्चाईयां हैं जिनसे निपटना है, सिद्धांतबाजी में उलझकर नहीं, बल्कि सचमुच में। हमारी दिलचस्पी तो बस इसी में है कि सुनने वाले के भीतर तबदीली कैसे हो—व्यक्ति के अंदर एक बुनियादी क्रांति। क्योंकि सिर्फ वही है जो सृजनात्मक हो सकता है, कोई सियासतदान या लीडर नहीं, न ही कोई बड़ी शख्सियत, उन्होंने तो खुद को कहीं ना कहीं जोड़ लिया है, वह सब किसी ना किसी सांचे में ढल चुके हैं। उन्हें तो सत्ता चाहिए, पद-प्रतिष्ठा चाहिए, मशहूरी चाहिए। आप में भी उन सब की ख्वाहिश हो सकती है, लेकिन आप अभी भी किसी तलाश में हैं,

कुछ खोज रहे हैं, तो अभी कुछ उम्मीद बाकी है, क्योंकि आपने पूरी तरह से किसी चीज़ से खुद को नहीं बांधा, आप कोई बड़े चौधरी नहीं हैं। अभी भी आप एक मामूली आदमी हैं, कोई लीडर नहीं हैं, किन्हीं बड़े-बड़े संगठनों के बॉस नहीं हैं, आप एक साधारण आम आदमी हैं। और कुल मिलाकर खुलापन है अभी, पूरी तरह बंधे नहीं हैं किसी से, तो आप से अभी कुछ आशा हो सकती है।

इसलिए यह संभव है कि हम अपने भीतर ऐसी तबदीली ला पाएं, हालांकि बहुत देर हो चुकी है फिर भी शायद कुछ हो सके। और सिर्फ यही एक चीज़ है जिससे हमारा सरोकार है : कैसे हम अपने भीतर यह ज़बरदस्त क्रांति लाएं।

ज़्यादातर लोग तो मजबूरीवश ही बदलते हैं, किसी बाहरी प्रभाव से, डर से, सज़ा या फिर इनाम की आशा से, सिर्फ यही चीज़ें हैं जो हमें बदलती हैं। इसे समझें आप, गौर से देखें इस सब को। हम कभी अपनी मर्ज़ी से बदलते ही नहीं, हमारी हर तबदीली के पीछे कोई न कोई मकसद होता है, और जहां कोई मकसद हो वह तो कोई तबदीली नहीं। इन प्रभावों और प्रयोजनों के प्रति सजग होना, उन मजबूरियों के प्रति, जो हमें बदलने को बाध्य कर देती हैं, जागना और उनसे पार हो जाना ही तबदीली है। हालात हमें बदलते हैं, परिवार, कानून, हमारी महत्त्वाकांक्षाएं, हमारे डर हममें बदलाव लाते हैं। लेकिन वह तबदीली तो प्रतिक्रिया है, इसलिए असल में तो यह किसी दबाव के खिलाफ मानसिक प्रतिरोध भर है। और यह प्रतिरोध अपने खुद के सुधार, बदलाव रच लेता है; इसलिए यह कोई बदलाव नहीं है। अगर मैं समाज के हिसाब से कुछ बदलता हूं या उसके मुताबिक ढल जाता हूं क्योंकि मुझे उससे कुछ चाहिए, क्या यह बदलाव है? और या बुनियादी तबदीली सिर्फ तभी होती है जब मैं उन चीज़ों पर गौर करता हूं जो मुझे बदलने को विवश कर रही हैं, और उनके झूठ को देख लेता हूं? सभी प्रभाव, भले ही वो अच्छे हों या बुरे मन को संस्कारित करते हैं, और महज़ ऐसे ही प्रभावों को कबूल करते रहने का मतलब है भीतर ही भीतर से तबदीली का, किसी भी बुनियादी बदलाव का प्रतिरोध।

तो हालात को देखते हुए, सिर्फ इसी देश में नहीं बल्कि दुनिया भर में, जहां पर विकास आज़ादी को निगल रहा है, खुशहाली जहां मन को उस तरफ धकेले जा रही है, जहां उसे सिर्फ वस्तुओं में ही सुरक्षा नज़र आती है, नतीजा यही है कि आज़ादी का दायरा सिकुड़ता ही जा रहा है, धार्मिक संगठन जहां विश्वासों का और भी ज़ोर-शोर से ढोल पीटने में लगे हैं, विश्वास के फार्मूले का सहारा ले रहे हैं जो उन्हें परमात्मा के होने या न होने में यकीन दिलवाता

रहे, यह देखते हुए कि मन दिनों-दिन मशीनी होता जा रहा है, और यह भी कि इलैक्ट्रानिक दिमाग और आधुनिक तकनीकी ज्ञान आदमी के आगे सुविधाओं का ढेर लगाकर खाली वक्त मुहैया करा रहा है—अभी हर मुल्क में, हर जगह तो नहीं, लेकिन देरसवेर यही होने वाला है—इस सबको देखते हुए, हमारे लिए यह पता लगाना ज़रूरी हो जाता है कि आज़ादी क्या है, यथार्थ क्या है।

कोई मशीनी मन इन सवालों का जवाब नहीं दे सकता। आदमी को ये सवाल खुद से ही पूछने होंगे, अपने ही भीतर, मूलभूत रूप से, गहराई से, और अपने लिए जवाबों का खुद ही पता लगाना होगा, अगर कहीं कोई जवाब हैं तो, जिसका असल में मतलब है हर तरह के सत्ता-प्रामाण्य पर सवाल खड़ा करना। ज़ाहिर है कि यह बहुत ही मुश्किल काम है, सबसे मुश्किल कामों में से एक। हम समाज को कभी दुश्मन नहीं मानते। हम समाज को हमेशा एक सत्कार की नज़र से देखते हैं जिसमें हमें रहना ही है, हम उसी के मुताबिक चलते हैं, ढाल लेते हैं खुद को, हमें कभी नहीं लगता कि सचमुच ही वह आदमी का दुश्मन है, आज़ादी का दुश्मन, नेकी और सच्चाई का दुश्मन। सोचिए इसके बारे में, देखिए इसे। आसपास का माहौल, यानी कि समाज ही आज़ादी का गला घोंट रहा है। यह कोई ऐसा आदमी नहीं चाहता जो आज़ाद हो, उसे तो संत चाहिए, सुधारक जो संस्थानों में थोड़ा-बहुत बदलाव ले आएं, उन्हें थामे-संभाले रखें, कायम रखें। लेकिन धर्म तो कुछ और ही बात है। धार्मिक मनुष्य समाज का दुश्मन होता है। धार्मिक व्यक्ति वह नहीं है जो चर्च या मंदिर जाता है, गीता पढ़ता है या रोज़ाना पूजा-पाठ करता है, वैसा आदमी असल में धार्मिक है ही नहीं। जो व्यक्ति वास्तव में धार्मिक है, उसने तो समस्त महत्त्वाकांक्षा, भय, लालच और ईर्ष्या से मुक्ति पा ली है, इसलिए उसका मन युवा है, तरोताज़ा, ताकि वह जांच-पड़ताल कर सके, यह पता लगा सके कि उन सभी चीज़ों से परे क्या है जिन्हें आदमी ने बनाया-जमाया है और जिस ताम-झाम को वह धर्म की संज्ञा देता है। लेकिन इस सब के लिए अपने अंदर एक खूब छानबीन करनी होगी, अपने ही भीतर खोज-पड़ताल की, स्वयं को जानने की ज़रूरत है, और ऐसी नींव डाले बिना आप बहुत दूर तक नहीं जा सकते।

तो एक गहन परिवर्तन, संपूर्ण क्रांति चाहिए, कुछ फेर-बदल नहीं बल्कि मन का मुकम्मल कायाकल्प ज़रूरी है। इसे किया कैसे जाए यही समस्या है। हमें पता है कि यह ज़रूरी है। कोई भी आदमी जिसमें थोड़ी बहुत भी समझ है, जो संसार की सूरते हाल को देख सकता है, उसके भीतर या बाहर जो भी

चल रहा है उसके प्रति जो संवेदनशील है वह इस कायाकल्प की, इस आमूलचूल परिवर्तन की मांग करेगा ही। लेकिन इसे अंजाम कैसे दें?

अब सबसे पहली बात तो यह है कि 'कैसे' जैसा कुछ है भी—'कैसे' का मतलब होता है कोई विधि, कोई सिस्टम, कोई मार्ग या अभ्यास का कोई तरीका? अगर इस कायाकल्प के लिए हम कोई विधि अपनाते हैं, किसी प्रणाली का अभ्यास करते हैं तो आपका मन उस प्रणाली का गुलाम हो कर रह जाता है, वही विधि और सिस्टम आपके मन को ढालने लगते हैं, इसलिए वह कभी आज़ाद नहीं हो सकता। यह तो वही बात हुई कि 'आज़ाद होने के लिए मैं खुद को अनुशासित करूंगा।' आज़ादी और अनुशासन साथ-साथ नहीं चलते, इसका यह मतलब नहीं कि आप अनुशासनहीन हो जाएं। 'आज़ादी की चाह' स्वतः ही अपना एक अनुशासन लेकर आती है। लेकिन वह मन जिसने किसी सिस्टम के सहारे, किसी फार्मूले, विश्वास या विचारों के बल पर खुद को अनुशासित किया है—ऐसा मन कभी आज़ाद नहीं हो सकता। तो हमें बिल्कुल शुरू में ही यह देख लेना होगा कि 'कैसे' का मतलब ही है कोई अभ्यास, अनुशासन, किसी फार्मूले के हिसाब से चलना, और ये सब बातें तो कायाकल्प के रास्ते की रुकावट हैं। यही तो पहली बात है जिसे देखना होगा कि अभ्यास, विधियां और सिस्टम ये सब हम पर हुकूमत करने लगते हैं—जिससे आज़ादी का हनन होता है और इस तरह कायाकल्प नहीं हो पाता। हमें इस असलियत को देखना होगा, इसकी सच्चाई को। देखने से मेरा मतलब कोई जुबानी कलामी या बौद्धिक तौर पर देखने से नहीं, बल्कि जज़्बाती तौर पर हमें इस सच के संपर्क में, संस्पर्श में रहना होगा। जब हम किसी सांप को देखते हैं तो पूरी शिद्दत से उसकी सच्चाई को देखते हैं, इसके बारे में तो कोई सवाल ही नहीं, वहां एक सीधी चुनौती है, खतरा है, और तुरंत, सीधे-सीधे उसका जवाब है। ठीक इसी तरह से यह देखना होगा कि कोई भी विधि-प्रणाली, भले ही वह कितनी ही बखूबी से क्यूं ना बनाई गई हो—चाहे किसी ने भी बनाया हो उसे—गहरे में वह आज़ादी को बरबाद करती है, सृजन को रोकती है, क्योंकि पद्धति-प्रणाली का मतलब ही है कुछ हासिल करना, कोई प्राप्ति, कहीं पहुंचना, कोई ईनाम, इसीलिए आज़ादी को नकार दिया जाता है, हनन हो जाता है उसका। तभी तो आप किसी के पीछे चलते हैं, क्योंकि आप उसी माध्यम या प्रेरणा के पीछे चलते हैं जिससे कुछ हासिल हो सके—प्रेरणा का मतलब ही है एक तरह का अनुशासन।

हमें इस तथ्य को देखना-समझना होगा कि मन का पूरी तरह आज़ाद होना

ज़रूरी है—ऐसा मुमकिन है या नहीं, यह एक बिल्कुल अलग मामला है—लेकिन आज़ादी तो चाहिए ही; वरना तो आप एक चमत्कारी मशीन की तरह मात्र यांत्रिक हो कर ही रह जाएंगे। इस बात को एकदम साफ-साफ समझ लेना होगा कि आज़ादी बुनियादी चीज़ है। सिर्फ आज़ादी में ही आप यह देख पाएंगे, खोज पाएंगे कि ईश्वर, अथवा कुछ निस्सीम, कुछ ऐसा है या नहीं जो आदमी के पैमानों से, उसकी थाह से परे है। फिर आप हर सत्ता पर, हर सिस्टम, और समाज की हर संरचना पर सवाल उठाने लगेंगे। और मौजूदा संकट ऐसे ही मन की मांग करता है। ज़ाहिर है कि केवल ऐसा ही मन सच को पा सकता है। सिर्फ ऐसा ही मन देख सकता है कि समय के पार, उस सब के पार जिसे आदमी ने अपनी सोच में गढ़ा है, कुछ विद्यमान है, अथवा नहीं।

इसके लिए अगाध ऊर्जा चाहिए, और ऊर्जा का सार द्वंद्व से मुक्ति में निहित है। ऐसा मन जो द्वंद्व में, टकराव में खप रहा है, उसमें कोई ऊर्जा नहीं हो सकती, भले ही वह टकराव उसके भीतर हो या बाहर की दुनिया से। इसके लिए एक बेइंतहा जांच-पड़ताल की और सूझबूझ की ज़रूरत है—समझ की। मुझे उम्मीद है कि हम ऐसा कर सकते हैं; तथ्य के प्रति सजग होना और उसकी जड़ों तक जा कर देखना कि क्या मन, हमारा मन, आपका मन, वस्तुतः मुक्त हो सकता है, आज़ाद हो सकता है।

वाराणसी,
1 जनवरी 1962

14

हमें प्रतिरोध की ज़्यादा फ़िक्र है आज़ादी की नहीं

आज़ादी तो चाहिए ही, ज़बानी कलामी आज़ादी नहीं, न ही खाली सियासी आज़ादी या धार्मिक संगठनों से आज़ादी। मुझे लगता है कि ज़्यादातर लोग जो संसार के हालात से वाकिफ हैं वह जीवन के इन संस्थागत रूपों से दूर हो चुके हैं हालांकि इन चीज़ों का हमारे जीवन पर प्रभाव तो पड़ा है लेकिन वह बहुत सतही है, उन्होंने कोई ज़्यादा गहरा असर नहीं छोड़ा। अगर हमें यह पता लगाना है कि आज़ादी क्या है, तो हमें हर बात पर सवाल उठाना होगा, हर संस्था पर—परिवार, धर्म, शादी, परंपरा, और उन तमाम मूल्यों पर जो समाज हम पर थोपता है, पढ़ाई-लिखाई, सामाजिक और नैतिक संगठनों का वह सारा तानाबाना, सबको सवाल और परीक्षण के दायरे में लाना होगा। लेकिन हम जब भी सवाल करते हैं सच का पता लगाने के लिए नहीं बल्कि कोई रास्ता निकालने के लिए करते हैं, और इसीलिए मानसिक तौर पर हम कभी आज़ाद नहीं हो पाते। हमें प्रतिरोध की ज़्यादा फिक्र है आज़ादी की नहीं। मेरे ख्याल से इसे समझना महत्त्वपूर्ण है।

नई दिल्ली,
14 फरवरी 1962

15

आज़ादी का सार

जैसे कि हमने पहले भी बात की कर्म के बारे में—ऐक्शन, कर्म जिसके पीछे कोई विचार नहीं। क्योंकि मैं? यह कह रहा था कि विचार तो हमारी यादों का ही जवाब है विचार सीमित है, अतीत द्वारा संस्कारित, इसीलिए वह कभी भी मुक्तिदायी नहीं हो सकता, आज़ादी नहीं ला सकता।

मेरे ख्याल से इस तथ्य को समझना बहुत महत्त्वपूर्ण है। अगर आप विचार की रक्षात्मक प्रक्रिया को, बचाव की उसकी तरकीबों को, पूरी तरह से समझ नहीं लेते तो किसी तरह की मानसिक आज़ादी का कोई सवाल ही नहीं उठता। आज़ादी जो न तो पराधीनता की प्रतिक्रिया है और न ही पराधीनता का विपरीत है, एक ऐसी आज़ादी तो ज़रूरी है—एक बुनियाद है क्योंकि सिर्फ आज़ादी के ही माहौल में खोजा जा सकता है। सिर्फ उसी अवस्था में जब मन पूरी तरह मुक्त होता है, एकदम आज़ाद, सिर्फ तभी सच समझ में आ सकता है।

सच कोई ऐसी चीज़ नहीं जिसकी कोई निरंतरता हो और जिसे अनुशासन व अभ्यास के ज़रिए बनाए रखा जा सकता हो, बल्कि वह तो बिजली की कौंध जैसा है, वैसे ही देखना होगा उसे फ्लैश की तरह। किसी भी तरह की संस्कारित सोच के ज़रिए सच तक नहीं पहुंचा जा सकता, इसीलिए विचार के लिए यह संभव ही नहीं कि वह सत्य की कल्पना कर सके, समा सके उसे अपने में या कोई फार्मूला बना सके उसका।

सच को पूरी तरह समझने के लिए आज़ादी लाज़िमी है। लेकिन ज़्यादातर लोगों के लिए तो आज़ादी महज़ एक शब्द ही है, कोई प्रतिक्रिया, या फिर कोई बौद्धिक विचार जो बंधनों से बचने, अपने दुखों अथवा रोज़ाना की बोरियत से छूटने का एक बहाना बन जाता है, लेकिन यह तो कोई आज़ादी नहीं है। आज़ादी

उसके पीछे भागने से नहीं आती, क्योंकि आप उसका पीछा कर ही नहीं सकते, यह कोई पाई जा सकने वाली शै नहीं। आज़ादी तो आती है सिर्फ तभी जब हम मन के सारे तानेबाने को समझ लेते है—उस मन की पूरी प्रक्रिया को जो खुद के लिए सीमाएं खड़ी कर लेता है, अपनी ही घेराबंदी, और जो अपनी ही संस्कारित और संस्कारबद्ध करने वाली पृष्ठभूमि से कल्पनाओं के जाल बुनता चला जाता है।

एक सच्चे धार्मिक मन के लिए उसे समझना बहुत ही महत्त्वपूर्ण है जो शब्दों से परे है, विचार और सभी अनुभवों के परे। और उसे समझने के लिए, उसके साथ होने के लिए जो सभी अनुभवों के परे है, गहनतम गहराईयों में उसकी झलक पाने के लिए मन का आज़ाद होना ज़रूरी है। विचार, धारणाएं, पैटर्न, नज़रिए, फैसले, फार्मूलों में बंधा कोई भी अनुशासन मन की आज़ादी में बाधा है। और यह आज़ादी खुद अपना अनुशासन ले कर आती है—किसी के मुताबिक ढलने, मेल-मिलाप बैठाने या खुद को दबाने वाला अनुशासन नहीं, बल्कि एक ऐसा अनुशासन जो किसी विचार या किसी मकसद की पैदावार नहीं होता।

ज़ाहिर है कि परेशानियों के मारे इस जहान में जहां कितने सारे टकराव हैं, दुख तकलीफें हैं, यहां पर यह समझना एकदम ज़रूरी है कि आज़ादी आदमी के मन की सबसे बुनियादी ज़रूरत है—ऐशो-आराम नहीं, चंद घड़ियों की मौज मस्ती नहीं और न ही सुख-भोगों की निरंतरता, बल्कि मुकम्मल आज़ादी, सिर्फ वहीं से ही कोई खुशी उभर सकती है। खुशी की अपने आप में कुछ हस्ती नहीं, सद्‌गुण की ही तरह, यह भी आज़ादी की ही सहज उपज है। जो आज़ाद है वही नेक है, सद्‌गुणी है, लेकिन वह आदमी जो समाज के बनाए ढांचे के मुताबिक चलने के लिए सिर्फ सदाचार का पालन करता है वह कभी यह जान नहीं पाएगा कि आज़ादी क्या है, और इसीलिए कभी नेक भी नहीं हो पाएगा।

मैं आज़ादी के स्वभाव के बारे में बात करनी चाहूंगा और देखना चाहूंगा कि क्या हम मिल कर, साथ-साथ इसकी ओर बढ़ सकते हैं, लेकिन मैं नहीं जानता कि जो भी कहा जा रहा है उसे आप कैसे सुनेंगे। क्या आप खाली शब्दों को ही सुनते हैं? क्या आप समझने के लिए या फिर अनुभव करने के लिए सुनते हैं। अगर आप इन्हीं तरीकों से सुनते हैं तो जो भी कहा गया उसका कुछ खास महत्त्व नहीं होगा। अहम बात है बस सुनना, सिर्फ शब्दों को ही नहीं, और न ही आज़ादी के उस अद्भुत स्वाद को चखने की चाहत लिए, बल्कि बस सुनना, बिना किसी कोशिश के, सहज ही, आराम से। लेकिन इसके लिए एक खास ध्यान

की ज़रूरत है। ध्यान से मेरा मतलब है पूरी तरह उपस्थित होना, पूरे दिलो-दिमाग से मौजूद रहना। और तब आप खुद यह देख लेंगे, अगर यूं सुनेंगे तो, कि यह आज़ादी कोई ऐसी शै नहीं जिसके पीछे भागा जा सके, यह किसी सोच-विचार का परिणाम नहीं, न ही जज़्बातों या पागलपन से भरी किन्हीं मांगों का। आज़ादी सहज ही आती है बिना आपके मांगे, जब पूर्ण ध्यान होता है, पूर्ण अवधान। पूर्ण अवधान उस मन का स्वभाव है जिसकी कोई सीमा नहीं, कोई हद नहीं, और इसलिए वह हर प्रभाव को ग्रहण करने के काबिल है, हर चीज़ को सुनने और देखने में समर्थ है। और यह किया जा सकता है, यह कोई बहुत ज़्यादा मुश्किल काम नहीं है। यह मुश्किल है क्योंकि हम इतनी बुरी तरह से आदतों में फँसे हुए हैं, उलझे हुए हैं, और यह भी एक मुद्दा है जिसके बारे में मैं बात करना चाहूंगा।

हम सोचते हैं कि धीरे धीरे हम ईर्ष्या से छुटकारा हासिल कर सकते हैं और हम कोशिश भी करते हैं कि थोड़ा थोड़ा करके हम उसे परे हटा दें, पर हम इस तरह समय के विचार को बीच में ले आते हैं। हम कहते हैं, 'कल मैं ईर्ष्या से छूटने की कोशिश करूंगा, और या फिर थोड़ा बाद में', और इस दौरान हम ईर्ष्यालु ही बने रहते हैं। 'कोशिश करूंगा' या 'इस दौरान' जैसे शब्द ही समय का सार-तत्व हैं, और जब आप समय को बीच में ले आते हैं तो फिर आदत से कभी आज़ाद हो ही नहीं सकते। या तो किसी आदत को आप तुरंत छोड़ देते हैं या फिर वह चलती ही जाती है धीरे धीरे दिमाग को कुंद करती हुई और दूसरी आदतों को जन्म देती हुई।

अब क्या मन के लिए यह संभव है कि वो धीर धीरे किसी चीज़ से छूट जाने, आहिस्ता-आहिस्ता कहीं पहुंच जाने और आज़ाद हो जाने के विचार से तुरंत पीछा छुड़ा ले। मेरे लिए तो आज़ादी समय का मुद्दा ही नहीं—ऐसा कोई कल है ही नहीं जिसमें आप ईर्ष्या से छूट जाएं या कोई सद्गुण, पुण्य हासिल कर लें। और अगर कोई कल नहीं है तो फिर कोई डर भी नहीं है। सिर्फ इसी घड़ी में जीना है पूरी तरह, समय बस रुक गया और इसलिए फिर कोई आदत नहीं बनती। इसी घड़ी से मेरा मतलब है अभी, तुरंत, और तुरंत की यह मनोवस्था न तो किसी अतीत का प्रतिकर्म है और न ही किसी भविष्य में बच निकलने की कोई राह। यहां केवल एक क्षण है पूर्ण सजगता का, आदमी का सारा ध्यान बस यहीं है, इसी घड़ी में। यकीनन सारा जीवन तो बस अभी है, चाहे बेशुमार कोई खुशी हो या गहरा दुख, जो भी है, वह बस इसी घड़ी में ही होता है—अभी।

लेकिन यादों के ज़रिए मन अतीत से अनुभव इकट्ठा करता रहता है और उसे भविष्य में स्थापित करने लगता है, थोपने लगता है।

अतीत से आज़ाद हुए बगैर तो कोई आज़ादी है ही नहीं, क्योंकि मन कभी तरोताज़ा, मासूम और नया होता ही नहीं। सिर्फ तरोताज़ा और मासूम मन ही है जो आज़ाद है। उमर से आज़ादी का कुछ लेनादेना नहीं और न ही तजुर्बे से, मुझे तो लगता है कि आज़ादी का सारा सार ही आदत के सारे तंत्र को समझ लेने में है, सचेत और अचेत दोनो को समझ लेने में। यह आदत को खत्म कर देने का सवाल नहीं है, बल्कि उसके सारे तानेबाने को देखना समझना है। आपको देखना होगा कि कैसे ये आदतें बनती हैं और कैसे किसी आदत से मुकरते हुए या उसका विरोध करते हुए कोई दूसरी आदत खड़ी हो जाती है। मतलब तो सिर्फ आदत के प्रति पूरी तरह सचेत होने से है, सिर्फ तभी, जैसा कि आप खुद ही देख पाएंगे, आदतों का बनना ही समाप्त हो जाता है। किसी आदत के साथ जंग, उसका निषेध या उसका विरोध उसे सिर्फ बल ही देता है, जारी रखता है। जब आप किसी आदत से लड़ते हैं तो उसे जीवन ही देते हैं, और फिर उससे लड़ते रहने की एक दूसरी आदत खड़ी हो जाती है। लेकिन अगर आप सिर्फ उस आदत के सारे ढांचे के प्रति बस सजग हो जाते हैं, बिना किसी विरोध या मुकाबले के, तब आप देखेंगे कि वह आदत छूट गई, वहां उस आदत से अब मुक्ति है—आज़ादी, और उसी आज़ादी में कुछ नया घटता है।

नई दिल्ली,
31 जुलाई 1962

16

ज्ञात से मुक्ति ही असली आज़ादी है

हालांकि हम आज़ादी की बातें करते हैं, लेकिन हममें से ज़्यादातर लोग आज़ाद होना ही नहीं चाहते। मैं नही जानता कि आपने कभी इस सच्चाई की तरफ ध्यान दिया है या नहीं। आधुनिक संसार में जहां समाज बेहद संगठित है, जहां तरक्की ही तरक्की है हर तरफ, जहां पर पैदावार इतनी ज़्यादा और इतनी आसान है, आदमी वस्तुओं का गुलाम हो गया है, अपनी ही मलकियत का, अपनी ही संपदा का गुलाम, और उस सब में उसे सुरक्षा नज़र आती है। और सुरक्षा ही तो है जिसे ज़्यादातर लोग चाहते हैं—जिस्मानी और भावनात्मक सुरक्षा—सो असल में हम आज़ाद होना ही नहीं चाहते। आज़ादी से मेरा मतलब है पूर्ण आज़ादी, किसी खास रंग-ढंग की आज़ादी नहीं, और मुझे लगता है कि हमारी खुद से यह मांग होनी चाहिए, ज़ोर-शोर के साथ।

आज़ादी बगावत नहीं है, कुछ अलग चीज़ है। बगावत तो किसी के विरोध में होती है : या तो आप किसी के विरोध में बगावत करते हैं या फिर कुछ हासिल करने के लिए। बगावत तो प्रतिक्रिया है, किंतु आज़ादी का यह मतलब नहीं। जब आप आज़ाद होते हैं तो किसी चीज़ से आज़ाद नहीं होते। जब आप किसी चीज़ से आज़ाद होते हैं तभी आप उस चीज़ के खिलाफ बगावत में उलझ जाते हैं, और इस तरह आज़ाद नहीं रहते। आज़ादी 'किसी से' नहीं है, बस मन अपने आप में ही आज़ाद है। यह एक गज़ब का एहसास है—मन का अपने आप में आज़ाद होना, अपने ही भीतर आज़ादी का बोध।

अब मुझे नहीं पता कि जब तक आदमी आज़ाद नहीं होता वह सृजनात्मक कैसे हो सकता है। सृजनात्मक शब्द का इस्तेमाल मैं किन्हीं संकुचित अर्थों में नहीं कर रहा, मेरा मतलब किसी ऐसे आदमी से नहीं जो तस्वीरें बनाता है या

कविताएं लिखता है, या जिसने किसी मशीन का आविष्कार किया है। मेरे लिए वे लोग हरगिज़ सृजनात्मक नहीं। चंद घड़ियों के लिए कोई इलहाम उनमें उतर सकता है, लेकिन सृजन, रचनात्मकता बिल्कुल ही कोई दूसरी बात है। सृजन तो तभी हो सकता है जब पूर्ण आज़ादी हो। आज़ादी की उस अवस्था में एक भरपूरता है, और तब फिर कविता लिखना, पेंटिंग बनाना या मूर्ति तराशना कोई और ही बात हो जाती है, मायने बदल जाते हैं उसके। तब वह सिर्फ खुदी का ही प्रकटाव, अहं की ही अभिव्यक्ति भर नहीं रह जाती, अब यह किसी निराशा का परिणाम नहीं है, अब यह किसी मंडी की तलाश में नहीं, अब यह बिल्कुल ही कोई दूसरी शै है। मुझे लगता है कि हमें इस पूर्ण आज़ादी की मांग रखनी चाहिए सिर्फ अपने ही भीतर नहीं बल्कि बाहरी समाज में भी।

सो पहले तो हमें आज़ादी और बगावत या क्रांति में फर्क करना पड़ेगा। बगावत या इंकलाब सार रूप से एक प्रतिक्रिया ही हैं। पूंजीवाद के खिलाफ अतिवामपंथियों का एक विद्रोह है, और दूसरी तरफ चर्च के बोलबाले के खिलाफ एक बगावत है। पुलिस राज के खिलाफ भी बगावतें हो रही हैं, संगठित तानाशाहियों की सत्ता के खिलाफ, लेकिन इन दिनों इसका कुछ फायदा नहीं, क्योंकि वे बहुत ही गुपचुप तरीके से आपका सफाया कर डालते हैं, आपको निबटा दिया जाता है।

मेरे लिए आज़ादी के कुछ और ही मायने हैं। आज़ादी कोई प्रतिक्रिया नहीं है, बल्कि मन की एक ऐसी अवस्था है जो प्रतिक्रिया को समझ लेने से आती है। प्रतिक्रिया किसी चुनौति का जवाब है; सुख-भोग, गुस्सा, डर, मानसिक दुख-दर्द—यह सब हैं इसमें, और प्रतिक्रिया के इस सारे जटिल तानेबाने को समझ लेने पर ही आज़ादी की सच्चाई रोशन होती है। तब आप पाएंगे कि आज़ादी कोई गुस्से से या किसी सत्ता वगैरह से आज़ादी नहीं है। यह अपने आप में ही परे की एक अवस्था है, जिसके अनुभव का उससे परे, कोई बाहरी मकसद नहीं है, और इसलिए नहीं है कि आप किसी चीज़ के विरोध में हैं।

हममें से ज़्यादातर लोग बस अपनी ही सुरक्षा के बारे में सोचते हैं। हम एक साथी की कामना करते हैं और यह उम्मीद करते हैं कि किसी खास रिश्ते में हमें खुशी मिलेगी, हम मशहूर होना चाहते हैं, कुछ बनाना, खुद को अभिव्यक्त करना, फलना फूलना और भरपूर होना चाहते हैं। सत्ता चाहिए हमें, हैसीयत और आदर-सत्कार। ज़्यादातर लोग बस इन्हीं चीज़ों के पीछे हैं, कोई थोड़ा ज़्यादा तो कोई कम, और आज़ादी, देवी-देवते, प्यार, सच वगैरह तो सब बाद में ही आता है। तो जैसा कि मैने कहा, हमारा धर्म एक सतही चीज़ ही है, एक तरह का

शौक जिसकी हमारे जीवन में कुछ खास अहमियत नहीं है। हम छोटी मोटी चीज़ों में खुश हैं, इसीलिए तो कोई सजगता नहीं, कोई सूझबूझ नहीं जो इस पेचीदा सिलसिले को समझने के लिए ज़रूरी है जिसे हम जीवन कहते हैं। हमारा जीवन एक अंतहीन संघर्ष बन गया है, एक बेहूदा, निरंतर चलने वाली जद्दोजहद—और किसलिए? यह एक पिंजरा है जिसमें फंस कर रह गए हैं हम, एक ऐसा पिंजरा जिसे हमने खुद बनाया है अपनी ही प्रतिक्रियाओं से, अपने डर, अपनी निराशाओं और चिंताओं से। हमारी सारी विचार प्रक्रिया, सोचना विचारना सब एक प्रतिक्रिया है। हमने पहले एक दिन इस सवाल का खुलासा किया था जब यह पूछा गया था कि सोच विचार का सही फंक्शन, असली काम क्या है? हमने बहुत एहतियात से इसकी छानबीन की, और हमने यह पाया कि सारा सोच विचार एक प्रतिक्रिया है, यादों का एक प्रतिकर्म है। हमारी चेतना का सारा यह ढांचा, सोच का तानाबाना, सब अतीत के निशानों का जखीरा है, हमारी प्रतिक्रियाओं का एक जमघट। ज़ाहिर है कि विचार कभी आज़ादी नहीं ला सकते, क्योंकि आज़ादी किसी प्रतिक्रिया का परिणाम नहीं। आज़ादी उन चीज़ों से पीछा छुड़ाना नहीं जो आपको तंग करती हैं, न ही यह उन चीज़ों का त्याग है जो हमें खुशी देती हैं और जिनके हम गुलाम हो गए हैं।

एकमात्र असली आज़ादी तो जाने हुए से आज़ादी है। मेहरबानी करके थोड़ा समझिए। यह अतीत से आज़ादी है। ज़ाहिर है कि जो जाना गया है उसका अपना एक स्थान है। रोज़ाना के जीवन में काम चलाने के लिए कुछ चीज़ों को तो मुझे समझना ही होगा। अगर मुझे नहीं पता कि मैं रहता कहां हूं तो मैं खो जाऊंगा। और फिर विज्ञान का इकट्ठा किया हुआ ज्ञान भी तो है, आयुर्विज्ञान है और कितनी सारी तकनीकें हैं, जिनमें तेज़ी से बढ़ोतरी होती जा रही है। यह सारा कुछ जाने हुए के ही घेरे में है, और इसका अपना एक स्थान है। लेकिन जो जाना हुआ है—ज्ञात है—वह तो हमेशा मशीनी होता है। आपका हर अनुभव भले ही वह सुदूर अतीत का हो या फिर बिल्कुल ताज़ा, वह सब ज्ञात के घेरे में है, और उसी पृष्ठभूमि से फिर आप बाकी सभी अनुभवों को पहचानते हैं। जाने हुए के दायरे में एक मोह है—एक लगाव, भय है, अपनी निराशा है। और वह मन जो जाने हुए के ही दायरे में उलझा है वह चाहे कितना ही विशाल हो, कितना ही फैलाव लिए हो वह आज़ाद नहीं है। वह बड़ी होशियारी से भरी किताबें लिख सकता है, चांद तक जाने का रास्ता जान सकता है, बहुत ही पेचीदा किस्म की मशीनें बना सकता है ऐसी जो सचमुच ही हैरानी में डालने वाली हों—अगर आपने

उनमें से कुछ को देखा हो तो आप जानते ही होंगे कैसी गज़ब की चीज़ें हैं वे सब—लेकिन अभी भी वह सब है तो ज्ञात के ही दायरे में।

अब, उस सब से मुक्ति ही जाने हुए से मुक्ति है, यह मन की वह अवस्था है जो कहती है कि, 'मुझे नहीं पता', और वह किसी जवाब की तलाश में भी नहीं होती। ऐसा मन जो अब कुछ भी नहीं खोज रहा, कुछ उम्मीद नहीं कर रहा, और सिर्फ इसी अवस्था में ही आप यह कह सकते हैं, 'मैं समझता हूं'। यही एकमात्र अवस्था है जिसमें मन मुक्त है, और फिर उस अवस्था से आप उन चीज़ों को देख सकते हैं जो जानी जा चुकी हैं—न कि इसके उल्टा। ज्ञात से आप अज्ञात में नहीं झांक सकते, यह मुमकिन नहीं, लेकिन एक बार जब आप मन की उस अवस्था को चख लेते हैं जो आज़ाद है—यानी कि ऐसा मन जो कहता है, 'मैं नहीं जानता' और उसी अवस्था में रहता है, जानने के किसी प्रयास के बिना, और इसीलिए मासूम है, भोला है, अब उस अवस्था से आप कुछ भी कर सकते हैं, किसी देश के नागरिक हो सकते हैं, चाहें तो शादी कर सकते हैं, जो भी चाहें। फिर आप जो भी करेंगे उसका कुछ मतलब होगा, जीवन में कुछ अर्थ होगा उसका। लेकिन हम जाने हुए ही में बने रहते हैं, उसके टकरावों में उलझे, लालसाओं में, झगड़ों में, दुख-दर्द में, और वहीं से हम उसे पाने की कोशिशें करते हैं जो अज्ञात है, इसीलिए हम सचमुच में आज़ादी की तलाश नहीं करते। हम तो बस अपना किस्सा जारी रखना चाहते हैं, सिर्फ पुराने का ही विस्तार चाहते हैं हम, ज्ञात का, जाने हुए का।

अगर आप यह बात पहली बार सुन रहे हैं कि आपको सोच-विचार से मुक्त होना होगा, तो आपको लग सकता है, 'ओह! बेचारा, पगला गया है।' लेकिन अगर आपने सचमुच ही सुना, सिर्फ इस बार ही नहीं बल्कि सालों से आप में से कुछ लोगों ने शायद पढ़ा भी होगा इस बारे में, तो आपको पता होगा कि जो कहा जा रहा है उसमें एक गज़ब की ऊर्जा है, एक ज़ोरदार सच्चाई जो भीतर तक उतरती चली जाए। सिर्फ वही मन सृजनशील हो सकता है जिसने खुद को जाने हुए से खाली कर लिया हो। यही है सृजन। यह क्या रचता है उससे इसका कुछ लेना-देना नहीं। जाने हुए से आज़ादी मन की एक ऐसी अवस्था है जो कि सृजन में है। कैसे वह मन जो कि सृजन में है खुद से ही मतलब रख सकता है? इसलिए उस मन को समझने के लिए, आपको खुद को ही समझना होगा, आपको अपने ही विचारों के सिलसिले को गौर से देखना होगा—ध्यान से देखना, बिना किसी छेड़खानी के, कुछ भी बदलना नहीं उसमें, सिर्फ देखना है

गौर से, जैसे आप शीशे में देखते हैं खुद को। जब आज़ादी है तो फिर आप ज्ञान का भी इस्तेमाल कर सकते हैं और वह मानवता को तबाह नहीं करेगा। लेकिन आज़ादी के बिना जब आप ज्ञान का इस्तेमाल करते हैं तो हर किसी के लिए मुसीबतें ही खड़ी करते हैं, आप चाहे रूस में हों, अमरीका में, चीन में या कहीं भी। मैं उसी मन को गंभीर समझता हूं जो ज्ञात के टकरावों के प्रति सचेत है और उनमें नहीं फँसता, न ही उसे सुधारने या बदलने की ही कोशिश करता है, क्योंकि उस रास्ते पर दुख तकलीफों का कोई अंत ही नहीं है।

ज़ानेन,
11 जुलाई 1963

17

कुछ भी नया देख पाने के लिए एक तरोताज़ा और मासूम मन चाहिए

मुक्त-उन्मुक्त रहने की अनुभूति, आज़ादी, दिनों-दिन और भी मुश्किल होती जा रही है। ज्यूं-ज्यूं समाज और भी उलझावदार व संगठित होता जा रहा है, उद्योगीकरण गहराता और फैलता जा रहा है, आदमी की आज़ादी घटती ही जा रही है। जैसा कि दिखाई पड़ता है, सारी ताकत राज्य की संस्था में सिमटती जा रही है, सामाजिक भलाई का यह सिलसिला, 'वेलफेअर स्टेट' को अपने नागरिकों की इतनी चिंता है कि बाहरी तौर पर आज़ादी उनके लिए सिकुड़ती ही जा रही है। और बाहरी तौर पर आदमी समाज का गुलाम बनता जा रहा है, झुकता जा रहा है उसके दबावों के आगे, जीवन के इस संगठित दबाव के आगे कबाईली जीवन संभव नहीं रहा, बल्कि एक संगठित औद्योगिक जीवन है जिसका सारा कंट्रोल किसी केंद्र से बंधा है। बाहरी तौर पर आज़ादी सिकुड़ रही है। जहां कहीं भी ज़्यादा तरक्की है आज़ादी कम है। यह तो एकदम साफ है, जैसा कि हर समाज में आप देख ही रहे हैं दिनों-दिन वह ज़्यादा संगठित होता जा रहा है और भी ज़्यादा पेचीदा।

सो बाहरी तौर पर कंट्रोल का अपना एक दबाव है, औद्योगिक और तकनीकी तौर पर आदमी के दिमाग को ढाला जा रहा है। बाहरी तौर पर फँसने के बाद स्वाभाविक ही आंतरिक रूप से, मनोरूप से भी जीवन के किसी खास ढांचे के अनुरूप ढलने का रुझान हो जाता है। यह भी एक सीधी सच्चाई है। जहां तक उस आदमी का सवाल है जो इस बात का पता लगाने के लिए संजीदा है कि क्या कहीं यथार्थ जैसा कुछ है भी, सत्य का पता लगाने के बारे में जो गंभीर है—वैसे सच का नहीं जिसे आदमी ने अपने डर और अपनी निराशा में संजो रखा है—ऐसा सच जो कोई परंपरा नहीं, कोई दोहराव नहीं, जो किसी प्रापेगंडे

का ज़रिया नहीं, उसका पता लगाने के लिए पूर्ण आज़ादी चाहिए। बाहरी तौर
पर भले वहां आज़ादी न हो, लेकिन आंतरिक रूप से तो मुकम्मल आज़ादी चाहिए।

आज़ादी के इस सवाल को समझ पाना भी अपने आप में एक बड़ी बात
है, बड़ी चुनौती। मुझे नहीं पता आप कभी इसमें उतरे हैं या नहीं, यहां तक
कि कभी सोचा भी है इस बारे में। क्या आप जानते हैं कि आज़ाद होने का
मतलब क्या है? आज़ादी से मेरा मतलब कोई अमूर्त, ख्याली आज़ादी नहीं, कोई
मोक्ष वगैरह—वह सब बहुत धुंधला है, हवाई बातें, हो सकता है उनमें कुछ सच्चाई
ही न हो, यह किसी निराश मन की खोज भी हो सकती है, जो डरा हुआ है,
यातनाएं भोग रहा है, और हो सकता है उसी में उसने कोई शाब्दिक ढांचा खड़ा
कर लिया हो, शाब्दिक उड़ानों में ही किसी ऐसी अवस्था तक पहुंचने की उम्मीद
कर रहा हो, जिसमें कुछ हकीकत हो ही न। हम जिस आज़ादी की बात कर
रहे हैं वह कोई ख्याली पुलाव नहीं, एक ठोस चीज़ है। हम रोज़ाना की आज़ादी
की बात कर रहे हैं, आंतरिक रूप से, मनोरूप से, जिसमें कहीं कोई बाधा न
हो। क्या यह संभव है? विचारों के धरातल पर और सिद्धांत रूप से तो यह संभव
है। लेकिन हमें विचारों और सिद्धांतों से, उन हवाई धार्मिक आशाओं से कुछ
लेनादेना नहीं, हमारा संबंध तो सच्चाइयों से है।

दूसरे का दिखाया गया सत्य, जिसे किसी और ने प्रगट किया हो, जो किसी
दूसरे का बयान हो, भले ही वह कितना ही समझदारी भरा हो, बुद्धिमता से भरा,
वह सत्य नहीं है। आप को ही उसे पाना होगा, समझना होगा उसे खुद ही से।
मैं उस 'पाने' वाले शब्द को वापिस लेता हूं—सत्य को आप पा नहीं सकते। सोच
समझ कर या सचेत रूप से आप उसे हासिल करने के लिए कुछ नहीं कर सकते।
सत्य तक तो आप अनजाने ही पहुंचते हैं, धुंधलके में टटोलते से हुए। लेकिन
आप उस तक नहीं पहुंच सकते, अगर आपका मन, आपकी मानसिकता भीतरी
रूप से पूरी तरह आज़ाद नहीं है, मुकम्मल आज़ाद।

किसी भी चीज़ को खोजने के लिए, यहां तक कि साईंस के दायरे में भी,
मन का आज़ाद होना बहुत ज़रूरी है। कुछ भी नया देखने के लिए मन पर लगे
जालों को हटाना ज़रूरी है। लेकिन दुर्भाग्य से ज़्यादातर हमारे मन देखने के लिए,
समझने और गौर करने के लिए तरोताज़ा नहीं हैं, मासूम और नौजवां नहीं हैं।
हम तजुर्बों से लदे हैं, सिर्फ वही अनुभव नहीं जो हमने हाल ही में इकट्ठे किए
हैं—'हाल ही' से मेरा मतलब पिछले पचास, साठ, या सौ सालों से है, और इसमें
शामिल है पूरी आदम जाति का अनुभव, युगों-युगों का। हम अपने ही ज्ञान से,

सचेत और अचेत, बरबाद हुए जा रहे हैं; सचेत ज्ञान तो वह है जिसे हमने आधुनिक संसार में शिक्षा के ज़रिए इकट्ठा किया है, वर्तमान युग में।

तो वह मन जिसे समझना है कि सत्य क्या है उसे आज़ादी की अहमियत को, उसके पूरे महत्त्व को समझना होगा, ख्याली तौर पर नहीं। आज़ादी कोई जन्नत या स्वर्ग मे मिलने वाली मुक्ति नहीं है, बल्कि रोज़ के जीवन की आज़ादी है, जलन से आज़ादी, मोह-ममता और लालसाओं से आज़ादी, मुकाबलेबाजी और होड़ से आज़ादी—जिसका मतलब है 'थोड़ा सा ज़्यादा', 'मुझे बेहतर होना होगा', 'मैं यह हूँ और वह मुझे होना है, वहां तक पहुंचना है'। लेकिन जब आप खुद को गौर से देखते हैं, वहां कुछ और होना तो है ही नहीं, कुछ ऐसा जो उससे अलग हो जो आप हैं, तब जो है उसमें तुरंत एक तबदीली होती है—तत्क्षण रूपांतरण।

तो उस मन को जिसे बहुत दूर जाना है उसे एकदम पास से शुरूआत करनी होगी। लेकिन आप बहुत दूर तक नहीं जा सकते अगर आप किसी ऐसे सच को महज़ दुहराए चले जाते हैं जिसे इनसान ने सच के सिंहासन पर बैठा रखा है, परमात्मा बना कर। आपको बिल्कुल करीब से शुरू करना होगा, बुनियाद डालनी होगी। यहां तक कि वह नींव रखने के लिए भी आज़ादी ज़रूरी है। यूं आप अपनी बुनियाद ही आज़ादी पर डालते हैं, आज़ादी ही में। तब वह एक बुनियाद नहीं रहती, एक लहर हो जाती है—यह कोई जमी हुई, गतिहीन चीज़ नहीं।

सिर्फ तभी जब मन ज्ञान के अद्भुत स्वभाव को समझ जाता है, आज़ादी क्या है, सीखना क्या है, यह सब समझ जाता है, तब वह टकराव खत्म हो जाता है, सिर्फ तभी मन एकदम स्पष्ट हो पाता है, सटीक। यह किन्हीं ख्यालों या मान्यताओं में खोया हुआ नहीं, कुछ फैसले नहीं सुना रहा, वह ध्यान की अवस्था में है, इसीलिए वह ऊर्जा से लबालब भरा है, पूर्ण, और सीख रहा है। मन जब पूरी तरह अडोल होता है सिर्फ तभी वह सीख सकता है—'किसी के बारे सीखना' नहीं। सिर्फ स्थिर मन जो डावांडोल नहीं, वही सीख सकता है, और खास बात यह नहीं है कि वह किस चीज़ के बारे में सीख रहा है, बल्कि सीखने की अवस्था है, मौन की अवस्था जिसमें वह सीख रहा है।

मद्रास,
15 जनवरी 1964

18

खुद को निरंतर हर प्रतिक्रिया से खाली करते रहने वाला मन

आज़ादी एक भारी भरकम शब्द हो गया है, सियासी, धार्मिक, सामाजिक और न जाने कितने ही अर्थों से लदा। यह शब्द सचमुच ही गज़ब का शब्द है जिसमें एक ज़बरदस्त गहराई है, अपनी एक अहमियत है, 'प्यार' शब्द की तरह इसे भी हमने खूब बोझिल बना दिया है, हर तरह के अर्थों से लाद दिया है। एक तो राजनैतिक आज़ादी है, सामाजिक आज़ादी है, काम-काज के अवसर जुटाने की आज़ादी, धार्मिक कट्टरता और आस्थाओं से आज़ादी, सामने खड़ी ज़िम्मेदारियों से आज़ादी, चिंताओं से, डर से, दिल की हज़ारों ख्वाहिशों से आज़ादी जिन्हें वह संजोता है। हमने शब्दों का एक ढांचा खड़ा कर लिया है जो आज़ादी का एक भ्रम सा तो बनाता है, लेकिन हमें नहीं पता कि असल में आज़ादी है क्या, इसका मतलब क्या है, एहसास क्या है, इसके बारे में बहस करना नहीं, कोई परिभाषा देना नहीं, न ही यह पूछना कि, 'आज़ादी से आपका क्या मतलब है?' हमें न तो इसके स्वाद का पता है, न ही स्वभाव का, न ही इसके लिए हमारी कोई मांग है—किसी एक खास धरातल पर नहीं बल्कि पूरी तरह, समग्रता में।

मुकम्मल आज़ादी के बिना हर अनुभव के, हर बाहरी संदर्भ के मायने ही बदल जाते हैं—कुछ और ही अर्थ हो जाते हैं। सिर्फ वही आदमी देख कर झट से समझ सकता है जो पूरी तरह आज़ाद है। असल में आज़ादी का मतलब है मन का पूरी तरह से खाली होना, है या नहीं? मन के सारे सार-तत्व को पोंछ डालना पूरी तरह से, वही है असली आज़ादी। आज़ादी कोई हालात के खिलाफ बगावत नहीं है, जिनसे फिर दूसरे हालात निकलते चले जाते हैं, माहौल के प्रभाव जो मन को गुलाम बना लेते हैं। हम उस आज़ादी की बात करते हैं जो सहज

ही आती है, स्वाभाविक रूप से, बिन मांगे ही, जब मन अपने उच्चतम स्तर पर काम करने के काबिल हो जाता है।

ज़्यादातर तो हमारे दिमाग सुस्त हैं। चर्बी चढ़ गई है हमारे दिमागों पर, पढ़ाई-लिखाई, स्पैशलाईज़ेशन, टकरावों तथा मानसिक आंतरिक संघर्षों के कितने ही रूपों ने कुंद कर दिया है उन्हें—जड़। हमारे दिमाग सिर्फ तभी काम करते हैं जब मुसीबत सर पर ही चढ़ आती है, तुरंत कुछ करना लाज़िमी हो जाता है। वरना तो हम एक अध-सोई सी अवस्था में जीते हैं—सम्मोहन में—एक नीरस जीवन, थके-हारे से बस काम धंधों में जुटे, इसीलिए हमारे दिमाग तेज़ नहीं हैं, चौकस, संवेदनशील, जगे हुए नहीं, जो अपनी चरम सामर्थ्य पर काम करते हों।

अगर दिमाग अपनी उच्चतम अवस्था में काम नहीं करता तो वह आज़ाद होने के काबिल नहीं है। क्योंकि जड़, छिछला, सुस्त, थका-मांदा और तुच्छ मन केवल माहौल के प्रति प्रतिक्रिया ही कर सकता है, और उसी प्रतिक्रिया के ज़रिए ही वह उस माहौल का गुलाम बन जाता है। यहीं से खुद को माहौल से छुड़ाने की वह सारी समस्या आ खड़ी होती है, हर दिशा निर्देश, हर उमंग और हर तरह के प्रभाव की गुलामी से बचने की छटपटाहट। इसलिए जो सबसे महत्त्वपूर्ण चीज़ है वह है पूर्ण आज़ादी का एहसास।

दो तरह की आज़ादी है, एक तो है किसी चीज़ से आज़ाद होना, जो कि प्रतिक्रिया है, और दूसरी जो प्रतिक्रिया नहीं है, यह है 'आज़ाद होना'। किसी चीज़ से आज़ाद होना एक प्रतिकर्म है, जो हमारे चुनाव पर निर्भर है, हमारे स्वभाव और मिजाज़ पर, तरह-तरह के संस्कारों पर। जैसे कोई लड़का समाज के खिलाफ बगावत करता है—वह आज़ाद होना चाहता है। या कोई पति अपनी पत्नी से आज़ाद होना चाहता है, या पत्नी पति से आज़ाद होना चाहती है, या फिर गुस्से से, जलन से, ईर्ष्या और निराशा से आज़ाद होने की चाहत। ये सब प्रतिक्रियाएं हैं, दरपेश हालातों का प्रतिकर्म—एक जवाब, जो आपको सहजता से, आज़ादी से, कुछ करने से रोकता है।

हम व्यक्तिगत आज़ादी चाहते हैं। और यह आज़ादी उन समाजों में नदारद है जहां पर रीति-रिवाजों का, परंपराओं और आदतों का बोलबाला है—फिर वहां एक बगावत होती है। या तानाशाही के खिलाफ विद्रोह होता है। अब विद्रोह की कई किस्में हैं, सामने खड़ी समस्या के, तत्काल मांगों के कई तरह के प्रत्युत्तर हैं। असल में वह कोई आज़ादी नहीं है, क्योंकि हर प्रतिक्रिया आगे प्रतिक्रियाओं की लड़ी शुरू कर देती है, जो नए-नए माहौल पैदा करती हैं जिनके ज़रिए मन फिर जाल में जकड़ लिया जाता है, यूं बगावतों का एक निरंतर दोहराव चलता

रहता है, जो अपने हालातों का शिकार होती हैं और फिर उन्हीं हालातों के खिलाफ बगावत होती है, और यह अंतहीन सिलसिला चलता चला जाता है।

हम उस आज़ादी की बात कर रहे हैं जो प्रतिक्रिया नहीं है। वह मन जो आज़ाद है वह किसी चीज़ का गुलाम नहीं, न किन्हीं हालातों का, न रोज़मर्रा के किसी ढर्रे का। हालांकि यह किसी खास काम को करने में माहिर हो सकता है, पर उसका गुलाम नहीं होता, वह लकीर का फकीर नहीं होता, हालांकि वह समाज में जीता है लेकिन समाज में होते हुए भी उसका नहीं होता। वही मन जो जमा की गई हर चीज़ से खुद को खाली करता रहता है, रोज़ाना की प्रतिक्रियाओं से, हर वक्त—सिर्फ ऐसा ही मन मुक्त है, आज़ाद है।

हम कर्म में ही जीते हैं, कुछ न कुछ करते हुए। कर्म तो अनिवार्य है, ज़रूरी है। एक कर्म है जिसकी जड़ें विचार में हैं और एक कर्म वो भी है जो आज़ादी से उपजता है। हम एक ऐसे विषय की छानबीन करने जा रहे हैं जिसके लिए दिमाग की फुर्ती चाहिए, आपकी सहमति या असहमति नहीं। घर जल रहा है, संसार भर में आग लगी है, वह जल रहा है, तबाह कर रहा है खुद को, और यहां एक कर्म की सख्त ज़रूरत है। और वह कर्म इस बात पर निर्भर नहीं करता कि आग के बारे में आप के विचार क्या हैं या आपकी बाल्टी कितनी बड़ी है, या आप क्या करेंगे। आप कुछ करते हैं आग बुझाने के लिए। आग बुझाने के लिए आप उसके बारे में सोच-विचार में नहीं पड़ जाते, किसने लगाई यह आग घर में, इस आग का स्वभाव कैसा है, वगैरह वगैरह, आप अंदाज़े नहीं लगाते रहते। वहां तुरंत एक एक्शन चाहिए, तत्काल कर्म। जिसका मतलब है कि मन को संपूर्ण रूपांतरण से गुज़रना है—उसका मुकम्मल कायाकल्प अनिवार्य है।

जिस्मानी तौर पर आदमी कोई बीस लाख बरसों से जीता चला आया है। उसने ढेरों अनुभव इकट्टे कर लिए हैं, कितना ही ज्ञान, कितनी ही सभ्यताओं से हो कर गुज़रा है वह, कितने ही दबाव झेले हैं उसने, कितने तनावों को जिया है। और आप वह आदमी हैं, चाहे आप को पता हो या न हो। भले आप मानें या न मानें, आप हैं तो वही, आप बीस लाख सालों के सफर का परिणाम हैं। या तो आप यूं ही धीरे-धीरे क्रम विकास के तहत चलते रहिए, दर्द में, दुख-तकलीफ में, चिंताओं और टकरावों में, आहिस्ता-आहिस्ता विकसित होते चले जाइए, अंतहीन यात्रा में, या फिर एकदम से उस धारा से बाहर आ जाइए, किसी भी समय, जैसे किश्ती से उतर कर आप किनारे पर आ जाते हैं—आप किसी भी वक्त ऐसा कर सकते हैं। और सिर्फ आज़ाद मन ही है जो ऐसा कर सकता है।

आज़ादी क्या है, कर्म क्या है, इसे समझने के लिए आप को खुद अपनी

ही सोच के सारे सिलसिले को समझना होगा, यानी कि आप को खुद को समझना होगा। और यही शायद वह सबसे मुश्किल काम है जो आपके करने का है। क्योंकि खुद को जानने का मतलब है एक ऐसा मन जो बिना किन्हीं पुरानी जानकारियों के जो उसने इकट्ठी कर छोड़ी हैं—बिना किसी बासी ज्ञान के—खुद को देख सकने में समर्थ हो। अगर आप अपने पुराने ज्ञान के झरोखे से ही खुद को देखते हैं, तब आप जो भी देखते हैं उसे महज़ अपने अतीत के मुताबिक ढाल कर ही देखते हैं, उस हिसाब से उसका बस तर्जुमा कर लेते हैं, और यूं अपनी तरफ कभी हम देखते ही नहीं। तो अपनी तरफ देखने के लिए मन हर घड़ी नया चाहिए, बस यही शर्त है। यही तो है जहां से सारी मुश्किल खड़ी होती है। थोड़ा समझें इसे। क्योंकि अगर आप उसे नहीं समझेंगे जो अभी कहा गया, तो जब मैं आज़ादी की समस्या उठाऊंगा, उसकी गहराई में जाऊंगा तो आप उसे समझ नहीं पाएंगे, उन गहराईयों में साथ-साथ नही चल पाएंगे।

अगर हम खुद पर गौर करें तो पाएंगे कि हम में से अधिकांश अपने ज्ञान के ही मुताबिक प्रतिकर्म करते हैं, अपने अनुभवों और संस्कारों के मुताबिक, हिंदू के रूप में, बौद्ध या ईसाई के रूप में, कम्युनिस्ट या एक तकनीशियन, या एक गृहस्थ के रूप में। ऐसे आदमी के पास ढेर सारा तजुर्बा होता है, उसके आधार पर वह प्रतिक्रियाएं करता है। उसी ज्ञान के झरोखे से वह खुद को देखता है। फिर वह कहता है, यह अच्छा है, यह बुरा है, इसे मैं हर हाल में बचाए रखूंगा, इसे तो छोड़ना ही है। ऐसा करते हुए वह खुद की तरफ ध्यान नहीं देता, देखता भी नहीं, जो भी देखता है बस अपना ज्ञान उस पर थोपता चला जाता है, और जो भी देखता है अपने अनुभव, ज्ञान, और संस्कारों के अनुसार ही उसकी व्याख्या कर लेता है, वैसे ही अर्थ दे लेता है।

मेहरबानी करके खुद को गौर से देखें। देखें तो सही कि आपके मन कैसे सख्त हो गए हैं—कठोर। जब आपको किसी खुशी या दर्द का एहसास होता है, मज़े की कोई लहर अचानक उठ आती है, जैसे ही आप उसे महसूस करते हैं, तभी झट से एक प्रतिकर्म होता है उसे कोई नाम देने का, आप तुरंत उसे कोई नाम दे डालते हैं। ज़रा इसे समझें, खुद अपने में देखें इसे। क्योंकि अगर आप इसे नहीं समझेंगे तो जब मैं आज़ादी पर बात करूंगा तो आपके लिए उसका कुछ अर्थ नहीं होगा—सब बेमानी होगा। मैं एक ऐसे मन की बात कर रहा हूँ जो किसी चीज़ को नाम नहीं देता। आप जब कुछ महसूस करते हैं तो तुरंत उसे कोई नाम दे देते हैं, कोई न कोई नाम, झट से। नाम देने की प्रवृत्ति ही न देखने की, अवलोकन न करने की अवस्था है। आप उसे कोई नाम दे लेते

हैं ताकि उसे एक अनुभव के रूप में अपनी यादों में चिपका सकें, और अगले दिन वह याद, जो अब मशीनी हो चुकी है, खुद को दोहराना चाहती है। इसलिए जब अगले रोज़ आप छिपते हुए सूरज को देखते हैं, अब वह वो चीज़ नहीं है जो बीते दिन अचानक ही आपके सामने आई थी—एकदम सहज। यूं किसी भी छानबीन में, किसी भी एहसास को नाम देने की प्रक्रिया आप को देखने से रोकती है।

खुद को जानना ही वह सबसे कठिन काम है जिसे आप अपने हाथ में ले सकते हैं। आप चांद पर जा सकते हैं, जो चाहें जीवन में कर सकते हैं, लेकिन अगर आप खुद को ही नहीं जानते तो आप मूर्ख ही रहेंगे, एकदम बुझे-बुझे, खाली-खाली। भले ही आप प्रधानमंत्री के ओहदे पर काम करें, अव्वल दर्जे के इंजीनियर या तक्नीशियन हो जाएं, आपका काम महज मशीनी ही बना रहेगा। तो खुद को जानने की अहमियत को समझें, इसकी गंभीरता को—वह नहीं जो लोग आपके बारे में कहते हैं कि आप कोई परम आत्मा हैं या फिर छोटी सी 'मैं'—मामूली हस्ती। धो डालिए वह सब जो लोगों ने कहा है, और देखिए अपने दिलों को, झांकिए गौर से अपने मनों में, और वहीं से सरगर्मी करें।

हमारे किसी भी आदर्श का, भले ही वो कितना प्यारा हो, कितना ही खूबसूरत, कुछ भी अर्थ नहीं है। क्योंकि ये आदर्श 'जो है' और 'जो होना चाहिए' उसमें एक टकराव खड़ा करते हैं। महत्त्वपूर्ण तो वही है जो है, न कि वह जो होना चाहिए। मेहरबानी करके इस सीधे-सादे से मानसिक-मनोवैज्ञानिक तथ्य को समझें, वही महत्त्वपूर्ण है जो असल में है। आप गुस्सैल हैं, हिंसा से भरे, निर्दयी और नफरत से भरे पड़े हैं, किसी को पसंद नहीं करते, और अपनी सुरक्षा की दीवार की हर हाल में हिफाज़त करते हैं, किसी भी कीमत पर—ये सच्चाईयां हैं, न कि आपकी अहिंसा वगैरह, जो कि सरासर बकवास है। जब आप जो है उसे गौर से देखते हैं, बिना कोई आदर्श खड़ा किए—जो कि 'जो है' उससे एक भटकाव ही है, आदर्श का मतलब है 'जो है' उसे नज़रअंदाज़ करना—फिर या तो आप यूं कहेंगे, ठीक है, जो है मैं उसे कबूल कर लेता हूँ और मैं इसके साथ जीऊंगा, कष्ट उठाऊंगा उसके साथ, या फिर आप उसके ऊपर कोई सीधा प्रहार करते हैं, या वह आप के साथ कुछ करता है, एकदम सीधे। इसलिए महत्त्वपूर्ण तो यही है, जो असल में है उसे गौर से देखने के योग्य होना—चाहे आप गुस्सैल हों, कामी व लंपट हों, इधर-उधर की ख्वाहिशों से अटे पड़े हों। आदमी जो भी अंदर से है वह सब आप जानते हैं। बिना कोई नाम दिए उसे ध्यान से देखना, बिना यह कहे, मैं गुस्सैल हूं, और मुझे ऐसा नहीं होना है। बस सिर्फ देखना गौर से, पता लगाना कि क्या मतलब है इसका, उसकी गहराई को महसूस करना,

उस अद्भुत एहसास को जो हर जटिल और सूक्ष्म शै के पीछे मौजूद रहता है, उसके मर्म, उसके राज़ को जानना। अगर आप यूं देखते हैं, तो आप पाएंगे कि इस तरह अवलोकन करने पर आज़ादी का वजूद वहां होता है, और उसी आज़ादी से कर्म उपजता है, क्रियाशीलता होती है, तुरंत।

एक मासूम मन गर्भ में स्थित बच्चे की तरह आकाश में लिपटा रहता है—उसकी रिक्तता में। लेकिन विचारों-यादों की भीड़ से भरा वह मन जो अपनी ही निराशा, अपने डर, अपनी खुशियों और अपने सुखभोगों के बोझ से दबा है—ऐसा मन कभी खाली नहीं होता, और इसीलिए उसके लिए कुछ भी नया नहीं घटता, कुछ भी नया हो ही नहीं सकता। सिर्फ खालीपन में ही कुछ नया घट सकता है, कुछ नया, कोई कायाकल्प संभव है। यही खालीपन, यह शून्यता, यह आकाश ही आज़ादी है। और वह आकाश उभर आए आपके सामने, इसके लिए आपको अपने ही सारे तानेबाने को समझना होगा, चेतन और अचेतन दोनों को।

इसलिए आज़ादी कोई प्रतिक्रिया नहीं है। आज़ादी होने की एक अवस्था है। आज़ादी एक एहसास है। आपको खुद को आज़ाद करना होगा, मुक्त करें अपने आपको, यहां तक कि छोटी-छोटी चीज़ों में भी आप अपनी पत्नी को दबाते हैं या आपकी पत्नी आप पर रौब झाड़ती है, या फिर महत्त्वाकांक्षाएं हैं आपकी, लालच है, ईर्ष्या है। जब इस जाल को तोड़ कर बाहर निकल आते हैं आप, बिना कोई समय लिए, बिना किसी बहस या चर्चा के, तब आप देख लेंगे, बिना किसी जांच-पड़ताल के, बिना विश्लेषण और भीतर झांकने की किसी कवायद और सनक के, केवल अवलोकन करना—चीज़ें जैसी भी हैं उन्हें वैसा ही देखना, खुद को तरस का पात्र बनाए बिना, बदलने की किसी ख्वाहिश के बिना, सिर्फ देखना, गौर से—बस वहीं वह आकाश निखरता है भीतर।

और जिस घड़ी वह आकाश निखरता है जो समाज की छुअन से परे है, तभी उसी अवस्था में कायाकल्प होता है, रूपांतरण घटता है। और इसी कायाकल्प की आज दुनिया भर में ज़रूरत है, क्योंकि यही कायाकल्प ही व्यक्ति का जन्म है—अखंड व्यक्ति का। और सिर्फ व्यक्ति ही है जो इस संसार में एक पूर्ण इंकलाब के लिए, पूर्ण तबदीली और रूपांतरण के लिए कुछ कर सकता है। आज के समय में दुनिया में हमारी सबसे बड़ी ज़रूरत एक व्यक्ति ही है, एक ऐसा व्यक्ति जो इस अवकाश से, इस रिक्तता से जन्मा हो।

बंबई,

16 फरवरी 1964

19

एक आज़ाद मन ही सहयोग करना जानता है

मेहरबानी करके इसे सुनें। हमें मदद चाहिए क्योंकि हम दुख-दर्द में फँसे हैं, उलझन और टकराव में हैं, हम चाहते हैं कि हमारी मदद की जाए। हम चाहते हैं कि कोई हमें बताए कि हम क्या करें। कुछ मार्गदर्शन चाहिए हमें, हम चाहते हैं कि इस अंधेरे में कोई हाथ पकड़ने वाला हो जो रोशनी तक ले जाए। हम इतने घबराए हुए हैं कि नहीं जानते किधर जाएं। पढ़ाई-लिखाई, धर्म, लीडर और संत महात्मा सब बुरी तरह से फेल हो चुके हैं फिर भी हम किसी की राह देखते हैं जो कुछ मदद कर सके, क्योंकि हम दुखी हैं, उलझे हुए, द्वंद्व के मारे। और संभवतः इसीलिए आप में से ज़्यादातर लोग यहां आए हैं, इस उम्मीद में कि शायद कहीं से सच्चाई की कोई झलक मिल जाए, यह आस लगाए कि कहीं कोई रास्ता निकल आए जो आपको जीवन की खूबसूरती के दर्शन करा दे।

अब, कृपा करके अगर आप सुनेंगे, भीतरी कानों से, एकदम साफ-साफ, तो आप देखेंगे कि कोई मदद संभव है ही नहीं। यह वक्ता कोई मदद नहीं कर सकता आपकी, उसने मदद करने से मना कर दिया है। कृपा करके समझें इसे। थोड़ा इस पर गौर करें। उसने आपकी मदद करने से इनकार कर दिया है, पूरी तरह इनकार।

आप चाहते हैं कि यह भ्रष्टाचार बना रहे, इसी में जीना चाहते हैं आप, इसी भ्रष्टता में ही मदद चाहते हैं। आप चाहते हैं कि थोड़ा आराम से जीने में आप की कुछ मदद की जाए, ताकि आप अपनी लालसाओं को, महत्त्वाकांक्षाओं को आगे बढ़ा सकें, अपनी राहों पर थोड़ा आगे सरक सकें, अपनी ईर्ष्याओं के संग, वहशीपन के साथ रोज़ाना के जीवन में वैसे ही बने रहें, थोड़ा बहुत फेर-बदल करते हुए—कुछ और अमीर हो जाएं, थोड़ी और सुविधाएं, थोड़ी सी और खुशियां जुटा लें। बस यही सब तो चाहते हैं आप, एक बेहतर नौकरी, एक बढ़िया कार, बेहतर पोज़ीशन।

आप सचमुच में दुख से छूटना ही नहीं चाहते, पूरी मुकम्मल आज़ादी चाहते ही नहीं। प्यार क्या है आप यह पता लगाना ही नहीं चाहते, उसकी खूबसूरती, उसकी गहराईयों में जाना ही नहीं चाहते। आप यह पता लगाना नहीं चाहते कि सृजन क्या है।

असल में आप बस यही चाहते हैं कि इस दीनहीन संसार में थोड़ा सा सुधरे हुए रूप में आगे बढ़ने में आपकी मदद की जाए, रोज़मर्रा की ज़िंदगी का भद्दापन बना रहे, उसका वहशीपन, उसके तमाम टकराव भले ही बने रहें। आपको बस यही सब तो मालूम है, आप उस के लिए तड़पते हैं और चाहते हैं कि थोड़ा सुधार हो उसमें। जो कोई भी उस दायरे में जीने में आपकी मदद करता है, आपको लगता है कि वह महान आदमी है, संत है, महान मसीहा है।

इसीलिए यह वक्ता कह रहा है कि वह कोई आपकी मदद नहीं करने जा रहा। अगर आप उससे किसी मदद की उम्मीद लगाए हैं तो आप गलती पर हैं। कहीं से किसी तरह की कोई मदद नहीं हो सकती—यह एक ज़बरदस्त तथ्य है जिसका हमें खुद एहसास करना होगा। हमें इस डरावने और खौफनाक सच को खुद ही देखना होगा कि एक इनसान के रूप में हमें अपने ही पैरों पर खड़े होना पड़ेगा, न तो यहां कोई ग्रंथ हैं, न रहनुमा, कुछ भी नहीं जो आपको बचा सके, आप ही को अपने आपको बचाना होगा। पता है आपको जब आप इस सच्चाई को महसूस करते हैं तो क्या करती है वह? यह एक सच्चाई है। जब आप सचमुच में इस सच्चाई को देख लेते हैं, फिर या तो आप अपने भ्रष्टाचार में और भी ज़्यादा धंस जाते हैं, या फिर उस सच्चाई का एहसास भर ही समाज के सारे मानसिक तानेबाने को तोड़ने के लिए, हर शै को तहस-नहस कर एक नई शुरूआत के लिए, आप में एक ज़बरदस्त ऊर्जा भर देता है। और फिर आप कभी मदद नहीं मांगते, क्योंकि आप आज़ाद हैं।

एक आज़ाद आदमी, ऐसा आदमी जो डरा हुआ नहीं, जिसका मन एकदम स्पष्ट है, जिसका दिल, जीवंत, मजबूत और ऊर्जा से भरा है—उसे किसी की मदद की ज़रूरत नहीं। और हमें, आपको और मुझे अकेले खड़ा होना होगा, पूरी तरह अकेले, मुकम्मल तौर पर, किसी से कोई मदद लिए बगैर। राजनैतिक तौर पर आप मदद तलाशते रहे हैं, गुरुओं से धार्मिक मदद चाहते रहे हैं, सामाजिक तौर पर, हर तरह से, उन सबने आपको धोखा दिया। कितने ही इंकलाब हुए हैं—सियासी और आर्थिक, साम्यवादी और सामाजिक क्रांतियां। वह कोई जवाब नहीं हैं, वे आपकी मदद नहीं कर सकतीं, क्योंकि वे और भी ज़्यादा जुल्म व अत्याचार ले कर आएंगी, और भी ज़्यादा गुलामी।

सिर्फ तभी जब आप मुकम्मल आज़ादी चाहते हैं और उस आज़ादी को बनाए रखते हैं, एक प्रवाहशीलता की तरह, तभी आप हकीकत तक पहुंच पाएंगे, और सिर्फ हकीकत ही है जो इनसान को आज़ाद करती है, और कुछ भी नहीं। और इस बात का एहसास हो पाना कि आप को अकेले ही खड़े होना होगा, बिल्कुल अकेले, एकदम अपने ही बूते पर, यह दुनिया के सबसे मुश्किल कामों में से एक है।

वही आदमी जो आज़ाद है सिर्फ वही सहयोग कर सकता है। और आज़ाद आदमी ही है जो कहता है, मैं सहयोग नहीं करूंगा। सहयोग जैसा कि आमतौर पर समझा जाता है, इसका मतलब है किसी एक व्यक्ति, किसी विचार या किसी आदर्श के चलते सहयोग करना, किसी आदमी की सत्ता के इर्द-गिर्द या राज्य के रूप में स्थापित किसी धारणा के लिए। अगर आप इस तरह के सहयोग की बात करते हैं तो वह तो कोई सहयोग नहीं, यह तो आपसी फायदे की बात है, और जब सत्ता बदल जाती है तो आप भी अपने फायदे की खातिर बदल जाते हैं, यह तो मजबूरन किया गया समझौता ही है—ऐडजस्टमेंट।

हम एक बिल्कुल ही अलग तरह के सहयोग की बात कर रहे हैं, क्योंकि आदमी को सहयोग तो करना ही चाहिए। सहयोग के बिना हम जी ही नहीं सकते। जीवन संबंधों का सिलसिला है, सहयोग है। आप और मैं सहयोग किए बिना ढंग से जी नहीं सकते। लेकिन सहयोग के लिए तो आज़ादी लाज़िमी है। सहयोग करने के लिए आप का और मेरा आज़ाद होना ज़रूरी है। आज़ादी का मतलब यह नहीं कि जो जी में आए करें, बेरहम हो जाएं या ऐसी ही बेहूदगी भरी प्रतिक्रियाएं करें जिन्हें आज़ादी के साथ जोड़ा जाता है। सिर्फ वही आदमी जो प्रेम कर सकता है, जिसके अंदर कोई जलन नहीं, नफरत नहीं, जो अपने लिए कुछ नहीं चाहता, न ही अपने परिवार, नस्ल या समूह के लिए कुछ चाहता है, सिर्फ वही आदमी जो कि आज़ाद है और आज़ादी तथा प्रेम की अहमियत को, उसकी खूबसूरती को बाखूबी जानता है, वही है जो सहयोग कर सकता है।

तो जो बात ज़रूरी है वह है इस आज़ादी को समझना। यह आज़ादी विचार से नहीं आती। विचार कभी आज़ाद नहीं है। विचार तो यादों, अनुभवों की शक्ल में इकट्ठे किए गए ज्ञान की एक प्रतिक्रिया मात्र है, इसलिए वह कभी आदमी को आज़ाद नहीं कर सकता। लेकिन फिर भी हम जो भी करते हैं—हर कर्म, हर निमित्त, हर चाह, ललक—विचार पर निर्भर है। तो आदमी को खुद ही यह देखना होगा कि विचार की सही जगह क्या है, कहां यह ज़रूरी है और कहां

ज़हर बन जाता है। कायाकल्प तो सिर्फ तभी संभव है जब मन सभी सोचों से खाली हो, पूरी तरह खाली। यह मां की कोख जैसा है—गर्भ जैसा, और बच्चा तो गर्भ में ही धारण किया जाता है, क्योंकि गर्भ खाली है, और वहीं से नए जीवन का जन्म होता है। ठीक उसी तरह मन खाली होना चाहिए, सिर्फ खालीपन में ही कोई नई चीज़ पनप सकती है—कोई ऐसी शै जो बिल्कुल ही नई हो, कोई ऐसी चीज़ नहीं जो हजारों बरसों से चली आ रही हो।

तो सवाल अब यही है, कैसे खाली करें मन को? कोई प्रणाली नहीं, जब मैं यह कहता हूं कि 'कैसे' तो इसका मतलब यह नहीं कि 'ऐसा-ऐसा करो तो आपका मन खाली हो जाएगा।' यहां कोई सिस्टम नहीं, कोई फार्मूला नहीं। आपको इस सच को देखना होगा, ऐसा कायाकल्प आदमी की आज़ादी के लिए, मुक्ति के लिए, निहायत ज़रूरी है, आपकी और मेरी, हमारी आज़ादी के लिए, हम सबकी मुक्ति के लिए, जीवन की पीड़ा से, दुख से पूरी तरह आज़ाद होने के लिए।

आपको इस कायाकल्प से गुज़रना होगा, एक मन जो बिल्कुल ही अलग है, जो माहौल का, समाज और प्रतिक्रियाओं का, ज्ञान का, अनुभव का नतीजा नहीं है—वह सब मासूमियत नहीं लाता, आज़ादी नहीं लाता, वह मन के भीतर इस अनंत आकाश का एहसास नहीं भरता। इसी आकाश में—इसी खुलेपन में—कायाकल्प की, उस उत्क्रांति की घटना घटती है। और सिर्फ यही कायाकल्प ही आदमी को बचा सकता है, क्योंकि यही कायाकल्प ही है जो व्यक्ति को जनम देता है—व्यक्ति जो अखंड है।

हम व्यक्ति नहीं हैं। हमारे नाम हैं, अलग-अलग नाम। आपका शरीर अलग है शायद, अगर आप इतने खुशकिस्मत हैं, तो एक बैंक अकाउंट हो सकता है, वरना भीतर से, मनोरूप में तो आप कोई व्यक्ति नहीं हैं। आप किसी नस्ल से, किसी भाईचारे से जुड़े हैं, किसी परंपरा से या किसी अतीत से, और इसीलिए आप सृजनशील नहीं रहे। जीवन की खूबसूरती, उसकी गहराई और प्रचंड विशालता के प्रति आपकी आंखें मुंदी हैं।

क्योंकि हम व्यक्ति नहीं हैं, हमें पता ही नहीं कि प्यार के क्या मायने हैं। हम सिर्फ उसी प्यार को जानते हैं जिसमें जलन है, नफरत, ईर्ष्या और तमाम वे खुराफातें जो सोच के साथ जुड़ी हैं। गौर कीजिए इस पर, अगर आप अपने ही कथित प्यार-मुहब्बत को देखें, अपनी पत्नी या परिवार के प्रति अपने स्नेह को, ममता पर गौर करें ज़रा, मुहब्बत की एक चिंगारी तक नहीं है वहां, भ्रष्टाचार की एक इकाई है यह, दर्द, मोह, जलन, दबदबे और महत्त्वाकांक्षाओं की। आपके

बच्चे हो सकते हैं, लेकिन इसमें कुछ प्यार-व्यार नहीं है, दिल-बहलाव है यह। और जहां यह बहलाव है वहीं दर्द भी है। और जिस आदमी को यह समझना है कि प्यार क्या है पहले उसे यह समझना होगा कि आज़ाद होना क्या होता है।

फिर यहां सैक्स का, यौन-संबंधों का, सवाल है, जो संसार में एक बड़ी समस्या बना हुआ है। हो सकता है कि आप इससे बाहर हों, उमर की वजह से या फिर ज़ोर-ज़बरदस्ती से। आपका कोई यौन जीवन नहीं, कोई जिन्सी रिश्ते नहीं, क्योंकि आप ईश्वर को पाना चाहते हैं। मुझे नहीं लगता कि आप ईश्वर को पा सकेंगे। ईश्वर तो चाहता है एक आज़ाद आदमी, एक आदमी जो जिया हो, दुख उठाए हों जिसने, जो आज़ाद हो। इसके लिए आपको सैक्स के मुद्दे को समझना होगा।

मेहरबानी करके वक्ता जो कह रहा है उसे सुनें। आप भले ही सफर के अंत तक ना जा पाएं, लेकिन सुनें। सुनें बिना किसी निंदा के, बिना जायज़ ठहराये केवल सुनें, बिना किसी तुलना के, अपनी सारी यादों को बीच में लाए बिना। सिर्फ सुनें, खुले मन से, खुशी-खुशी। क्योंकि अगर आप सुनना सीख जाएंगे, तो आप जान जाएंगे कि मन कब खाली हुआ। उस खालीपन के लिए—उसे पाने के लिए—आप कर कुछ भी नहीं सकते। अपनी तरफ से आप जो भी करेंगे वो सब अतीत की ही सरगर्मी होगी, विचारों की, समय की, और समय आपके लिए कभी वह आज़ादी नहीं ला सकता। लेकिन सुनें, किसी पंछी की आवाज़ को सचमुच ही स्वाद लेते हुए सुनें, उस एक स्वर को, एक-एक आवाज़ को अलग-अलग से, साफ-साफ, जीवंत, सुनें उस कौए को, वक्ता को सुनें पूरी तरह से, हर शब्द को, हर कथन को बिना व्याख्या के, बिना किसी तर्जुमे के। सिर्फ सुनें। और उस सुनने भर से ही आप ऊर्जा से भर उठेंगे, उस सुनने से ही आप समग्र रूप से क्रियाशील होंगे, पूरी तरह से।

हम सुनते ही नहीं। कितनी ही आवाज़ें हैं चारों तरफ, हमारे भीतर, कितने सवाल हैं, ढेरों बातें, कितनी सारी मांगें, बेशुमार लालसाएं, मजबूरियां। कितनी सारी चीज़ें हैं और हम किसी एक को भी कभी पूरी तरह से नहीं सुनते, मुकम्मल तौर पर, उसकी जड़ों तक। अगर आप मेहरबानी करके ऐसे सुनेंगे, तो आप देखेंगे कि बावजूद आपके, यानी आपके बिना कुछ किए, वह कायाकल्प, वह रूपांतरण, वह खालीपन, वह उद्बोधन कि सच्चाई क्या है, घटित होता है। आपको कुछ भी करना नहीं पड़ता, क्योंकि आप जो भी करेंगे वह दखलअंदाज़ी होगी, क्योंकि आप लालची हैं, ईर्ष्या से भरे, नफरत और लालसाओं से, उन सारी शैतानियों से भरे जो विचार ला सकता है।

तो अगर आप सुन पाते हैं, प्यार से, बिना किसी कोशिश के, तब शायद उस खामोशी में, उस गहन मौन में आप जान जाएंगे कि सत्य क्या है। और सिर्फ सत्य ही है जो आज़ाद करता है, और कुछ नहीं। इसीलिए तो आपको अकेले खड़े होना होगा। हम किसी दूसरे के माध्यम से नहीं सुन सकते, आप किसी की आँखों से नहीं देख सकते, दूसरों के विचारों से आप सोच नहीं सकते। फिर भी आप दूसरों के ज़रिए ही सुनते हैं, उन्हीं की गतिविधियों के ज़रिए ही देखते हैं, संतों के माध्यम से, और लोगों के दिशा निर्देशों से। अगर आप इन सारी गैरज़रूरी चीज़ों को एक तरफ हटा देते हैं, दूसरों की गतिविधियों को, और एकदम सरल हो जाते हैं, शांत, और सुनते हैं, तब आप पा जाएंगे।

आप जानते हैं, जब आप किसी ढलती हुई शाम को देखते हैं या किसी प्यारे से चेहरे को, किसी खूबसूरत फूल या पत्ते को देखते हैं, जब सचमुच में देखते हैं, तब वहां आपके और फूल के दरमियान, उस खूबसूरती, उस सुंदरता और आपके बीच या आपके और उस दुख व गंदगी के दरमियान जिसे आप देखते हैं, खाली जगह रहती है, आकाश रहता है। वहां आकाश है, आपने उसे बनाया नहीं, वह है वहां। आप उस आकाश को घटाने बढ़ाने के लिए कुछ कर नहीं सकते, वह है वहां। लेकिन हम सरलता से, शांत हो कर, एक टक, उस आकाश में से कभी देखते ही नहीं।

उस जगह हम अपनी कल्पनाएं, विचार, फार्मूले और नतीजों को थोप देते हैं, इसीलिए कोई जगह बचती ही नहीं। वह जगह आप के अतीत, आपकी यादों, पुराने अनुभवों से ढक जाती है, इसीलिए हम कभी देखते नहीं, सुनते नहीं, कभी शांत नहीं होते हम। इसलिए अगर आप सुनेंगे, सुनते हैं, सम्मोहित हो कर नहीं—वह तो बेहूदा बात होगी, एकदम बचकानी—बस सुनना, न इनकार और न ही स्वीकार। हम आपकी ज़िंदगी की बात कर रहे हैं, मेरी ज़िंदगी की नहीं, आपके दुखों की, तकलीफों की, निराशाओं की, मान्यताओं की, आपके कष्टों और आपके जीवन में भरी बोरियत की।

जैसा कि हमने कहा, काम वासना से जुड़ा सवाल भी हमारे सामने है, जो बहुत ही अहम हो गया है, बहुत जगह घेर ली है उसने। क्यों? अपनी जिंदगी में झांकें, ऐसा क्यों? पहली बात तो यह कि मन बहलाने की दूसरी कोई मुफ्त चीज़ आपके पास है नहीं। बौद्धिक तौर से आप जड़ हो चुके हैं, बेइंतहा, बस दूसरों की बातों को दोहराते रहते हैं, बचपन से ले कर मरने तक। आपके इम्तिहान, आपकी पढ़ाई-लिखाई, आपकी तकनीकी जानकारियां—सब दोहराव है, सिर्फ दोहराव।

बौद्धिक तौर पर आप जड़ हो गए हैं। आज़ादी से सोचने की आप सोच भी नहीं सकते, हिम्मत नहीं कर सकते। कभी इनकार नहीं करते, हां में हां मिलाए चले जाते हैं। पिछलग्गू हैं आप हुकूमतों के, माहिरों की पूजा और खुशामद करने वाले। इसीलिए हम बौद्धिक रूप से जड़ हो गए हैं—बेजान, इसलिए हमारे पास सिर्फ एक ही चीज़ बची है जहां आप आज़ाद हैं, मौलिक हैं, और वह है यौन, सैक्स।

फिर जज़बाती तौर पर भी तो आप खुद को अभिव्यक्त करने के लिए आज़ाद नहीं हैं। वहां पर भी आप बंधे-बंधे से हैं, फँसे-फँसे से, रुके-रुके। कभी ढलती शाम का मज़ा नहीं लिया आपने, न ही किसी दरख़्त को आँख उठा कर देखा, न ही कभी उसके साथ पल भर रुके, आनंद में डूबे, जब वह खूबसूरती की बुलंदियों पर था। तो बौद्धिक तौर पर, भावनात्मक स्तर पर आप कंगाल हैं, कटे-कटे से, सुंदरता का आपके लिए कुछ मतलब ही नहीं—कुछ भी नहीं। वरना तो यह देश बिल्कुल दूसरी ही तरह का होता। आपने धर्म को खूबसूरती से तोड़ लिया है। आप कभी एक शाम भी तारों में झांकते हुए, चांद को निहारते हुए, पानी पर तैरती चांदनी को देखते हुए चुपचाप नहीं बैठे। आपके पास रेडियो है, टेलीविजन है, किताबें हैं, सिनेमा है—हर चीज़ है लेकिन अपने साथ अकेले होना उस सब का आनंद लेते हुए जो कुछ भी आप के आसपास है। तो जज़बाती तौर पर, सौंदर्य बोध को ले कर भीतर गहराई में कहीं आप सूख चुके हैं, टूट चुके हैं जड़ों से। तो एक ही चीज़ बची है आपके पास जो आपकी अपनी है, मौलिक, और वह है सैक्स—काम वासना।

और काम वासना ही जब एक मात्र ठिकाना रह जाए, तो वह जीवन में तबाही मचा देती है। और वह भी जल्दी ही एक दोहराव हो कर रह जाती है, और कई तरह की मजबूरियों की गिरफ्त में धकेल देती है, एक-दूसरे पर हावी होने तथा रिश्तों के कलह-क्लेश में जकड़ लेती है। वह निर्दयता की तरफ ले जाती है. मन को जड़ करने की तरफ—वही उबाऊ, दोहराव से भरा सुख-भोग। तो यूं हमारे जीवन में कहीं प्रेम नहीं, न ही कोई खूबसूरती है, कोई भावनात्मक आज़ादी नहीं। तो बस ले दे कर एक ही चीज़ बचती है—सैक्स।

तब आप हकीकत को खुद अपनी आंखों से नहीं देख पाते, नहीं खोज पाते। क्योंकि धर्म ने आप को पिछलग्गू बना डाला है—अनुयायी, खोजी नहीं, खोजबीन करने वाले नहीं, जो खोजेंगे, पता लगाएंगे। आप सिर्फ रटना-दोहराना जानते हैं, आप मंदिरों में जाते हैं या चर्च में, या फिर त्यागी हो जाते हैं और सिर्फ एक सतही ज़िंदगी ही जीते हैं। इसलिए धर्म का आपके लिए कुछ मतलब

ही नहीं, सिवाय तब जब आप डरे हुए हों, किसी तकलीफ में हों या किसी सुख सुविधा की मांग करनी हो आपको।

ज़रा सुनिए इसे, मेहरबानी करके बोर मत होइए, यह आपकी ज़िंदगी है। आपको इस सब का सामना करना ही होगा। फिर आखिरकार सृजनात्मकता है—वह रचना, बच्चों की बात नहीं कर रहे—वह रचना जो हर माप-तौल और समय के बंधनों से परे है, जो हर वक्त चीज़ों को नया बनाए रहती है क्योंकि वह समय के पार है। लेकिन कला के संसार में, सौंदर्य के संसार में हम हमेशा नए-नए मुहावरों, नई-नई शैलियों की तलाश में रहते हैं। हमें बस नई शैलियों की ही तलाश है, उन्हीं की फिक्र है हमें। सृजन या रचना से हमारा कुछ लेना-देना ही नहीं।

सो ऐसी कितनी ही समस्याएं आपके सामने हैं और आपको ही उनका सही हल भी ढूंढना है। और एक सही जवाब है, वो यही है कि आपको पूरी तरह आज़ाद होना होगा, इस सामाजिक ढांचे से पूर्ण आज़ादी, समाज के मानसिक तानेबाने से पूरी तरह आज़ाद होना, जिसका मतलब है डर, लालच, ईर्ष्या, महत्त्वाकांक्षा, सत्ता की दौड़, पद-प्रतिष्ठा, धन-दौलत की गुलामी से छुटकारा। समाज का यह भ्रष्टाचार—आदमी को इससे आज़ाद होना होगा। और फिर भी हमें इसी संसार में जीना है, पूरी ऊर्जा से, पूरी शानबान और जी-जान से। और इसके लिए आपको काम करना होगा, अपने ही अंदर आपको काम करना होगा, एकदम बेरहमी से, समाज की सारी गंदगी को अपने अंदर से पोंछ डालना होगा, उसके सारे भ्रष्टाचार को। जब आपको इस बात का एहसास होगा कि आपको यह सब करना है, अपने ही लिए, पूरी तरह, कोई आपकी मदद के लिए आने वाला नहीं, तब गज़ब की ऊर्जा होती है आपमें। तब आपका सारा ध्यान उसी तरफ होता है, तब आपके पास वह दिलो-दिमाग होता है जो अद्भुत जीवंतता लिए है, एकदम धड़कता हुआ।

सो स्व-बोध बाकायदा काम करता है, यह कोई विश्वास का मामला नहीं, यह अपना काम करता है, अगर आप रोज़, हर रोज़, धीरज के साथ इसके साथ चलते हैं तो यह काम करता है। स्व-बोध से, अपने साथ आँखें खोलकर चलने से, ही सजगता आती है—यानी पेड़-पौधों, पंछियों, धूल-मिट्टी, गंदगी, खूबसूरती और रंग जो भी आप के आसपास फैला है, सबके प्रति जाग जाना। क्योंकि बाहर की यही लहर आपको अंदर की लहरों में ले जाएगी। बाहर की तरंगों को समझे बगैर आप अपने भीतर की लहरों पर सवार नहीं हो सकते। वे एक ही हैं, वे एक ही अखंड सिलसिला हैं समंदर पर उठी लहर की तरह, जो ऊपर उठती है फिर भीतर लौट आती है। और आपको उस लहर पर सवार होना होगा बिना

किसी कोशिश के—सहज ही। सहज ही आप उस लहर पर सवार हो सकते हैं जब आप अपने विचार की हर आहट को ध्यान से सुनने लगते हैं, उसके इशारों को गौर से देखते हैं जो भी आपके वजूद में छिपा है, जब आप सिर्फ सुनते हैं। उसके लिए किसी विश्लेषण की या आत्ममंथन की ज़रूरत नहीं—वह तो घातक है। बस इतना ही काफी है कि आप सिर्फ देखें, सुनें, और देखने वाले और जिसे देखा जा रहा है उनके बीच के फासले को, उस आकाश को, बनाए रखें। अगर आप उस जगह को बिल्कुल खाली रखते हैं, तो न तो वहां कोई देखने वाला है न ही देखी जाने वाली कोई चीज़, वहां सिर्फ लहर है, गति है।

और इसी स्व-बोध, आत्म-परिचय से ही वह आज़ादी साकार होती है जिसे कोई देवी-देवता, कोई संत, कोई समाज, कोई भी आपको नहीं दे सकता। आपके पास यह आज़ादी होनी ही चाहिए। क्योंकि नहीं तो ये मंदिर-मसीतें अपने संगठित विश्वासों और मन बहलावों के साथ सब कुछ पर छा जाएंगे और आप यूं ही मशीनी ढंग से, एक बेवकूफी भरा, अर्थहीन जीवन जीते रहेंगे। और इसी आज़ादी से वह अवस्था उभरती है जहां दिमाग बहुत ही संवेदनशील हो जाता है—एकदम सजग—क्योंकि वह विचार की हर लहर को समझ चुका होता है, एहसास की हर थिरकन को—विचार और एहसास में कोई भेद नहीं है, एक ही सिलसिला है। और उसी समझदारी से, उसी आज़ादी से मन तरोताज़ा हो जाता है, युवा और मासूम। सिर्फ उसी खालीपन में कायाकल्प होता है, सिर्फ तभी आदमी की मुक्ति संभव है। मन जब इस अद्भुत कायाकल्प से हो कर गुज़रता है, काल के बाहर, समय के बाहर हो जाता है, समाज की हदबंदियों में बंधा नहीं रहता, बल्कि उनसे पूरी तरह आज़ाद, और कोई साधू-संत हो कर नहीं जो बिल्कुल बचकाना है—जब मन समाज के सारे तानेबाने को समझ लेता है, जो कि आप खुद ही हैं, और फिर उसी समझ से ही आता है अकेले होने का वह अद्भुत एहसास।

तब आप पूरी तरह अकेले होते हैं, एक अडोल अकेलापन। सिर्फ तभी, अकेले होने की उस पूर्ण अवस्था में ही, वह तरंग, जो हर शै की शुरूआत और अंत है, उभरती है। वही धर्म है इसके इलावा और कुछ नहीं। उस अवस्था में, प्रेम है वहां, रहम, अनंत करुणा। और वहां उस अवस्था में न तो दुख है न ही सुख, लेकिन एक जीवन है, धड़कता हुआ, ऊर्जा से भरा, एक भरपूर जीवन, एकदम स्वच्छ।

बंबई,

1 मार्च 1964

20

आज़ादी–एक बुनियादी ज़रूरत

उस दिन हम आज़ादी की आवश्यकता के बारे में बात कर रहे थे, और आज़ादी से मेरा मतलब चेतना के किसी तल पर हासिल की गयी किसी सतही या खंडित आज़ादी से नहीं। मेरा मतलब था एक मुकम्मल आज़ादी से—मन की गहराईयों तक मुक्त होना, ऐन मूल तक, अपनी सारी गतिविधियों में, शारीरिक, मानसिक, और परामानसिक। आज़ादी का मतलब है किसी तरह की कोई समस्या नहीं, ठीक है या नहीं? क्योंकि मन जब आज़ाद होता है तो वह पूरी स्पष्टता से देख सकता है और काम कर सकता है। बिना किसी अंतर्विरोध के एहसास के मन वह हो सकता है जो कि वह है। मेरे लिए मसलों-समस्याओं से भरा यह जीवन स्पष्टता को नष्ट कर देता है, कुछ और ही बना डालता है—भले ही ये समस्याएं आर्थिक हों या सामाजिक, प्राईवेट हों या पब्लिक। और स्पष्टता तो लाज़िमी है। हमें एक ऐसा मन चाहिए जो हर समस्या को उसके उठते ही साफ-साफ देख ले, एक मन जो बिना किसी उलझाव के सोच सके, बिना किन्हीं संस्कारों के, मन जिसमें प्यार का जज़्बा हो, मुहब्बत हो—जिसका जज़्बातीपन या भावुकता वगैरह से कुछ लेना देना नहीं।

आज़ादी की इस अवस्था में होने के लिए—जिसे समझना बहुत कठिन है, इसके लिए गहरी पैठ चाहिए, खोजबीन—आदमी के पास एक शांत चित्त चाहिए, जो परेशान नहीं रहता, ऐसा मन जो पूरी तरह से सरगरम हो, क्रियाशील हो, बाहरी घेरे में ही नहीं, केंद्र में भी। यह आज़ादी कोई अमूर्त शै नहीं, न ही कोई आदर्श है। आज़ादी में जी रहे मन की गति एक ठोस हकीकत है, आदर्शों और धुंधलाई अमूर्त चीज़ों से कुछ संबंध नहीं उसका। ऐसी आज़ादी सहज ही आती है, अपने आप—किसी अनुशासन, कंट्रोल से नहीं, न ही किसी तरह की

ज़ोर-ज़बरदस्ती करनी पड़ती है, न ही पीछे भागना पड़ता है—तब जब हम समस्याओं के उतार-चढ़ाव की सारी प्रक्रिया को ठीक से समझ लेते हैं। एक मन जो किसी समस्या में घिरा है, जो कि सचमुच में एक विघ्न है, परेशानी है, और वह समस्या से भाग खड़ा होता है, वह फिर भी अपंग ही रहता है, बंधा-बंधा सा, वह मुक्त नहीं है। वह मन जो समस्याओं को उनके सिर उठाते ही वहीं का वहीं हल नहीं कर देता—वे भले शारीरिक हों, मानसिक या फिर जज़्बाती—उसके लिए कोई आज़ादी संभव नहीं, न ही वह ठीक से सोच सकता है, न ही देख और समझ सकता है।

ज़्यादातर लोग समस्याओं से घिरे हैं। समस्या से मेरा मतलब है एक परेशानी जो खिंचती चली जाती है, जो किसी चुनौती का ठीक से जवाब न देने से ही खड़ी होती है—मतलब कि किसी भी मुद्दे के साथ ठीक से, पूरे दिलोजान से निपट सकने में असमर्थता—या फिर ऐसा उचाटता की वजह से होता है जिसका नतीजा यह होता है कि आप समस्याओं के आदी हो जाते हैं, इकट्ठा करते रहते हैं उन्हें। समस्या खड़ी होती है जब हम किसी मुद्दे का सामना नहीं कर पाते, ठीक उसकी जड़ों तक जा कर, आने वाले किसी कल या भविष्य में नहीं, बल्कि जैसे ही वह सामने आए उसी वक़्त, हर घड़ी, हर लम्हे, हर रोज़।

समस्या भले किसी भी स्तर पर हो, चेतन या अवचेतन, वह आज़ादी को बरबाद करती ही है। समस्या कुछ ऐसी चीज़ है जिसे हम ठीक से समझ नहीं पाते। आदमी की समस्या कोई दर्द हो सकता है, जिस्मानी तकलीफ, किसी की मौत, पैसों की कमी, यह पता लगा पाने की असमर्थता कि सच में परमात्मा नाम की कोई हकीकत है भी या खालीपीली एक शब्द ही है। फिर संबंधों की समस्याएं हैं—व्यक्तिगत और सामाजिक दोनों, प्राईवेट भी और पब्लिक भी। मानवीय संबंधों को पूरी तरह न समझ पाने से ही सारी समस्याएं खड़ी होती हैं, ज़्यादातर लोग इन्हीं समस्याओं में उलझे हैं—जिनसे मानसिक बीमारियां शुरू होती हैं—जो हमारे दिलो-दिमाग को अपाहिज बना रही हैं। उन समस्याओं में दबे हम भागने के बहाने ढूंढते हैं, कभी राज्य की पूजा करने लगते हैं, किसी रौब-रुतबे की शरण में जा बैठते हैं, किसी से आस लगाए रहते हैं कि वो हमारी समस्याएं सुलझाएगा, प्रार्थनाओं के फिजूल दोहराव में, रस्मों में डूब जाते हैं, शराब पीने लगते हैं, नफरत, आत्मदया या फिर काम-वासना में, यूं ही चलता रहता है।

सो हमने बड़े यत्न से भाग खड़े होने के रास्ते खोज निकाले हैं—तार्किक या अतार्किक, बेवकूफी भरे या बौद्धिक—जो हमें इस काबिल बनाते हैं कि उन

सारी समस्याओं को झेल सकें, जी सकें उनके साथ। लेकिन ये समस्याएं हर हाल में उलझनें ही खड़ी करती हैं, और मन कभी मुक्त नहीं हो पाता।

इसीलिए तो मैं शुरू से ही कह रहा हूं कि आज़ादी लाज़िमी है। यहां तक कि कम्युनिस्टों के खुदा कार्ल मार्क्स ने भी कहा है कि आदम जात के लिए आज़ादी ज़रूरी है। मेरी नज़र में तो आज़ादी बेशक बेइंतहा ज़रूरी है—शुरू में आज़ादी, बीच में, और फिर अंत में भी—और यही आज़ादी खतरे में आ जाती है जब मैं किसी समस्या को ढोना शुरू कर देता हूं। इसका मतलब है कि मुझे न सिर्फ यह देखना है कि समस्या शुरू कहां से होती है, बल्कि यह भी देखना है कि कैसे उसका अंत हो, पूरी तरह, सर्जिकल आप्रेशन करते हुए ताकि वह फिर से सिर न उठाए, उसे ढोना नहीं है, ऐसा कुछ नहीं कि मैं इसके बारे में सोचूंगा और कल ज़रूर इसका कोई हल ढूंढ निकालूंगा। अगर मैं उसे अगले दिन तक उठाए फिरता हूं, तो मैं ही उसे वह ज़मीन दे देता हूं जिसमें वह समस्या जड़ें जमायेगी, और फिर उसकी कटाई-छटाई की एक दूसरी समस्या खड़ी हो जाएगी। इसलिए मुझे बड़ी तेज़ी से, फुर्ती से सारा आप्रेशन करना होगा ताकि समस्या का पूरी तरह से खात्मा हो जाए।

जैसा कि मैंने कहा, मेरी नज़र में आज़ादी का महत्त्व सबसे ज़्यादा है। लेकिन सूझबूझ और समझ के बिना आज़ादी को समझ पाना संभव नहीं, और समझ केवल तभी आती है जब कोई खुद ही समस्याओं की जड़ को पूरी तरह से देख लेता है। मन एकदम चुस्त-दुरुस्त चाहिए, चौकस, अति संवेदनशील, ताकि हर समस्या का तुरंत समाधान हो पाए, जैसे ही वह उठे तभी, तुरंत। वरना तो कोई असल आज़ादी नहीं हुई, वहां तो बस खोखली, सतही और खंडित किस्म की आज़ादी है, बेमानी। यह तो ऐसा है जैसे कोई अमीर आदमी कहे कि वह आज़ाद है। ईश्वर भला करे! सैंकड़ों चीज़ों का गुलाम है वह, शराब का, काम-वासना का, ऐशो-आराम का। या कोई गरीब कहे कि मैं आज़ाद हूं, 'मैं आज़ाद हूं क्योंकि मेरे पास कुछ है ही नहीं'—उसकी दूसरी समस्याएं हैं। इसलिए आज़ादी, और फिर उस आज़ादी को बनाए रखना, कोई हवाई बातें नहीं हो सकतीं, एक इनसान के नाते आपकी यह एक बुनियादी ज़रूरत होनी चाहिए—ज़ोरदार मांग, क्योंकि सिर्फ आज़ादी में ही आप प्यार कर पाते हैं। महत्त्वाकांक्षा, लोभ, मुकाबलेबाजी के चलते कैसे आप प्यार कर सकते हैं।

ज्ञानेन,

14 जुलाई 1964

21

आकाश और आज़ादी

खाली जगह को, स्पेस को हम तभी जान पाते हैं जब वहां एक देखने वाला होता है, एक केंद्र, एक वस्तु जो दिखाई पड़ती है, और एक फ़ासले को, स्पेस को, जन्म देती है। फ़र्नीचर अपने इर्द-गिर्द एक तरह का स्पेस रच लेता है—कोई दीवार या घर भी ऐसा ही करते हैं, और खाली जगह के बस इसी रूप को ही हम जानते हैं, जिसे हम अपनी आंखों से देख पाते हैं। जब हम धरती से चांद की तरफ नज़र उठाकर देखते हैं, सितारों की तरफ।

तो हम उस आकाश के बारे में छानबीन करना चाहते हैं जो वस्तुओं के इर्द-गिर्द निर्मित नहीं है—आकाश जो वस्तुओं से आज़ाद है। सिर्फ उसी आकाश में ही आज़ादी है, यानी वस्तुओं से इतर आकाश ही आज़ादी है। आकाश और आज़ादी की खोजबीन करते हुए हम खुद अपने ही लिए यह भी पता लगाएंगे कि प्यार क्या है। क्योंकि प्रेम के बिना कोई आज़ादी नहीं है। और प्यार कोई कोरी भावुकता नहीं, जज़्बातीपन नहीं। प्रेम न तो भावुकता की कोई दशा है, और न ही श्रद्धा या भक्ति है।

सो हम खुद ही पता लगाने जा रहे हैं। पता लगाने के लिए हमें मन में जगह बनानी होगी। अपने मन को खाली करना होगा, ज़ाहिर है जगह बनाने के लिए यह लाज़िमी है, विचार के सीमित क्षेत्र की बात नहीं, बल्कि चाहिए अंतहीन आकाश, बाह्य और भीतर—अगर हम उसे यूं बांट सकें तो—यानी मन का आकाश, हृदय का आकाश, नहीं तो कहीं कोई प्यार नहीं, कोई आज़ादी नहीं। और प्यार व आज़ादी के बिना आदमी बर्बाद हो जाएगा। आप चाहे आकाश चूमती किसी बिल्डिंग के पंद्रहवें फ्लोर पर ऐशो आराम से रह रहे हों या छोटे से गंदगी के मारे किसी गांव में मुसीबतों भरा जीवन बिता रहे हों, लेकिन तब तक आप बर्बाद ही रहेंगे जब तक आपके दिल में, आपके मन में यह अद्भुत अनंत आकाश खिल नहीं उठता, आपका पूरा वजूद उससे लबालब भर नहीं जाता।

वाराणसी,

26 नवंबर 1964

22

आज़ादी क्या प्रतिक्रिया या बगावत है?

हम खुद से ही यह पूछने जा रहे हैं कि क्या यह संभव है कि आदमी का मन, जो बहुत ही सीमित है, जो पिछले बीस लाख सालों की पैदाइश है, देश काल और फ़ासलों की, जो मन न जाने कितने ही दबावों से बना है—क्या ऐसे मन का कायाकल्प हो पाना, उसका समय के पार जा पाना और वह भी तुरंत, तत्क्षण—क्या यह मुमकिन है। इस सवाल की छानबीन के लिए आपका आज़ाद होना तो ज़रूरी है, क्योंकि अगर आप बंधे हुए हैं तो फिर आप कोई खोजबीन नहीं कर सकते। मन का आज़ाद होना लाज़िमी है, एक ऐसा मन जो डरा हुआ नहीं है, एक मन जो विश्वासों से नहीं घिरा, मन जो अपनी ही कल्पनाओं में खोया हुआ नहीं, अपने ही संस्कारों, अपनी ही उम्मीदों और लालसाओं में उलझा हुआ नहीं।

तो छानबीन ही एकमात्र रास्ता है जिससे आप पता लगा सकते हैं, और छानबीन के लिए आज़ादी ज़रूरी है। ज़्यादातर लोग खोजबीन की यह ऊर्जा गंवा चुके हैं—संभवतः हममें यह कभी थी ही नहीं। हम तो बल्कि पुराने मार्ग पर ही जाना पसंद करेंगे, कबूल करना; हमें यह पता ही नहीं कि छानबीन करें कैसे, खोज कैसे की जाती है। साईंसदान अपनी प्रयोगशालाओं में खोजबीन करते हैं। वे खोजते हैं, तलाशते हैं, सवाल, संदेह, परीक्षण को आधार बनाकर चलते हैं, लेकिन प्रयोगशाला के बाहर वे भी दूसरे ही लोगों जैसे हो जाते हैं, छानबीन बंद कर देते हैं। अपने ही अंदर खोजबीन करने के लिए सिर्फ आज़ादी ही नहीं बल्कि गज़ब की सूझबूझ चाहिए, देखने-समझने की अद्भुत शक्ति।

आप जानते हैं, चांद या उससे पार जाना मुकाबले में आसान है—जैसा कि सिद्ध हो चुका है। लेकिन अपने ही अंदर उतरना कहीं ज़्यादा मुश्किल है।

और अनंत रूप से भीतर उतरने के लिए पहली ज़रूरत तो आज़ादी ही है—आज़ादी किसी चीज़ से नहीं, बल्कि आज़ादी, उन्मुक्तता जिसका न किसी कारण या उद्देश्य से और न ही प्रतिक्रिया या बगावत से ही कोई लेनादेना रहता है। आज़ादी जब बगावत बन जाती है तो वह महज़ मौजूदा परिस्थितियों के खिलाफ एक प्रतिक्रिया बन कर रह जाती है। किसी चीज़ के खिलाफ बगावत आज़ादी नहीं। मैं वर्तमान समाज के खिलाफ विद्रोह कर सकता हूं। मौजूदा समाज बेहूदा, भ्रष्ट, बेकार हो सकता है, मैं बगावत कर सकता हूं, लेकिन वह विद्रोह सिर्फ एक प्रतिक्रिया है—जैसे कम्युनिज़्म पूंजीवाद के खिलाफ एक प्रतिक्रिया है। इसीलिए यह विद्रोह थोड़ा सुधरे हुए रूप में मुझे उसी ढांचे में ही बनाए रखता है। इसलिए हम किसी ऐसे विद्रोह की बात नहीं कर रहे जो एक प्रतिक्रिया है, बल्कि हम एक ऐसी आज़ादी की बात कर रहे हैं जो किसी चीज़ से नहीं।

मैं नहीं जानता कि आपने कभी आज़ादी के इस स्वभाव को महसूस किया या नहीं—आज़ादी जो नापतोल पर नहीं खड़ी की गयी, न ही किसी प्रेरणा की मोहताज है—जब अचानक ही आपको महसूस हो कि आप पर कोई बोझ ही नहीं, कोई समस्या ही नहीं, और आपका मन गज़ब की जीवंतता से भरा है, और सारा शरीर भी—आपका हृदय और रोम-रोम सब खिल उठा है, धड़कता हुआ, जोश से भरा। ऐसी आज़ादी ज़रूरी है। सिर्फ आज़ाद मन ही छानबीन कर सकता है, कोई ऐसा मन नहीं जो कहता है 'मुझे विश्वास है और मैं खोजबीन करूंगा,' ऐसा मन नहीं जो इस बात से डरा हुआ हो कि इस छानबीन में उसका क्या बनेगा, और जो इसलिए खोजबीन बंद कर देता है।

खोजबीन का मतलब ही है एक समझदार मन, स्वस्थ मन, जो अपने या किसी दूसरे की राय से बंधा नहीं, इसलिए वह पल-दर-पल हर चीज़ को, जीवन के प्रवाह को, उसकी धारा को साफ-साफ देखने में समर्थ है। जीवन रिश्तों की रवानी है जो कि कर्म-व्यवहार है। और आज़ादी के बिना महज़ बगावत का कुछ भी मतलब नहीं। एक सच्चा धार्मिक व्यक्ति कभी बगावत के चक्कर में नहीं पड़ता। वह एक आज़ाद व्यक्ति है—आज़ाद, कौमपरस्ती, लालच, ईर्ष्या या ऐसी ही दूसरी चीज़ों से नहीं, वह बस आज़ाद है।

खोजबीन करने के लिए डर के स्वभाव और उसके मायनों की समझ होनी चाहिए, क्योंकि वह मन जो अपने ही वजूद के किसी भी धरातल से डरा हुआ है ज़ाहिर है कि वह फौरी और बेरोक-टोक छानबीन के काबिल नहीं हो सकता। आप को पता है, यहां भारत में खास तौर पर ऐसा है, परंपराओं की वजह से,

पुराने सत्ता-प्रामाण्य के वज़न से लोग सदा सात हज़ार साल पुरानी संस्कृति की डींग मारते नहीं थकते और उन्हें उस पर पूरा गर्व है। उन लोगों के पास, जो हमेशा इस संस्कृति की बात करते थकते नहीं, शायद कहने को कुछ भी नहीं, इसीलिए वो उसकी बातों में लगे हैं। जो मन परंपराओं के या माहिरों-विशेषज्ञों के घेरे में फँसा है, वह मन आज़ाद नहीं। आदमी को सभ्यता और संस्कृति से परे जाना होगा। और ऐसा सिर्फ़ वही मन हो सकता है जो खोजबीन कर सकता है, और सच क्या है इसका पता लगा सकता है—दूसरा कोई मन नहीं। परंपरागत मन सच की बातें कर सकता है और उसके बारे में अनगिनत सिद्धांत खड़े कर सकता है, लेकिन खोजने के लिए तो ऐसा ही मन चाहिए जो हर सत्ता-प्रामाण्य से आज़ाद हो और यूं हर भय से मुक्त हो।

मद्रास,
16 दिसंबर 1964

23

आज़ादी और अच्छाई

हम आदमी के भीतर एक बुनियादी और मूलभूत क्रांति की बात करते आ रहे हैं। हम किसी एक व्यक्ति के अंदर क्रांति की बात नहीं कर रहे—यह कोई अपनी ही तुच्छ रूह को बचाने का सवाल नहीं है बल्कि एक क्रांति है जो आदमी के अपने अंदर घटती है, एक ऐसे इनसान में जो इनसान होने के नाते बाकी सारे इनसानों से जुड़ा है। सचेत तौर पर या सतही रूप से हम अपने आप को छोटी-छोटी व्यक्तिगत इकाईयों में बांट सकते हैं लेकिन गहरे में, अवचेतन के धरातल पर, हम सारे युगों के मानवीय अनुभव की ही विरासत हैं। और सामाजिक तथा आर्थिक धरातल पर होने वाली यह सतही तबदीलियां, भले ही वे कुछ और सुख-सुविधाएं जुटाने में कामयाब हो जाएं, लेकिन एक नया समाज नहीं बना सकतीं। हम सिर्फ़ आदमी के पूरे स्वभाव में ही एक रूपांतरण नहीं चाहते, बल्कि एक नया समाज भी चाहते हैं, एक अच्छा समाज, और अच्छा समाज तो अच्छे व्यक्तियों के बिना संभव नहीं हो सकता। अच्छे आदमी कैदखानों में नहीं मिलते। अच्छाई तो आज़ादी में ही फलती-फूलती है, एक पार्टी के सिस्टम में नहीं, तानाशाही में नहीं, चाहे वह सियासी हो या धार्मिक।

समाज आज़ादी को अपने लिए खतरनाक समझता है, क्योंकि आज़ादी में व्यक्ति अपने निजी सरोकारों के पीछे दौड़ते हैं। अपनी चालाकियों से, चालबाज़ियों से आदमी उन दूसरे लोगों पर धाक जमाता है, भारी पड़ने की कोशिश करता है, जो थोड़ा कम होशियार हैं। तो एक तरह से यह विचार आम है, ऐसी धारणा पाई जाती है कि आज़ादी एक अच्छे समाज के विरोध में है, ऐसा एक एहसास प्रचलित है। इसीलिए राजनैतिक तानाशाह कंट्रोल करने की कोशिश करते हैं, धार्मिक तौर पर और साथ ही साथ आर्थिक और सामाजिक तौर पर भी, आदमी

को आज़ाद रूप से सोचने से रोकने की कोशिश में वे सजाएं देते हैं। ज़ाहिर है कि कथित लोकतांत्रिक समाजों में ज़्यादा आज़ादी है, नहीं तो हम यहां नहीं बैठे होते, यूं इस मुद्दे पर चर्चा नहीं कर रहे होते। कुछ देशों में इसकी भी इज़ाज़त नहीं मिल पाती। लेकिन लोकतंत्र में भी आज़ादी पर रोक लग जाती है जब वह विद्रोह का रूप ले लेती है। अब हम राजनैतिक अर्थों में बगावत की बात नहीं कर रहे, बल्कि आदमी की अच्छाई के पूरी तरह खिलने की बात कर रहे हैं, सिर्फ़ वही है जो एक सृजनात्मक समाज को जन्म दे सकती है।

आदमी के अंदर यह अच्छाई केवल आज़ादी में ही खिल सकती है, पूर्ण आज़ादी में, और आज़ादी के इस सवाल को समझने के लिए हमें इसकी गहराईयों में जाना होगा, सिर्फ सामाजिक प्रबंध के संदर्भ में ही नहीं, बल्कि व्यक्ति व समाज के आपसी संबंधों को ले कर भी। समाज व्यवस्था के संतुलन पर ही टिका रहता है। जिस भी समाज में हम जीते हैं, वह भले वामपंथी हो, दक्षिणपंथी या फिर मध्यमार्गी, अगर हम उसे गौर से देखते हैं तो हम पाएंगे कि हर समाज व्यवस्था चाहता है, सामाजिक संबंधों का एक तानाबाना जिसमें व्यक्ति खुलेआम दूसरों का शोषण न करे। लेकिन उसी ढांचे की वजह से ही, समाज के उस बुनियादी मानसिक ढांचे की वजह से ही व्यवस्था कायम नहीं हो पाती। हालांकि उसका दावा बिल्कुल दूसरा हो सकता है लेकिन जैसा कि हम जानते हैं समाज मुकाबलेबाज़ी पर ही टिका है, लालच और ईर्ष्या पर, कुछ हासिल करने और अपनी ही ख्वाहिशों को पूरा करने की वहशी दौड़ में लगा है, और ऐसे समाज में असल आज़ादी हो ही नहीं सकती, और इसीलिए व्यवस्था भी असंभव है। समाज अपने आप में ही, चाहे वह समाजवादी हो या फिर पूंजीवादी, अपने आप में एक अव्यवस्था है, अराजकता है, क्योंकि वह आदमी के मन में किसी आधारभूत तबदीली की परवाह नहीं करता। भीतर का यह रूपांतरण या बुनियादी बदलाव सिर्फ आज़ादी में ही संभव है—और आज़ादी से मेरा मतलब किसी प्रतिक्रिया से नहीं, किसी चीज़ से आज़ादी नहीं। किसी चीज़ से आज़ादी तो प्रतिक्रिया है इसलिए वह हरगिज़ आज़ादी नहीं।

अगर मन सिर्फ अपने किसी रवैये को, चंद विचारों को या खुद की अभिव्यक्ति के अपने तरीकों को ही बदलता है, यह आज़ादी जो कि किसी चीज़ से आज़ाद होना ही है, जो कि प्रतिक्रिया है, किसी न किसी तरह के दूसरे दावों में ले जा फँसायेगी, इसलिए यह आज़ादी तो एकदम नहीं है। हमें इस बारे में बिलकुल साफ होना होगा कि आज़ादी शब्द से हमारा मतलब क्या है। मैं जानता हूं कि आज़ादी के इस मुद्दे पर बेशुमार किताबें लिखी गई हैं, फिलासफी के कितने

ही स्कूल इससे निकले हैं, कितने ही धार्मिक विचारों और धारणाओं को जन्म दिया है इसने, राजनीति के कितने ही रूपों को। लेकिन इस संसार में जीते हुए जो कि एकदम विनाशकारी है, दुखों से भरा, दर्द और उलझनों से, हमारी अपनी ही समस्याओं के बोझ तले दबा, हमारी हताशाओं और निराशाओं से बेहाल, जब तक आप और मैं—इनसान होने के नाते जो कि दूसरे इनसानों से पूरी तरह जुड़े हुए हैं—खुद यह पता नहीं लगाते कि आज़ादी क्या है, तब तक अच्छाई का फूल महक नहीं सकता। अच्छाई कोई सिर्फ भावुकता से भरा शब्द ही नहीं है, इसकी बड़ी अहमियत है, और बिना इसके मुझे नहीं लगता कि कर्म-व्यवहार में प्रतिक्रिया से आदमी का पीछा छूट सकता है, जिसमें दुख ही दुख है, भय और निराशा है।

सो मेरे ख्याल में मानव मन को यह समझना होगा कि अच्छाई क्या है, पूरी तरह से सवाल की छानबीन करनी होगी। अच्छाई शब्द तथ्य नहीं है, शब्द तो वस्तु नहीं होते, और हमें इस बात का बहुत ध्यान रखना होगा कि हम कहीं इस शब्द और इसकी परिभाषा में उलझ कर न रह जाएं। इसके बजाय हमें इसे समझना होगा, इस अवस्था में होना होगा। आज़ादी के सिवा अच्छाई कहीं पनप नहीं सकती, खिल नहीं सकती। आज़ादी कोई प्रतिक्रिया नहीं है, यह किसी चीज़ से आज़ाद होना नहीं है, न ही यह किसी चीज़ का प्रतिरोध है और न ही किसी के खिलाफ बगावत ही। यह मन की एक अवस्था है, और मन की उस अवस्था को जो कि आज़ादी है समझा नहीं जा सकता अगर वहां स्पेस नहीं है—मन में अगर अवकाश नहीं है। आज़ादी के लिए खुला आकाश चाहिए।

इस संसार में जगह कम होती जा रही है, शहरों में भीड़ बढ़ती ही जा रही है। आबादी में होने वाले ज़बरदस्त विस्फोट के चलते हम सब के लिए खुली जगह की गुंजाइश ही नहीं बची। ज़्यादातर लोग छोटे-छोटे कमरों में रह रहे हैं जो अनगिनत दूसरे कमरों से घिरे हैं, कहीं कोई जगह नहीं सिवाय जब हम कहीं देहात की तरफ निकल जाते हैं, शहरों से कहीं दूर, शोर-शराबे, गंदगी और धुएं से दूर। वहां कुछ आज़ादी है, लेकिन अंदरूनी स्पेस या भीतरी अवकाश के बगैर कोई आंतरिक आज़ादी नहीं हो सकती। फिर से याद दिला दूं, स्पेस या अवकाश शब्द तथ्य से एकदम अलग है, तो मेरा सुझाव यही है कि आप शब्द पर ही अटके न रहें, उसके विश्लेषण या उसे परिभाषित करने के ही चक्कर में न पड़े रहें। शब्द को तो आप बड़ी आसानी से डिक्शनरी में से ढूंढ सकते हैं और बड़े आराम से यह पता लगा सकते हैं कि स्पेस या आकाश शब्द के बारे में डिक्शनरी क्या कहती है।

क्या खुद से हम यह पूछ सकते हैं : ‘स्पेस या अवकाश क्या है?’ और वहीं रुके-रुके ही, बिना शब्द को परिभाषित करने की किसी कोशिश के, बिना किसी छानबीन के, बिना यह जानने का प्रयास किए कि वह हमें कैसा लगता है, बल्कि सिर्फ यह देखते हुए कि बिन-बोले उसके क्या अर्थ होते हैं? आज़ादी और स्पेस या अवकाश साथ-साथ ही चलते हैं। ज़्यादातर लोगों के लिए स्पेस किसी चीज़ के आसपास का खालीपन ही है—किसी कुर्सी के गिर्द, किसी इमारत या आदमी के गिर्द या फिर मन में डोलती आकृतियों के गिर्द।

मेहरबानी करके जो कहा जा रहा है उसे सुनें, बिना सहमत या असहमत हुए, क्योंकि हम एक ऐसी शै के पीछे हैं जो बहुत ही सूक्ष्म है, इतनी महीन कि उसे शब्दों में ढालना मुश्किल है, लेकिन अगर हमें यह जानना है कि आज़ादी क्या है तो हमें इसके भीतर उतरना ही होगा।

हममें से ज़्यादातर लोग किसी चीज़ की वजह से ही स्पेस या जगह को जानते हैं। एक चीज़ है जिसके चारों तरफ वह है जिसे हम स्पेस कहते हैं। वहां उस दरख्त के गिर्द, उस पहाड़ के चारों ओर स्पेस है, अवकाश है। हम सिर्फ चार दीवारी के अंदर या बाहर के ही स्पेस को जानते हैं, या किसी चीज़ के इर्द-गिर्द के स्पेस को। ठीक उसी तरह ही भीतर के स्पेस को भी हम सिर्फ केंद्र पर से ही जानते हैं, जो इसकी तरफ देखता है। एक केंद्र है, एक छवि—फिर से कह दूं, शब्द छवि एक यथार्थ नहीं है—और इस छवि के इर्द-गिर्द स्पेस है; अब स्पेस या अवकाश को हम उस चीज़ की वजह से ही जानते हैं जो वहां उस जगह पर है।

क्या वस्तु के बिना कोई स्पेस है, अवकाश है? किसी ऐसे केंद्र के बिना जहां से आप एक इनसान के रूप में देखते हैं? स्पेस को हम किसी डिज़ाईन या ढांचे के रूप में ही जानते हैं, यह किसी एक ढांचे को दूसरे ढांचे से जोड़ता हुआ ही दिखता है, किसी एक केंद्र को दूसरे केंद्र से। अब अगर स्पेस किसी वस्तु से ही जुड़ा है या मन के किसी केंद्र से जहां से वह देखता है, तब वह स्पेस या अवकाश सीमित है, इसलिए उस आकाश में आज़ादी नहीं हो सकती। जेल में आज़ाद होना तो कोई आज़ादी नहीं। अपने ही संबंधों की चारदीवारी में किसी एक समस्या से आज़ाद होना—यानी अपनी ही छवि के सीमित आकाश में, अपने ही विचारों, निष्कर्षों या गतिविधियों में—वह तो कोई आज़ादी नहीं।

तो एक बार फिर मैं आपको याद दिला दूं कि मेहरबानी करके वक्ता के शब्दों के माध्यम से आप उस सीमित जगह को गौर से देखें जो एक इनसान

के रूप में एक-दूसरे के साथ रिश्तों में आपने अपने इर्द-गिर्द बनाई है, इनसान के रूप में जो दरिंदगी और तबाही भरी इस दुनिया में रहते हैं, एक विशेष समाज से जुड़े इनसान के रूप में। देखें अपनी जगह को, अपने आकाश को, देखें कितना सीमित है यह। मेरा मतलब उस कमरे के साईज़ से नहीं है जहां आप रहते हैं, भले वो छोटा हो या बड़ा, मैं उसकी बात नहीं कर रहा हूं। मेरा मतलब तो उस आंतरिक स्पेस से है जिसे हम सबने अपनी छवियों के गिर्द, अपने केंद्र के गिर्द या किसी निष्कर्ष के गिर्द बनाया है। तो जिस एकमात्र स्पेस को हम जानते हैं वह वही स्पेस या अवकाश है जिसके केंद्र में कोई न कोई वस्तु है।

पता नहीं मैं अपने आपको स्पष्ट कर पा रहा हूं या नहीं। मैं सिर्फ यही कहने की कोशिश कर रहा हूं कि जब तक वहां एक केंद्र है जिसके आसपास स्पेस है या कोई ऐसा केंद्र जो किसी स्पेस को उजागर करता है, तब तक वहां कोई आज़ादी नहीं। और जब आज़ादी नहीं तो फिर अच्छाई भी नहीं, वहां कोई आज़ादी फलती फूलती नहीं। अच्छाई सिर्फ तभी फल-फूल सकती है जब स्पेस हो, आकाश हो, ऐसा आकाश जहां कोई छवि नहीं, कोई केंद्र नहीं।

मैं इसे दूसरी तरह से कहता हूं। यह तो साफ है कि आज़ादी की मांग हर स्वस्थ चित्त और ऊर्जा से भरे मन का सहज स्वभाव है, सिर्फ अपने लिए ही नहीं दूसरों के लिए भी। लेकिन इस आज़ादी शब्द को कई तरह से लिया गया है, धार्मिक, आर्थिक या सामाजिक अर्थों में। भारत में इसके कुछ और अर्थ हैं तो यहां स्विट्ज़रलैंड में कोई दूसरे। तो आईए इस सवाल की खोजबीन करते हैं कि आदमी के लिए आज़ादी का क्या मतलब है। किसी मठ में जा शामिल होना और खुद को अलग-थलग कर लेना, रमते जोगी हो जाना, या किसी हवाई किले या महल में जिए जाना—ज़ाहिर है कि यह सब तो आज़ादी नहीं। और न ही किसी खास धर्म या विचारधारा से बंधे समूह के साथ खुद को जोड़ लेना ही कोई आज़ादी है। तो आईए मिलकर हम इसकी खोजबीन करें कि आज़ादी क्या है, और कैसे हर रिश्ते में आज़ादी हो सकती है।

तो संबंधों के तानेबाने में आज़ादी को समझने के लिए हमें यह सवाल उठाना होगा कि स्पेस क्या है, क्योंकि ज़्यादातर लोगों के मन बहुत छोटे हैं, क्षुद्र, सीमित। हम बुरी तरह संस्कारों से घिरे हैं—धर्मों के संस्कार, उस समाज के संस्कार जिसमें हम रहते हैं, टेकनोलोजी और पढ़ाई-लिखाई के संस्कार, हम सीमित हैं, किसी एक खास पैटर्न के मुताबिक ढलने को मजबूर किए जा रहे हैं और हम यह देख सकते हैं कि किसी भी दायरे के भीतर कोई आज़ादी हो नहीं सकती।

लेकिन आदमी को आज़ादी चाहिए—पूर्ण आज़ादी, कटी-छंटी आंशिक आज़ादी नहीं। दिन के चौबीस घंटे किसी जेल के सैल में बंद रहना, और फिर कभी कभार जेल के बरामदे में टहलने के लिए चले जाना—वह कोई आज़ादी नहीं। एक इनसान होने के नाते आज के इस समाज में, इसकी तमाम उलझनों, दुखों, टकरावों और यातनाओं के संग जीते हुए, आदमी आज़ादी चाहता है, और आज़ादी की यह मांग एकदम उचित और स्वाभाविक है। तो समाज में रहते हुए, परिवार के साथ संबंधों में जीते हुए, अपने विचारों और संस्कारों के साथ जीते हुए, आज़ाद होने का क्या मतलब है? क्या मन कभी आज़ाद हो सकता है अगर उसने अपने ही भीतर एक अनंत आकाश, कोई असीम स्पेस, न पा लिया हो—कोई ऐसा आकाश नहीं जिसे आकाश के विचार ने ही खड़ा कर लिया हो, किसी छवि द्वारा खुद को केंद्र में रख कर खींचे गए किसी दायरे का सीमित आकाश नहीं? ज़ाहिर है कि एक आदमी के नाते हमें आज़ादी और आकाश, स्पेस के इस रिश्ते को समझना होगा। क्या है स्पेस, आकाश? और क्या कोई स्पेस है जिसका कोई केंद्र नहीं, किसी वस्तु द्वारा अपने आसपास निर्मित स्पेस के अलावा कोई स्पेस?

आप यह सब समझ रहे हैं न? खुद अपने लिए यह पता लगाना कि स्पेस क्या है, यह बहुत ही महत्त्वपूर्ण है। वरना तो कोई आज़ादी हो ही नहीं सकती और हम हमेशा यूं ही यातनाएं भुगतते रहेंगे, यूं ही हमेशा एक दूसरे से टकराते रहेंगे, और सिर्फ समाज के खिलाफ ही बगावत का झंडा उठाते रहेंगे, जिसके कुछ मायने ही नहीं। सिर्फ सिगरेट पीना छोड़ देना, या भगवान जाने क्या-क्या, इन सबका कुछ भी मतलब नहीं, क्योंकि यह सब जेल की ही चारदीवारी के अंदर-अंदर विद्रोह खड़े करने की तरकीबें हैं।

अब हम यह पता लगाने की कोशिश कर रहे हैं कि क्या कोई ऐसी भी आज़ादी हो सकती है जो विद्रोह नहीं है—आज़ादी जो मन की ख्याली उड़ान नहीं है, बल्कि एक हकीकत है। उसका पता लगाने के लिए, हमें स्पेस के सवाल की गहराई से खोजबीन करनी होगी। एक छोटा सा बुर्जुआ मन, मिडल-क्लास मन या फिर एक ऐरिस्टोक्रेटिक मन, जो कि उतना ही तुच्छ है, खुद को आज़ाद समझ सकता है, लेकिन वह आज़ाद है नहीं, क्योंकि वह अपने ही सीमित दायरे में जी रहा है, एक सीमित दायरा जिसे उसकी छवि ने रचा है, जिसमें रह कर वह फंक्शन करता है। क्या यह साफ है? इसलिए आज़ादी के बिना कोई व्यवस्था नहीं हो सकती, और स्पेस के बिना कोई आज़ादी संभव नहीं। स्पेस, आज़ादी और व्यवस्था—तीनों साथ चलते हैं, ये अलग-अलग नहीं हैं। ऐसा समाज जिसका

रुझान कुछ ज़्यादा ही वामपंथी है, तानाशाही के ज़रिए व्यवस्था स्थापित करने की उम्मीद करता है, किसी एक राजनैतिक पार्टी की बेलगाम सत्ता के ज़रिए, लेकिन यह व्यवस्था स्थापित नहीं कर सकता, सामाजिक, आर्थिक या फिर किसी भी तरीके से नहीं, क्योंकि व्यवस्था के लिए आदमी के भीतर आज़ादी होनी ज़रूरी है—किसी एक ऐसे शख़्स की आज़ादी नहीं जो कि अपनी तुच्छ, भद्दी निजी रूह को बचाने के लिए छटपटा रहा है, बल्कि एक ऐसे इनसान के रूप में जो पिछले करीब बीस लाख सालों से जी रहा है, मानव जाति के सारे विशाल अनुभवों को समेटे हुए।

व्यवस्था सद्गुण है, नेकी है, और नेकी, अच्छाई किसी भी ऐसे समाज में नहीं खिल सकती जो हमेशा अपने ही साथ टकराव में रहता है। आर्थिक फेर-बदल हों, सामाजिक सुधार, तकनीकी तरक्की, मंगल ग्रह का सफ़र या ऐसा ही और कुछ भी अपने प्रभाव के दायरे के बाहर व्यवस्था स्थापित नहीं कर सकता। जो चीज़ व्यवस्था लाती है वह है आज़ादी की खोजबीन—बौद्धिक खोजबीन नहीं, लेकिन अपने संस्कारों को तोड़ने के लिए सचमुच में काम करना, पूर्वाग्रहों की जंजीरों, सीमित विचारों, समाज के सारे मानसिक ढांचे को, जिसका कि हम हिस्सा हैं, खंड-खंड कर डालना। जब तक हम उस सब को तहस-नहस कर उससे बाहर नहीं आ जाते, कोई आज़ादी मुमकिन नहीं, इसलिए व्यवस्था भी नहीं हो सकती। यह कुछ ऐसा है जैसे एक छोटा सा मन संसार की विशालता का, जीवन के असीम सौंदर्य का पार पाना चाहे। यह उसके बस की बात नहीं। यह कल्पनाएं संजो सकता है, कविताएं लिख सकता है, तस्वीरें बना सकता है, लेकिन हकीकत तो शब्द से अलग है, छवि से, तस्वीरों और चिह्नों से भिन्न। व्यवस्था तो सिर्फ अव्यवस्था के प्रति सजगता से ही आ सकती है। आप व्यवस्था या तरतीब निर्मित नहीं कर सकते—मेहरबानी करके इस सच्चाई को समझें। आप सिर्फ बेतरतीबी के बारे में होशमंद हो सकते हैं, सजग—बाहर और भीतर। अव्यवस्थित या बेतरतीब मन किसी व्यवस्था को जन्म नहीं दे सकता, क्योंकि वह जानता ही नहीं कि वह है क्या। कोई पैटर्न बनाते हुए वह उसके खिलाफ सिर्फ़ एक प्रतिक्रिया ही कर सकता है जिसे वह व्यवस्था समझता है, और फिर उसी के हिसाब से चलने लगता है। लेकिन मन अगर उस बेतरतीबी के प्रति होशमंद रहे जिसमें वह जीता है—जिसका मतलब है नकारात्मक के प्रति सजग होना, किसी कथित सकारात्मक को उस पर थोपना नहीं—तब वह व्यवस्था अद्भुत रूप से सृजनात्मक हो जाती है, जीवंत, गतिशील। व्यवस्था कोई पैटर्न नहीं है जिस पर बाद में आप चलते

रह सकें। किसी पैटर्न के हिसाब से चलने के लिए, जिसे आपने ही बनाया है, रोज़-रोज़ उसका अभ्यास करना, यह अव्यवस्था है—प्रयासजनित बेतरतीबी, टकरावों, लालसाओं, ईर्ष्या और लोभ की अव्यवस्था, तुच्छ, निखट इनसानों की अव्यवस्था जिन्होंने इस समाज को बनाया है और जो खुद उससे संस्कारित हो कर रह गए हैं।

अब सवाल यह है कि क्या कोई इस बेतरतीबी के बारे में सजग हो सकता है—बिना किसी निष्कर्ष के सिर्फ सजग रहना, होशमंद रहना उसके प्रति—बिना यह कहे कि यह अव्यवस्था है, और वह व्यवस्था? क्या कोई बिना किसी पसंद-नापसंद के अव्यवस्था के प्रति सजग हो सकता है? इसके लिए एक गज़ब की सूझबूझ चाहिए, अद्भुत संवेदनशीलता, और उसी चुनावरहित सजगता में ही एक अनुशासन भी है जो लकीर का फकीर होना नहीं, किसी के मुताबिक ढल जाना नहीं है।

क्या मैं कुछ ज़्यादा ही दबाव डाल रहा हूं आप पर? क्या मैं एक ही थैले में एक साथ कितने सारे विचारों को ठूंस कर पेश करने की कोशिश कर रहा हूं?

आप जानते हैं कि अनुशासन ज़्यादातर लोगों के लिए, चाहे हम उसे पसंद करें या न करें, उसका अभ्यास करें या न करें, भले उन्हें उसके बारे में पता हो या न हो—बस लकीर पीटना ही है। दुनिया भर में सभी सिपाही—वे बेचारे, दयनीय इनसान, चाहे वामपंथी हों या दक्षिणपंथी—वो किसी न किसी पैटर्न के हिसाब से चलने के लिए ही बने हैं, क्योंकि कुछ ऐसी चीज़ें हैं जिनकी उनसे हर हाल में उम्मीद की जाती है। हालांकि हम सब तो सिपाही नहीं हैं लेकिन हमें भी उसी तरह सिखाया जाता है, दूसरों को तबाह करना और खुद को बचाना, अनुशासन तो कमोबेश हम पर थोपा ही जाता है, माहौल के द्वारा, समाज, परिवार या दफ्तर के द्वारा, या फिर रोज़मर्रा के जीवन के दबाव में हम खुद को अनुशासित करते हैं।

जब हम अनुशासन के सारे तानेबाने और उसके अर्थों की छानबीन करते हैं, चाहे वह अनुशासन थोपा गया हो या अपनी मर्ज़ी से धारण किया हुआ, तो यह साफ दिखाई पड़ता है कि यह बाहरी और भीतरी तौर पर किसी पैटर्न के मुताबिक ढलने का, किसी याद या अनुभव के अनुसार चलने का ही नाम है। तो हम अनुशासन के खिलाफ बगावत कर देते हैं। हर इनसानी मन भद्दे किस्म के उस पिछलग्गूपन के खिलाफ बगावत करता ही करता है, चाहे उसे तानाशाहों ने खड़ा किया हो, पादरियों, संतों, देवी देवताओं या किसी ने भी खड़ा किया

हो। लेकिन फिर भी यह लगता है कि ज़िंदगी में एक अनुशासन की ज़रूरत तो है—एक ऐसा अनुशासन जो सिर्फ़ लकीर पीटना ही न हो, किसी ढांचे के मुताबिक ढलने का ही नाम न हो, जो किसी डर पर या ऐसी ही किसी चीज़ पर टिका हुआ न हो, क्योंकि अगर बिलकुल ही कोई अनुशासन नहीं होगा तो जीना मुश्किल हो जाएगा। तो हमें यह पता लगाना होगा कि क्या ऐसा भी कोई अनुशासन है जो सिर्फ़ किसी के मुताबिक ढलना, या किसी के पीछे चलना नहीं, क्योंकि इस तरह का पिछलग्गूपन तो आज़ादी को बरबाद कर देता है, यह आज़ादी को पनपने ही नहीं देता। दुनिया भर के संगठित धर्मों को देख लीजिए, राजनैतिक पार्टियों को। यह तो एकदम साफ़ है कि किसी के मुताबिक ढलने की आदत आज़ादी को तबाह कर देती है, इस पर समय गंवाने की तो कोई ज़रूरत ही नहीं, या तो आप इसे देखते हैं या फिर नहीं देखते, यह तो आप पर है।

अनुकूलता, अनुकरण या किसी पैटर्न के मुताबिक ढलने का अनुशासन, जो समाज के डर से ही आया है और समाज के मानसिक ढांचे का ही हिस्सा है, ऐसा अनुशासन अनैतिक है और अव्यवस्था फैलाने वाला है, और हम उस में फँसे हुए हैं। तो सवाल अब यह है कि क्या मन किसी ऐसे अनुशासन का पता लगा सकता है जो कि कंट्रोल करने का, पीछे चलने का या किसी खास शक्ल में ढलने का ही सिलसिला न हो? उसका पता लगाने के लिए हमें इस गैर मामूली बेतरतीबी, दुखों और उलझनों के बारे में जगना होगा, जिनमें घिरे हम जी रहे हैं, और इस सब कुछ के बारे में जागरूक होने का मतलब है पूरी तरह से जाग जाना, टुकड़ों में नहीं, यानी बिना किसी हां-न। के, बिना पसंद-नापसंद के बीच चुनाव के, सजग होना—वह खुद अपने आप में ही अनुशासन है।

अगर मैं पूरी तरह से होशमंद हूं कि मैं क्या कर रहा हूं, बिना किसी चुनाव के मैं अपने हाथों की हरकतों के प्रति जागरूक हूं, तो वह सजगता ही अपने आप में एक अनुशासन है जिसमें कोई अनुकरण नहीं। क्या यह बात साफ समझ में आ रही है? सिर्फ ज़बानी-कलामी आप इसे नहीं समझ सकते, आपको सचमुच ही इसे करना होगा, खुद अपने ही साथ। व्यवस्था तो ऐसी सजगता के एहसास के साथ ही आती है जिसमें कुछ चुनाव नहीं होता, और तब एक पूर्ण सजगता होती है, यानी विचार की हर हरकत के प्रति पूरी तरह से संवेदनशील होना। यह पूर्ण सजगता ही खुद में एक अनुशासन है बिना किसी लकीर पीटने के, इसलिए अव्यवस्था के प्रति इस तरह जाग जाने से ही व्यवस्था उभरती है। मन उस को पैदा नहीं करता।

व्यवस्था के लिए, जिसका मतलब है अच्छाई और सुंदरता का खिलना, तो आज़ादी लाज़िमी है, और अगर स्पेस नहीं है, अवकाश नहीं है, तो कोई आज़ादी मुमकिन नहीं।

ठीक है, मैं आपके सामने एक सवाल रखूंगा, लेकिन एक निवेदन है, मुझे जवाब मत दीजिएगा। स्पेस क्या है? खुद से पूछें आप यह, यूं ही मज़ाक में नहीं, बल्कि गंभीरता से, जैसे मैं आपके सामने इसे रख रहा हूं। क्या है स्पेस? आपका मन तो अब तक सिर्फ उसी स्पेस या अवकाश को ही जानता है जो कि कमरे की चार दीवारी के भीतर है या फिर वह स्पेस जिसे कोई वस्तु अपने गिर्द एक शक्ल दे लेती है। सिर्फ वही स्पेस है जिसका आपको पता है। क्या कहीं कोई स्पेस है जो वस्तु के बिना हो? अगर वस्तु के बिना कोई स्पेस ही नहीं है तो फिर कोई आज़ादी भी नहीं है, इसलिए कोई व्यवस्था भी नहीं, न ही सुंदरता, और न ही अच्छाई की कोई बहार ही है। फिर तो एक अंतहीन संघर्ष ही है। तो मन को कड़ी मेहनत करते हुए इसे खोजना होगा, महज़ कुछ शब्दों को सुनते हुए नहीं कि हां असल में वहां एक स्पेस है—एक ऐसा आकाश—जिसका कोई केंद्र नहीं। एक बार जब वह मिल जाता है तो फिर आज़ादी है, तरतीब है, और फिर अच्छाई और सुंदरता आदमी के मन में खिल उठते हैं।

समय को समझे बिना अनुशासन, व्यवस्था, आज़ादी और स्पेस का कोई वजूद ही नहीं हो सकता। समय के स्वभाव को समझना बहुत ही दिलचस्प है—एक तो है घड़ी का समय, वक्त जैसे कल और आज और फिर आने वाला कल, वह समय जिसमें आप काम करते हैं या सोते हैं, आराम करते हैं। लेकिन समय का एक ऐसा भी रूप है जो घड़ी के हिसाब से नहीं चलता, और उसे समझना कहीं ज़्यादा मुश्किल है। हम समय को व्यवस्था स्थापित करने के एक साधन के रूप में देखते हैं। हम कहते हैं, ‘कुछ साल ठहर जाइए फिर हम अच्छे हो जाएंगे, हम एक नई पीढ़ी को जन्म देंगे, गज़ब का सुंदर संसार निर्मित करेंगे।’ या फिर हम एक बिल्कुल ही अलग किस्म के इनसान को पैदा होने की बात करेंगे, जो पूरी तरह से यह होगा, वह होगा। तो हम समय को व्यवस्था लाने के एक साधन के रूप में देखते हैं, लेकिन अगर हम गौर से देखें, तो हम पाएंगे कि समय तो केवल बिखराव ही ले कर आता है—बेतरतीबी, अव्यवस्था।

ज्ञानेन,
18 जुलाई 1965

24

पूर्वाग्रहों के प्रति शुरू से ही सजग रहें...

अभी जो हम करने जा रहे हैं वह आदान-प्रदान की बात नहीं है, बल्कि हम दोनो को ही मिल कर कुछ खोजबीन करनी है, साथ-साथ हम किसी ऐसी चीज़ के बारे में छानबीन करने जा रहे हैं जिसके बारे में हम कुछ नहीं जानते। मेहरबानी करके इस बात का इंतज़ार मत कीजिए कि मैं आपको कुछ बताऊँ, या आप के साथ कुछ ऐसी चीज़ बांटू जो आपके पास नहीं है, इस बात की राह मत देखिए कि मैं आपको आज़ादी या निर्वाण जैसा कुछ दूंगा। कोई आपको आज़ादी नहीं दे सकता, और न ही कोई उसे आपके साथ बांट सकता है। लेकिन हममें से ज़्यादातर लोग यही समझते हैं कि कोई देने वाला है और कोई बटोरने वाला। इसी ने जीवन को बांट दिया है, इसी से सत्ता को बल मिला है, जिसके साथ तमाम बुराईयां चली आती हैं। सच्चाई यही है कि न तो कोई पीछे चलने वाला है और न ही कोई लीडर, न ही कोई गुरु है और न ही कोई चेला, और यह एक ज़बरदस्त चीज़ है, अगर आप खुद उसे महसूस कर सकें। गज़ब का सौंदर्य है इसमें, इसी में आज़ादी है, इसी में दुख का अंत है, क्योंकि हमें ही काम करना होगा, छानबीन करनी होगी, सब कुछ पीछे छोड़ कर आगे बढ़ना होगा, जो भी झूठ है उसे खत्म करते हुए, और यूं अपने लिए खुद ही पता लगाना होगा। अब हम दो चीज़ों की खोजबीन करेंगे जो हममें से ज़्यादातर लोगों के लिए बहुत ही महत्त्वपूर्ण हैं, एक तो है प्यार, और दूसरी वह चीज़ जिसे हम मौत कहते हैं। छानबीन के लिए, पता लगाने के लिए, खोजने के लिए आज़ादी तो ज़रूरी ही है—अंत में आने वाली आज़ादी नहीं, बल्कि ऐसी आज़ादी जो ठीक शुरू से ही हो। आज़ादी के बिना तो आप अज्ञात के भीतर उतर ही नहीं सकते, उसके अंदर झाँक ही नहीं सकते, खोजबीन नहीं कर सकते। खोजबीन करने वाले मन के

लिए आज़ादी तो चाहिए ही, चाहे वह विज्ञान के किसी पेचदार मामले की छानबीन कर रहा हो या फिर चेतना के सूक्ष्म और पेचीदा क्षेत्र में। आप अपने ज्ञान को ढोते हुए, अपने पूर्वाग्रहों को, अपनी चिंताओं तथा डर को साथ लिए उस तक नहीं पहुंच सकते। क्योंकि नहीं तो वे चीज़ें आपकी समझ को भटका देंगी, किसी दूसरी ही दिशा में ले जाएंगी, अपना कोई रंग उस पर चढ़ा देंगी, इसलिए सारी असल खोजबीन वहीं की वहीं रुक जाएगी।

वैसे ही जब हम यह देखने की कोशिश करते हैं कि वह अद्भुत चीज़ क्या है जिसे हम प्रेम कहते हैं, तो हम अपने निजी पूर्वाग्रहों, अपने निष्कर्षों और पहले की बनी बनाई धारणाओं को ले कर नहीं चल सकते कि ऐसा होना चाहिए या वैसा होना चाहिए, यह नहीं कह सकते कि परिवार में प्यार तो प्रगट होना ही चाहिए, पति और पत्नी में, या फिर एक तो वह प्यार है जो अपवित्र है, नापाक, और दूसरी तरफ एक रूहानी प्यार है, क्योंकि ऐसी सारी बातें एकटक, बेरोक-टोक तथा गहरी खोज में रुकावट बनती हैं, मामले की तह तक जाने नहीं देती।

तो छानबीन के लिए आज़ादी ज़रूरी है, इसलिए बिल्कुल शुरू से ही हमें इस बात के प्रति खबरदार रहना होगा कि हम किस हद तक संस्कारों में जकड़े हुए हैं, कितने पूर्वाग्रहों से भरे हैं; हमें इस सच्चाई के प्रति जगे रहना होगा कि हम ज़िंदगी को ऐशो-आराम की नज़रों से देखते हैं—सुख-भोग की ख्वाहिशें लिए—इसीलिए हकीकत कभी हमारे सामने खुल ही नहीं पाती। जब हम इन चीज़ों से मुक्त हो जाते हैं तभी संभवतः हम उस अद्भुत शै में पैठ कर सकते हैं जिसे प्रेम कहते हैं।

रिश्तों के तानेबाने पर ही संसार कायम है, उन्हीं में हम जीते हैं—औरत और मर्द के बीच का रिश्ता, दोस्तों के दरमियान का रिश्ता, हमारे विचारों, हमारी जायदाद तथा हमारे बीच का रिश्ता, ऐसी ही लंबी कड़ी है। जीवन रिश्तों पर टिका है, और रिश्ते तो कायम नहीं रह सकते जबकि मन हर घड़ी खुद को अलग-थलग करने में लगा है, उसकी हर हरकत ऐसी है। मेहरबानी करके इस सब को अपने आप में देखें। जब हमारी हर गतिविधि अपने ही इर्द-गिर्द घूमने लगती है तो फिर कहीं कोई रिश्ता नहीं होता। चाहे आप एक ही बिस्तर में साथ-साथ सोते हों, या खचाखच भरी किसी बस में जा रहे हों, या किसी परबत को निहार रहे हों, जब तक आपका मन अपने ही में उलझा है तो ज़ाहिर है कि वह सिर्फ अलगाव ही खड़े कर सकता है, और इसीलिए कोई रिश्ता नहीं बन पाता।

खुदगर्ज़ी की इसी भागदौड़ में ही ज़्यादातर लोग प्रेम के बारे में अपनी खोजबीन शुरू करते हैं, और यह भागम-भाग ही असल खोजबीन होने नहीं देती, क्योंकि खुदगर्ज़ी से शुरू होने वाली हर गतिविधि तो सुखों के ही पीछे भागती है और दुखों से बचने के चक्कर में रहती है। जब तक हम किसी ऐसे केंद्र से खोजबीन करते हैं जिसका वजूद ही उसके अपने सुखों पर टिका है, हमारी छानबीन बेकार ही रहेगी, फिज़ूल। असल छानबीन के लिए तो खुदगर्ज़ी की इस उछल-कूद से आज़ादी चाहिए—और वह एक बेहद मुश्किल काम है। इसके लिए ज़बरदस्त समझदारी चाहिए, तीखी सूझबूझ, गहरी अंतर-झलक, और उसके लिए हमारे पास एक तंदरुस्त मन चाहिए, एक ऐसा मन जो कि जज़्बाती न हो, भावनाओं में बह जाने वाला, जोश में होश खो बैठने वाला न हो, बल्कि एक ऐसा मन जो आसपास के प्रति संवेदना से भरा हो, सजग और स्पष्ट। सिर्फ ऐसा ही मन उसकी खोजबीन शुरू कर सकता है जिसे हम प्यार कहते हैं।

ज्ञानेन,
21 जुलाई 1965

25

एकाकी मन ही आज़ाद हो सकता है

अगर हम यह पता लगाना चाहते हैं कि वह आज़ादी क्या है, तो उन सभी संस्कारों से पूर्ण आज़ादी चाहिए जिनमें आदमी जीता आया है, जो कि प्रापेगंडा हैं। बचपन से ले कर हर दिन हमें बताया जाता है कि ईश्वर क्या है, और क्या वह नहीं है, कैसे एक मसीहा के जरिए उसे हासिल करें, पादरियों और रस्मो-रिवाजों के ज़रिए। जब तक इनसान सचमुच ही अपने संस्कारों के प्रति संजीदगी से जाग न जाए और उन्हें उतार ना फेंके, बाद में कभी नहीं, बल्कि एकदम से, तब तक कोई रास्ता नहीं है। जहां तक समझ में आता है, हमेशा ही यह विचार रहा है कि ईश्वर बाहर है या ईश्वर अंदर है। निजी तौर पर मैं इस 'ईश्वर' शब्द का इस्तेमाल करना नहीं चाहता, क्योंकि यह बहुत ही बोझिल है। हमें यह पता लगाना ही होगा कि क्या सच में ही कहीं कोई ऐसी शै है, कोई ऐसा सच, कोई ऐसी हकीकत, कुछ ऐसा जो कल्पनाओं से परे हो, संस्कारों से मुक्त, जिसे सोचा न जा सके।

प्रश्न : स्पेस, जगह, बाहर में है, और घर के अंदर भी।

कृष्णमूर्ति : जी हां, मैंने उसे एक मिसाल के तौर पर लिया। घर किसी जगह स्थित है। उस घर की वजह से ही आप उस जगह को जान पाते हैं। विचारक के बिना आप स्पेस के बारे में सोच भी नहीं सकते, और आप को यह पता लगाना है कि क्या वस्तु के बिना भी कहीं कोई स्पेस है—आकाश है।

एक बार फिर प्रेम शब्द को ले लेते हैं। हालांकि यह शब्द बहुत बोझिल हो चुका है—घिसापिटा—लेकिन हम इसका इस्तेमाल जज़बाती तौर पर, भावुक या भक्ति भरे अंदाज़ में नहीं कर रहे। हम बिना किसी भावुकता के इसका इस्तेमाल कर रहे हैं। जब हम कहते हैं कि मैं अपने देश से प्रेम करता हूं, अपनी पत्नी,

परिवार या ईश्वर से प्यार करता हूं, या किसी और चीज़ से, वहां एक चीज़ मौजूद है प्यार करने के लिए, भले ही वह चीज़ कोई विचार हो या फिर कोई हस्ती। वह चीज़ थोड़ी सी भी सरकती है तो उलझनें खड़ी हो जाती हैं, जलन। हम यह जानना चाहते हैं कि क्या किसी भी चीज़ के बिना भी कोई प्रेम हो सकता है। न तो प्रेम, न ही खूबसूरती और न ही स्पेस या आकाश किसी चीज़ के परिणाम हैं। यह एक ज़बरदस्त खोज-पड़ताल है। इस मामले पर गौर करने के लिए एक व्यवस्था चाहिए—व्यवस्था यानी कि ऐसी आज़ादी जिसमें न कहीं ईर्ष्या है, न महत्त्वाकांक्षा या लालच, और न ही सफलता के पीछे कोई दौड़ है, वरना तो वहां अव्यवस्था ही होगी, और उस बेतरतीबी में उलझा मन कुछ खोज नहीं सकता।

हमने जो भी चर्चा की वह मन को अलग-थलग नहीं करती, बल्कि बहुत ही पैने रूप से एकाकी कर जाती है। आदमी को एकाकी तो होना होगा, किसी साधु या फकीर के अर्थों में अलग-थलग हो कर नहीं। सचमुच में अकेले होने का, एकाकी होने का मतलब है आज़ाद होना। यह कोई बेचारगी का अकेलापन नहीं, कोई तनहाई नहीं, यह तो एक अद्भुत नज़ारा है, साफ-साफ यह देख लेना कि आप अकेले हैं। जब हर कोई आपके आसपास कौमपरस्ती के नारे उछालता फिरता हो, झंडे झुलाता, और आप समझ रहे हों कि यह सब बेमानी है, तो आप अकेले हैं।

रोम,
10 अप्रैल 1966

26

संस्कारों से आज़ादी के बिना प्यार मुमकिन नहीं

प्रेम क्या है इसका पता लगाने के लिए और आज़ादी के लिए खुद को झोंक देने के लिए बस दो ही चीजें ज़रूरी हैं—आज़ादी और एक वो शै जिसे 'प्यार' कहते हैं। मुकम्मल आज़ादी के बिना प्यार तो मुमकिन ही नहीं है, कोई भी गंभीर आदमी सिर्फ इन्हीं दो चीज़ों के लिए ही प्रतिबद्ध होता है, और किसी चीज़ के लिए नहीं। आज़ादी का मतलब है कि मन सभी संस्कारों से खुद को मुक्त कर पाए, ठीक? जिसका मतलब है कि खुद पर पड़ी हर छाप को पोंछ डालना—हिंदू, सिख, मुसलमान, ईसाई या कम्युनिस्ट होने से मुक्त हो जाना—मन को तो पूर्ण आज़ादी चाहिए—क्योंकि इनसानों के बीच खड़ी इन दीवारों ने—ये हिंदू, मुसलमान, बौद्ध, ईसाई, अमरीकन, कम्युनिस्ट, सोशलिस्ट, पूंजीवादी वगैरह-वगैरह—इस सब ने सिर्फ़ तबाही ही मचाई है, उलझनें ही खड़ी की हैं, दुख, क्लेश और युद्ध।

तो सबसे पहली ज़रूरी चीज़ तो है कि मन खुद को संस्कारों से आज़ाद करे। आप कह सकते हैं कि यह मुमकिन नहीं। लेकिन अगर आप यह कहते हैं कि यह तो संभव ही नहीं, फिर तो कोई रास्ता ही नहीं बचता। यह तो वही बात हुई कि कोई कैदी कहे कि मैं तो छूट ही नहीं सकता। ज़्यादा से ज़्यादा वह जेलखाने को सजा सकता है, चमका सकता है, थोड़े सुख-आराम जुटा सकता है, कुछ और सुविधाएं, अपने ही स्वभाव और मिजाज के मुताबिक खुद को और अपनी गतिविधियों को सिकोड़ सकता है। कितने ही लोग हैं जो यह कहते हैं कि यह तो हो नहीं सकता—सारा कम्युनिस्ट संसार कहता है कि यह तो नामुमकिन है, इसलिए हम मन को किसी दूसरी तरह से संस्कारित कर लेते हैं, पहले तो ब्रेनवाश करते हैं, सब पोंछ डालते हैं जो भी पुराना है और फिर कम्युनिस्ट सिस्टम

के हिसाब से संस्कारित करते हैं उसे। और धार्मिक लोगों ने भी तो बिल्कुल वही किया है, बचपन से ही उनके मन में बिठाया जाता है कि वे हिंदू हैं, सिख, मुसलमान या फिर कैथोलिक हैं, ऐसा संस्कारित किया जाता है कि वे मानने लगें इसे। धर्म, आज़ादी और प्रेम की बातें करता है, लेकिन वह मन को संस्कारित करने पर ही ज़ोर देते हैं। तो अगर आप यह कहते हैं कि मन खुद को अपने संस्कारों से आज़ाद कर ही नहीं सकता, फिर तो आपका कोई मसला ही नहीं। फिर तो जेल को आपने कबूल कर लिया और उसी जेलखाने में रहते हैं, वही जंग, वही उलझनें, वही टकराव, दुख-तकलीफ़ें, संताप और जीवन का वही अकेलापन, उसकी निर्दयता, हिंसा और नफरतों के संग, यही तो है जो आप असल में करते हैं। लेकिन यदि आप कहते हैं कि हां मन को संस्कारों से छुड़ाना संभव है, तब हम कुछ कर सकते हैं, साथ मिल कर छानबीन कर सकते हैं—ऐसा नहीं कि वक्ता हाथ पकड़ कर कदम-कदम पर राह दिखाता हुआ आप को कहीं ले जाएगा, किसी लीडर की तरह नहीं जो अगवाई करे आपकी—क्योंकि जब आज़ादी होती है तो फिर कोई सत्ता या लीडर नहीं होता। आज़ादी तो शुरू में और आखिर में, दोनों जगह ही है, एक सी ही, लेकिन अगर आप शुरू में किसी सत्ता को मान कर चलते हैं, तो नतीजा तो हर हाल में गुलामी ही निकलेगा। तो हमें एक साथ ही आज़ादी के बारे में खोजबीन करनी होगी, मेहरबानी करके समझें इसे। वक्ता आप को यह नहीं बता रहा कि आप को क्या करना है, न ही खुद को कोई रहनुमा बना कर पेश कर रहा है—कितने ही रहनुमाओं को देखा है आपने, उनके बेतुकेपन के साथ, वो सब कर सकते हैं आप—लेकिन अगर आप खोजबीन करते हैं (और उस दौरान कोई आप का रहनुमा नहीं होता) तब हम इस सफ़र पर साथ चल सकते हैं, एक-दूसरे के साथ कदम मिला कर, किसी दूसरे की अगवाई में नहीं। एक सच्चा वैज्ञानिक किसी भी सरकार से जुड़ा नहीं होता, न ही वह किसी कौम का होता है, वह किसी मंजिल की तलाश में नहीं होता। एक सच्चे वैज्ञानिक की तरह, बिना किसी पक्षपात के वह अंत तक अपनी खोज में जुटा रहता है, अपनी शख़्सियत, कौमियत और महत्त्वाकांक्षाओं को कोई हवा दिए बिना।

तो आज़ादी के इस सवाल की छानबीन करते हुए, सिर्फ बौद्धिक तौर पर नहीं बल्कि सचमुच में, पूरे दिलो-दिमाग से, पूरी जान लगा कर। सिर्फ़ आज़ादी में ही आप जी सकते हैं, और सिर्फ आज़ादी में ही वह आकाश, वह स्पेस, खुलता है। फिर उस आज़ादी में मन बड़े आराम से घूम-फिर सकता है, लेकिन वह मन जो आज़ाद नहीं, किसी लालसा या किसी विश्वास से जुड़ा हुआ है, किसी परिवार

या अपने ही खोजे हुए किसी तुच्छ देवी-देवता से बंधा है, ऐसा मन इस आज़ादी से बरसने वाली अद्भुत सुंदरता और प्रेम को कभी नहीं समझ सकता। और यह आज़ादी बिल्कुल सहजता में ही आ सकती है, चुपके से, जब हम संस्कारों को समझने लगते हैं, और जब तक आप अपने ही मज़हब या महत्त्वाकांक्षाओं की चार दीवारी से चिपके हुए हैं, तब तक आप उन संस्कारों के प्रति सजग नहीं हो सकते। संस्कारों की खोजबीन के लिए सबसे पहले तो उनके प्रति सजग होना ज़रूरी है। सजग होने का मतलब है देखना, गौर करना, अपने ही विचारों को देखना, अपने विश्वासों और एहसासों पर ध्यान देना। लेकिन जब हम देखते हैं तो या तो हम उसकी निंदा करने लगते हैं या सफाई देने लगते हैं कि यह तो स्वाभाविक ही है। हम बिना किसी चुनाव के नहीं देखते, हम अपने संस्कारों के प्रति सजग नहीं हैं। हम अपने संस्कारों को अपने चुनाव के ही ज़रिए से जानते हैं, पसंद और नापसंदगी से, क्या है जो कि मज़ेदार है और क्या मज़ेदार नहीं है। सचमुच में हम अपने संस्कारों के प्रति सजग नहीं हैं, वे जैसे भी हैं, उन्हें बिना किसी भी तरफदारी के वैसा ही देखें, ऐसा नहीं हो पाता।

क्या आपने कभी किसी दरख़्त या बादल को ध्यान से देखा है, या फिर किसी पंछी को अपने दलान में या पेड़ की शाख पर बैठे हुए? क्या आपने कभी गौर किया कि असल में क्या होता है? सचमुच में आप क्या महसूस करते हैं जब किसी दरख़्त को देखते हैं, किसी पंछी या बादल को? क्या आप उस बादल को देखते हैं या उस बादल की जो छाप, जो छवि, आपके मन में है उसे देखते हैं? ज़रा पता लगाएं इसका। आप किसी पंछी को देखते हैं और उसे कोई नाम दे लेते हैं, या फिर कहते हैं, 'मुझे यह कतई अच्छा नहीं लगता,' या 'ओह, कितना खूबसूरत पक्षी है।' तो जब आप यह सब कह रहे होते हैं तो इसका मतलब है कि आप असल में उस पंछी को देख ही नहीं रहे, आपके शब्द या आपके विचार, आपकी पसंद या नापसंद—ये सब देखने से रोकते हैं आपको। लेकिन एक चुनावरहित सजगता है, किसी चीज़ को देखना, जो भी आप पहले से जानते हों बिना उसकी किसी दखलंदाज़ी के। क्योंकि किसी के साथ मिलन तो तभी होता है जब आप बिना किसी इनकार या स्वीकार के सुनते हैं, सिर्फ सुनना। ऐसे ही देखिए खुद को ज्यूं का त्यूं, मानो आप किसी आईने में देख रहे हों, जो भी आप असल में हैं, न कि जो आपको होना चाहिए या जो आप होना चाहते हैं। हम देखने की हिम्मत नहीं करते, अगर देखते भी हैं तो यूं कहने लगते हैं, 'कितना भद्दा हूं मैं,' या 'कितना गुस्सैल हूं' वगैरह। देखना, सुनना या गौर करना

सिर्फ तभी संभव है जब आप विचारों और जज़बातों से आज़ाद होते हैं, जब न तो कोई निंदा होती है न ही कोई फैसला सुनाया जाता है।

आपने तो शायद अपने पति या पत्नी को भी उस छवि के बिना नहीं देखा होगा जो आप ने उसके बारे में बना रखी है। कृपा करके इस सबको अपनी ज़िंदगी मे देखें। आपने उसकी एक छवि बना रखी है और उसने आपकी, और इन्हीं छवियों के बीच में ही संबंध होता है, और ये छवियां बरसों की खुशियों, कड़वाहटों, झगड़ों, नाराज़गियों, गुस्से, गिले-शिकवे, आलोचनाओं, निराशाओं व कुंठाओं से बनती हैं। और हम चीज़ों को उन छवियों के ही झरोखे से देखते हैं जो हमने उनके बारे में बना रखे हैं। आप वक्ता को सुन रहे हैं, लेकिन आपने उसकी एक छवि भी बना रखी है, इसलिए आप उस छवि को ही सुन रहे हैं, आप सीधे तौर पर उससे जुड़े हुए नहीं हैं, जीवन में किसी भी चीज़ से नहीं। जब कोई सीधे तौर पर जुड़ता है, तो जानते हैं क्या होता है? बीच के फासले गायब हो जाते हैं, दो लोगों के बीच की दूरियां—वह अवकाश—गायब हो जाता है और इसलिए एक घनी शांति छा जाती है वहां—और यह केवल तभी संभव है जब आज़ादी हो, छवियां बुनते रहने से आज़ादी, मिथों और विचारधाराओं से आज़ादी, ताकि आप सीधे तौर पर जुड़ सकें। जब आप सीधे उससे जुड़ते हैं जो कि असल में है, तभी रूपांतरण हो पाता है, तबदीली अपना रंग लाती है।

आप जानते ही हैं न, जो भी इस दुनिया में चल रहा है। तरह-तरह के तजुर्बे कर रहे हैं लोग, ड्रग्स ले रहे हैं, और जब आप कोई ड्रग या नशीली दवा लेते हैं, तो देखने वाले और देखी जाने वाली चीज़ के बीच का फासला मिट जाता है। आप ने कभी मेज़ पर पड़े फूलों के गुलदस्ते को देखा है? अगर आप ध्यान से देखेंगे तो आपको पता चलेगा कि आपके और देखी जाने वाली उस चीज़ के दरमियान एक फासला है, दूरी है, स्पेस है। वही स्पेस या दूरी ही समय है, और वह दवा रसायनिक तौर पर उस स्पेस, उस दूरी, और समय को बीच से हटा देती है, इसलिए आप कुछ ज़्यादा ही संवेदनशील हो जाते हैं, और उसी संवेदनशीलता की वजह से, आप कहीं ज़्यादा महसूस करने लगते हैं, क्योंकि तब आप सीधे ही उन फूलों से जुड़े होते हैं। लेकिन यह संपर्क तो थोड़े ही समय का होता है, तब आपको वह नशा लेते ही रहना पड़ता है। जब हम ज़रा गौर से देखते हैं तो समझ में आता है कि कितनी बुरी तरह से संस्कारित हैं हम, कितने ही विश्वासों में, उस वहशी की तरह जो न जाने कितने अंधविश्वासों में जकड़ा पड़ा है, और यही सब हमें असलीयत से जुड़ने नहीं देता, बीच में आ

जाता है। लेकिन आप देखेंगे कि अगर आप सीधे तौर पर जुड़े हैं, तो वहां कोई भी देखने वाला नहीं। यह देखने वाला ही तो है जो बांटता है, दूरियां खड़ी करता है।

जब कोई गुस्से में होता है तो ज़ाहिर है कि गुस्सा उस हस्ती से बिल्कुल अलग होता है जो कहती है : 'मैं गुस्से में हूं', यूं गुस्सा देखने वाले से अलग हो जाता है। लेकिन क्या ऐसा है? क्या देखने वाला खुद ही गुस्सा नहीं है? और जब बीच की यह दूरी पूरी तरह खत्म हो जाती है, तो देखने वाला ही उस शै के रूप में सामने आता है जिसे देखा जा रहा है और फिर गुस्से की कोई संभावना ही नहीं बचती। गुस्सा और हिंसा सिर्फ तभी तक मौजूद रहते हैं जब तक देखने वाले और देखी जाने वाली शै के बीच की दूरी बनी रहती है। यह एक बहुत ही पेचीदा सवाल है जिसके लिए एक गहरी छानबीन की, अंतर-झलक और गहरी पैठ की ज़रूरत है। शांति सिर्फ तभी होती है जब सब टकरावों से मुक्ति हो जाती है, और उसी शांति से प्रेम पनपता है। लेकिन तब तक प्रेम के स्वाद को जान पाना मुमकिन नहीं जब तक मन अपने बारे में सजग नहीं होता, और सारे संस्कारों को पोंछ नहीं डालता, और आज़ाद नहीं हो जाता।

नई दिल्ली,
19 नवंबर 1967

27

आज़ादी का यह सफर पूरी तरह अपने ही बलबूते पर करना होगा

जैसे कि हमने पहले भी कहा कि इनसान की मूल रूप से दो ही समस्याएं हैं : आज़ादी और प्रेम। आज़ादी का मतलब है व्यवस्था, एक तरतीब। पर व्यवस्था, सामाजिक व्यवस्था, तो अब अफरा-तफरी बनी हुई है, एक बिखराव, टकरावों में फसी हुई, यह अव्यवस्था है। जैसा कि आप समाज में देखते हैं जिसमें कि हम रहते हैं, जिसे हम व्यवस्था कहते हैं असल में वह अव्यवस्था है क्योंकि वह हिंसा से भरी है। हर आदमी दूसरे के साथ मुकाबले में खड़ा है, एक दूसरे को बरबाद करने वाली होड़ में, वहशीपन फैला है चारों तरफ, जो कुल मिलाकर अव्यवस्था ही है। जंग, नफरत, महत्त्वाकांक्षाएं, सब अव्यवस्था है, अफरा-तफरी है, और हमने इस अफरा-तफरी को ही व्यवस्था मान लिया है, है न? हमने इस नैतिकता को, सामाजिक नैतिकता को, व्यवस्था मान लिया है, लेकिन जब आप नज़दीक से देखते हैं तो वह अव्यवस्था है, अफरा-तफरी। मेरे ख्याल से यह एकदम साफ है, अगर आपको आपकी सहूलतों ने या परंपराओं ने बिल्कुल ही अंधा ना कर दिया हो तो यह एकदम साफ दिखेगा।

क्या उसके बारे में सजग हुआ जा सकता है और क्या वह सजगता एक मूलभूत क्रांति ला पाएगी—अभी! आज़ादी का मतलब किसी चीज़ से आज़ादी नहीं है—मेहरबानी करके इस बात को समझें, हमने मुश्किल मामलों में हाथ डाला है और किसी वस्तु की व्याख्या तो असल में वह वस्तु नहीं होती, बदकिस्मती से हम यही समझते हैं कि व्याख्या के ज़रिए हम किसी वस्तु को समझ जाते हैं, लेकिन ऐसा होता नहीं। व्याख्या एक चीज़ है और असलीयत बिल्कुल दूसरी। दरख़्त शब्द तो दरख़्त नहीं है, लेकिन हम शब्द को दरख़्त के साथ गड्डमड्ड

कर लेते हैं। तो आज़ादी, जिसे हम आज़ादी कहते हैं, वह किसी चीज़ से आज़ादी है : गुस्से से आज़ादी, हिंसा से आज़ादी, घोर निराशा से आज़ादी। और जब आप किसी चीज़ से आज़ाद होते हैं तो क्या आप सचमुच ही आज़ाद होते हैं? मेहरबानी करके अपने ही अंदर इस सच्चाई को देखें, उसकी गहराई में जाएं। या फिर आज़ादी किसी चीज़ से आज़ादी नहीं है, बिल्कुल ही कोई दूसरी चीज़ है? किसी चीज़ से मुक्त होना तो एक प्रतिक्रिया है और प्रतिक्रिया तो अनंत काल तक खुद को दोहराती रह सकती है। लेकिन जिस आज़ादी की हम बात कर रहे हैं वह बिल्कुल ही अलग चीज़ है, मुकम्मल आज़ादी का एक एहसास—किसी चीज़ से नहीं। जो है उसके प्रति सजगता के एहसास का मतलब है किसी चीज़ के सारे तानेबाने को समझते हुए उससे आज़ाद होना, स्वाभाविक ही ऐसी सजगता आज़ादी ले कर आती है जो प्रतिक्रिया नहीं होती।

सजगता मन की एक ऐसी दशा है जो देखती रहती है, बिना किसी निंदा या सफाई के, बिना किसी मंजूरी या नामंजूरी के—वह सिर्फ देखती है गौर से। जब आप जज़बाती हड़कंप से गुज़र रहे होते हैं तो यह और भी मुश्किल हो जाती है, जब आपकी सुरक्षा, आपका परिवार, आपके मत-विचार, आपके विश्वास और निष्कर्ष सब डांवाडोल हो रहे हों—और वे तो होंगे ही। यहां कुछ भी ऐसा नहीं है जो सुरक्षित हो, हर चीज़ बदल रही है और हम इस तबदीली को मानने के लिए तैयार नहीं, इसीलिए खुद ही में उलझे हुए हैं। इसलिए जब हम एकदम शांत होकर अपने संसार को गौर से देखते हैं, तो उस देखने भर से, उस अवलोकन से ही आज़ादी आती है—किसी चीज़ से आज़ादी नहीं। क्या यह बात एकदम साफ समझ में आ रही है?

पता नहीं आप बात को समझ पा रहे हैं या नहीं। 'मैं मौत से डरा हुआ हूं', लेकिन वह तो आनी ही है, कल, कल नहीं तो परसों, वह तो अपने समय पर अटल है। जो असल में है और जो होगा उसके बीच में एक फासला है। विचार को इस दशा का अनुभव है, उसने मौतें देखी हैं, वह कहता है : मुझे भी मरना होगा, मौत आएगी। विचार ही मौत का डर खड़ा करता है, और अगर वह नहीं करता, तो क्या कहीं कोई डर है? तो क्या डर विचार का ही परिणाम है?। क्योंकि विचार पुराना है, डर भी हमेशा पुराना ही रहता है। थोड़ा ध्यान से देखें इसे। विचार पुराना है, कोई भी सोच नई नहीं। अगर आप किसी नए विचार को पहचान लेते हैं तो इसका मतलब कि वह पहले से मौजूद है, पुराना है। तो हम सिर्फ पुराने के दोहराव से ही घबराए हुए हैं, विचार भविष्य पर वही

थोप देता है जो कभी रहा था। तो विचार ही डर की वजह है, यह ऐसा ही है, आप खुद इसे देख सकते हैं, जब आप तुरंत किसी चीज़ का सामना करते हैं, तो कोई डर-खौफ नहीं होता। वह तो जब विचार बीच में आ घुसता है, तभी डर भी उभरता है। तो हमारा सवाल यह है कि क्या मन के लिए इतनी भरपूरता से जीना संभव है, पूरी तरह से वर्तमान में बने रहते हुए, कि वहां न तो कोई अतीत हो और न ही कोई भविष्य? सिर्फ ऐसा ही मन है जिसे कोई डर नहीं होता। लेकिन इसे समझने के लिए आपको विचार के तानेबाने को, समय और यादों को समझना होगा। और इसे समझे बिना, सिर्फ़ ज़बानी-कलामी नहीं, बौद्धिक रूप से नहीं, बल्कि पूरे दिलो-दिमाग से, सब कुछ उसमें झोंकते हुए, इसके बिना कोई आज़ादी नहीं। परंतु जब पूर्ण आज़ादी होती है तो मन कोई डर खड़ा किए बिना विचार का इस्तेमाल कर सकता है।

इसलिए डर से मुक्ति तो एकदम ज़रूरी है। आज़ादी एकदम ज़रूरी है, क्योंकि अगर आज़ादी नहीं होगी तो कोई व्यवस्था नहीं होगी, अमन-चैन नहीं होगा, इसलिए कहीं प्यार भी नहीं होगा। लेकिन जब प्रेम होता है तो आप जो चाहें कर सकते हैं। तब कोई पाप नहीं होता, कहीं कोई टकराव खड़ा नहीं होता। लेकिन प्रेम और आज़ादी को समझने को लिए हमें आज़ादी को कुछ इस तरीके से समझना होगा जो सिर्फ ज़बानी-कलामी ना हो, और ऐसी आज़ादी केवल अव्यवस्था को समझ लेने पर ही आती है। और यह अव्यवस्था, यह अफरा-तफरी तभी समझ में आती है जब आप विचार के सारे तानेबाने को उसके स्वभाव को समझ लेते हैं, वक्ता के हिसाब से नहीं, न ही किसी मनोवैज्ञानिक के मुताबिक—जब आप उनके हिसाब से समझते हैं तो अपने आप को नहीं समझते, तब आप किसी अथॉरिटी या माहिर के हिसाब से समझते हैं। खुद को समझने के लिए सभी विशेषज्ञों-माहिरों को पूरी तरह से एक तरफ करना होगा। मेहरबानी करके सहमति मत दिखाएं, यह सहमति महज़ लफ्फाज़ी है, कोरी शाब्दिक, इसके कुछ मायने नहीं, बल्कि यह जानिए कि क्यों यह इतना महत्त्वपूर्ण है, क्योंकि इन सभी माहिरों ने, धर्म ग्रंथों ने, किताबों ने, गुरुओं और आपके मज़हबी लीडरों ने आपको निराशा की इस घोर दलदल में ला फँसाया है, अकेलेपन, दुख और उलझनों के जाल में। आप उन के मुताबिक चले हैं या कम से कम ऐसा दिखाते ज़रूर रहे हैं कि आप उन के हिसाब से चल रहे हैं, लेकिन अब आप को यह सफ़र अपने ही बूते पर करना होगा, यहां कोई रहनुमा नहीं जो आपको राह दिखाएगा, जो आपको किसी ऐसे आनंद की तरफ ले जाएगा जो किसी किताब

या किसी मंदिर-मस्जिद में मिलने वाला नहीं। आपको यह सफ़र पूरी तरह अपने ही बलबूते पर करना होगा। आप किसी पर भरोसा नहीं कर सकते, क्यूं आप किसी पर भरोसा करें? क्यूं किसी माहिर के भरोसे रहें? आप कहते हैं, 'मैं उलझा हुआ हूं,' 'मुझे कुछ पता नहीं,' 'आप जानते हैं, तो कृपा करके बताईए।' क्या मतलब है इसका। आप अपनी उलझन से भाग रहे हैं, अपनी उलझन को समझने के लिए आप किसी दूसरे की तरफ नहीं देख सकते कि वह आप को आपकी उलझनों से छुड़ाए। यह उलझाव तो आया ही इसलिए है कि वहां बाहर एक अथारटी खड़ी कर रखी है आपने—कोई माहिर—उसी की वजह से यह हाल है। देखिए इसे, यह एकदम सीधी-सी बात है, बिल्कुल साफ।

नई दिल्ली,
23 नवंबर 1967

28

आज़ादी और व्यवस्था

व्यवस्था के बिना आज़ादी का होना संभव ही नहीं। वे दोनों साथ-साथ जुड़े हैं। अगर आपके भीतर व्यवस्था नहीं तो आज़ादी हो नहीं सकती। इन दोनों को अलग नहीं किया जा सकता। अगर आप कहते हैं, 'मैं तो जो जी में आएगा करूंगा, जब जी में आएगा तो खाना खाऊंगा, जब मन करेगा तो क्लास में आऊंगा' तो आप अव्यवस्था फैला रहे हैं। आपको दूसरों की ज़रूरतों का भी ख्याल रखना होगा। सब कुछ ठीक-ठाक चलता रहे इस के लिए आपको समय पर आना होगा। अगर मैं आज दस मिनट देरी से आता तो आप सब को मेरी इंतज़ार करनी पड़ती। तो मुझे इन बातों का ख्याल रखना ही होगा। मुझे दूसरों के बारे में सोचना ही होगा। मुझे विनम्र होना होगा, एक ज़िम्मेदार आदमी, जिसे दूसरों का भी कुछ ख्याल हो। उसी ज़िम्मेदारी से, सजगता और मननशीलता से ही—भीतरी और बाहरी दोनों ही—तो व्यवस्था आती है और उसी व्यवस्था से ही आती है आज़ादी।

आप जानते ही हैं कि दुनिया भर में सिपाही रोज़ ड्रिल करते हैं, उन्हें बताया जाता है कि क्या करना है, लाईन में चलना है वगैरह। वे सिर्फ हुक्म का पालन करते हैं, ज़ाहिर है कि बिना कुछ सोचे समझे। क्या आप जानते हैं क्या असर होता है आदमी पर उसका? अगर आपको यह बताया जाए कि क्या करना है, क्या सोचना है, हुक्म मानने के लिए या किसी के पीछे चलने के लिए आपको मजबूर किया जाए तो क्या असर होगा इसका आप पर। आपका दिमाग जड़ हो जाएगा, पहलकदमी की उसकी क्षमता खो जाएगी, फुर्ती खत्म हो जाएगी। ऐसा बाहरी, थोपा गया अनुशासन मन को भोंदू बना डालता है, आपको लकीर का फकीर बना डालता है, दूसरों की नकल करने को मजबूर कर देता है। लेकिन अगर आप देखते, सुनते, सोचते, समझते हुए खुद को अनुशासित करते हैं—तो

उस जागरूकता से, सुनने से, दूसरों का ख्याल रखने से ही व्यवस्था आती है। और जहां व्यवस्था होती है वहां हमेशा आज़ादी होती है। अगर आप चीख-चिल्ला रहे हैं, अपनी ही बातों में लगे हैं तो आप दूसरों की बात नहीं सुन सकते। सिर्फ तभी आप ठीक से सुन सकते हैं अगर शांत हो कर बैठ जाएं, और उस तरफ ध्यान दें।

अगर आप देखने-सुनने के लिए, दूसरों की तरफ ध्यान देने के लिए मुक्त नहीं हैं तो आपके भीतर व्यवस्था भी नहीं आ सकती। व्यवस्था और आज़ादी का यह मसला जीवन की सबसे बड़ी चुनौतियों में से एक है। यह एक बेहद पेचीदा मामला है। इस पर बहुत ध्यान देने की ज़रूरत है, गणित, भूगोल या इतिहास से भी ज्यादा। अगर आप सचमुच में ही आज़ाद नहीं तो आप कभी खिल नहीं सकते, न ही अच्छाई आप में फल-फूल सकती है, न ही कोई सुंदरता। पंछी अगर आज़ाद नहीं है तो वह उड़ नहीं पाएगा। बीज अगर फूटने के लिए, धरती से बाहर आने के लिए आज़ाद नहीं तो वह जी नहीं सकता। हर शै को आज़ादी चाहिए, आदमी के समेत। इनसान तो आज़ादी से डरा हुआ है। वह आज़ादी नहीं चाहता। पंछी, पौधे, नदियां सब आज़ादी चाहते हैं, और आदमी को भी इसकी मांग उठानी होगी, आधे-अधूरे मन से नहीं, बल्कि पूरे दिल से। आज़ादी, स्वाधीनता, आदमी जो सोचता है उसे कहने की, जो वह करना चाहता है उसकी आज़ादी, यह जीवन की सबसे महात्त्वपूर्ण चीज़ों में से है। गुस्से, जलन, निर्दयता और वहशीपन से सचमुच में आज़ाद हो जाना—अपने भीतर सचमुच में मुक्त होना—यह सबसे मुश्किल और खतरनाक चीज़ों में से है।

महज़ मांगने से ही आज़ादी नहीं मिल सकती। आप यह नहीं कह सकते, 'मुझे जो जी में आए वह सब करने की आज़ादी होनी चाहिए।' क्योंकि दूसरे भी लोग हैं जो आज़ादी चाहते हैं, जो वह महसूस करते हैं उसे अभिव्यक्त करना चाहते हैं, जो चाहते हैं वह करना चाहते हैं। हर कोई आज़ादी चाहता है, सभी अपनी-अपनी बात कहना चाहते हैं—अपने गुस्से, वहशीपन, होड़ और लालसाओं का इज़हार करना चाहते हैं। इसीलिए हर वक्त कलह रहती है, जंग छिड़ी रहती है। आप कुछ करना चाहते हैं और मैं भी कुछ करना चाहता हूं और हम झगड़ते है, लड़ते हैं। आज़ादी जो जी में आए वह करने का नाम नहीं है, क्योंकि आदमी सिर्फ अपने में ही सिमट कर नहीं जी सकता। यहां तक कि कोई साधु-संन्यासी भी जो मन में आए वह करने के लिए आज़ाद नहीं है, क्योंकि उसे भी अपनी ख्वाहिशों को पूरा करने के लिए लड़ना पड़ता है, अपने आप से ही जद्दोजहद

करनी पड़ती है, खुद को समझाना पड़ता है। आज़ादी के लिए तो गज़ब की समझदारी चाहिए, संवेदनशीलता, सूझबूझ। लेकिन फिर भी हर इनसान के लिए आज़ादी एकदम लाज़िमी है, चाहे उसका संबंध किसी भी तहज़ीब या संस्कृति से हो। तो आपने देखा, व्यवस्था के बिना आज़ादी संभव ही नहीं हो सकती।

विद्यार्थी : क्या आप यह कहना चाहते हैं कि आज़ादी के लिए किसी तरह का कोई अनुशासन नहीं चाहिए?

कृष्णमूर्ति : मैंने बड़े ध्यान से इसकी व्याख्या की है कि व्यवस्था के बिना कोई आज़ादी नहीं हो सकती और व्यवस्था अनुशासन है। मैं इस अनुशासन शब्द का इस्तेमाल नहीं करना चाहता क्योंकि यह हर तरह के अर्थों से लदा पड़ा है। अनुशासन का मतलब है पिछलग्गूपन, नकल, हुक्म बजाना, यानी कि वही करना जो आपको कहा जाए, ऐसा नहीं क्या? लेकिन अगर आप आज़ाद होना चाहते हैं—और आदमी को तो हर हाल में आज़ाद होना ही चाहिए, वरना वे खिल ही नहीं सकते, असली इनसान तो हो ही नहीं सकते। आप को खुद ही यह पता लगाना होगा कि व्यवस्थित होने का मतलब क्या है, समय की पाबंदी क्या है, दयालू, उदार और निडर होने के क्या अर्थ हैं। इस सब की खोज ही अनुशासन है। इसी से व्यवस्था आती है। ढूंढ निकालने के लिए, पता लगाने के लिए खोजबीन करनी होगी और खोजबीन के लिए आज़ादी ज़रूरी है। अगर आप ज़िम्मेदार हैं, देखते हैं, सुनते हैं, तब, क्योंकि आप आज़ाद हैं, आप समय पर आएंगे, क्लास में रैगुलर होंगे, ठीक से पढ़ेंगे, इतने जीवंत होंगे आप कि आप हर चीज़ को ठीक तरह से करना चाहेंगे।

विद्यार्थी : आपने कहा कि आज़ादी आदमी के लिए बहुत खतरनाक है। ऐसा क्यूं?

कृष्णमूर्ति : आज़ादी खतरनाक क्यों है? आपको पता है कि समाज क्या है?

विद्यार्थी : लोगों का एक बड़ा समूह है जो आपको बताता है कि ऐसा करो और वैसा मत करो।

कृष्णमूर्ति : यह लोगों का एक बड़ा ग्रुप है जो आपको बताता है कि ऐसा करो और वैसा मत करो। इसमें रस्मो-रिवाज भी शामिल हैं, संस्कृति व तहजीब भी, किसी भाईचारे की आदतें, सामाजिक, नैतिक, धार्मिक और सदाचार के नियमों का ढांचा जिसमें आदमी रहता है, इसी को तो समाज कहा जाता है। अब अगर समाज का हर आदमी अपनी ही मनमर्जी करने लगे, तो वह समाज के लिए खतरा बन जाएगा। अगर यहां स्कूल में आप अपनी मनमानी करने लगें, तो क्या होगा?

बाकी स्कूल के लिए आप खतरा बन जाएंगे। होगा कि नहीं? तो आमतौर पर लोग यह नहीं चाहते कि दूसरे लोग भी आज़ाद हों। वह आदमी जो सचमुच ही आज़ाद है, ख्यालों में नहीं, बल्कि अपने अंदर से लोभ, ईर्ष्या, लालसा और निर्दयता से मुक्त है, उसे दूसरे लोगों के लिए खतरनाक माना जाता है, क्योंकि वह आम लोगों से बिल्कुल हट कर होता है—एकदम अलग। तो समाज या तो उसकी पूजा करने लगता है या मार डालता है या फिर नज़रअंदाज़ कर देता है।

विद्यार्थी : आपने कहा कि आज़ादी और व्यवस्था ज़रूरी हैं, लेकिन कैसे हम उन्हें हासिल करें?

कृष्णमूर्ति : सबसे पहली बात तो यह है कि आप दूसरों पर निर्भर नहीं कर सकते, आप किसी दूसरे से उम्मीद नहीं कर सकते कि वह आपके लिए आज़ादी या व्यवस्था लाएगा, भले वह आपके माता-पिता हों, आपका पति या कोई अध्यापक। आपको खुद ही इसे अपने भीतर जगाना होगा। सबसे पहले तो इस बात का एहसास हो जाना चाहिए कि आप दूसरों से रोटी, कपड़े और रिहायश के सिवा किसी और चीज़ की मांग नहीं कर सकते। कोई भी आपकी झोली में आज़ादी या व्यवस्था ला कर नहीं डाल सकता। देवी-देवताओं से आप इसकी मांग नहीं कर सकते, किसी के मुंह की तरफ नहीं देख सकते आप। तो आपको ही पता लगाना होगा कि कैसे आप खुद में एक व्यवस्था स्थापित करें। जिसका मतलब है कि आपको खुद ही यह देखना और पता लगाना होगा कि खुद में नेकी के बीज बोने के क्या मायने हैं। क्या आप जानते हैं कि नेकी क्या है, अच्छा या नैतिक होना क्या है? नेकी व्यवस्था है, तरतीब है। तो आपको खुद ही में यह ढूंढना होगा कि कैसे अच्छा हुआ जाए, रहमदिल हुआ जाए, कैसे दूसरों के प्रति ज़िम्मेदार हुआ जाए। और उसी ज़िम्मेदारी से, उस सारी सजगता से ही आपके भीतर व्यवस्था आती है और आज़ादी भी। आपको क्या करना चाहिए, खिड़की के बाहर नहीं झांकना चाहिए या समय पर आना चाहिए या रहमदिल होना चाहिए, इन बातों के लिए आप दूसरों पर निर्भर हैं। लेकिन अगर आप यह कहते हैं, 'मैं जब चाहूंगा खिड़की से बाहर झांकूंगा लेकिन जब मैं पढ़ूंगा तो मैं किताब पर ध्यान दूंगा,' तो आप अपने आप में एक व्यवस्था स्थापित करते हैं बिना दूसरों के बताए।

विद्यार्थी : आज़ाद होने का फायदा क्या है, क्या मिलेगा हमें?

कृष्णमूर्ति : कुछ भी नहीं। जब आप फायदे की बात करते हैं, तो आप बस व्यापार की भाषा में ही सोच रहे हैं, ऐसा है या नहीं? मैं ऐसा करूंगा और

मेहरबानी करके उसके बदले में मुझे कुछ तो दीजिए। मैं आपके साथ हमदर्दी से पेश आता हूं क्योंकि यह मेरे लिए फायदेमंद है। लेकिन यह तो कोई हमदर्दी ना हुई। जब तक हम कुछ हासिल करने की ही सोचते रहते हैं, कोई आज़ादी मुमकिन नहीं। अगर आप यह कहते हैं, अगर मैं आज़ाद हो जाता हूं, तो मैं यह या वह काम करने के समर्थ हो जाऊंगा, तो यह आज़ादी नहीं। तो फायदे की भाषा में मत सोचें। जब तक हम इस्तेमाल की ही भाषा में सोचते हैं, तो आज़ादी का कोई सवाल ही पैदा नहीं होता। आज़ादी तो सिर्फ तभी होती है जब कोई मकसद या उद्देश्य नहीं होता। आप किसी को इसलिए प्यार नहीं करते कि वह आपको खाना, कपड़े या रहने की जगह देता है। अगर ऐसा है तो वह प्यार नहीं।

कृष्णमूर्ति : 'शिक्षा संवाद'—अध्याय 4 से

29

आज़ादी और दायरा

मैं समझ गया कि आज़ादी जो कि कोई फार्मूला नहीं, कोई निष्कर्ष नहीं, ऐसी आज़ादी के लिए चिंता, या सरोकार तो असल में आज़ादी नहीं। ठीक? अब मन यह पूछता है, 'अगर ऐसा नहीं है तो फिर आज़ादी क्या है?' तो फिर वह कहता है, 'मुझे नहीं पता।'

वह जानता है कि इस न जानने में भी कहीं जानने की उम्मीद छुपी है। जब मैं यह कहता हूं कि मुझे नहीं पता कि आज़ादी क्या है, वहां एक इंतज़ार है, खोज लेने की एक उम्मीद। जिसका मतलब है कि मन सचमुच यह नहीं मानता कि उसे नहीं पता, उसे इंतज़ार रहता है कि कुछ घटेगा, कुछ होगा।

मैं इसे देख लेता हूं और इसे रद्द कर देता हूं।

अब, मैं सचमुच ही नहीं जानता।

अब मुझे न कोई इंतज़ार है, न ही कोई उम्मीद। कुछ घटेगा, या कोई बाहरी ताकत कोई हल ले कर आएगी, ऐसी कोई आशा अब नहीं। किसी भी चीज़ की आस लगाए नहीं बैठा मैं। बस तभी वह सामने आता है, यही सूत्र है।

मैं जानता हूं कि यह 'वह' नहीं। यहां कोई आज़ादी नहीं। एक सुधार तो है लेकिन आज़ादी नहीं। सुधार से कभी आज़ादी नहीं आती। इनसान इस विचार को सिरे से ही रद्द कर देता है कि वह कभी आज़ाद हो ही नहीं सकता, वह बगावत करता है उस ख्याल के खिलाफ कि इसी संसार में जीना उसका मुकद्दर है। यह कोई बुद्धि नहीं है जो बगावत करती है, बल्कि सारा का सारा वजूद, एक मुकम्मल सूझ, समग्र बोध। ठीक? इसीलिए उसकी समझ कहती है कि यह तो 'वह' नहीं, मुझे नहीं पता कि आज़ादी क्या है। न ही मुझे किसी चमत्कार की उम्मीद है, न ही कोई आस है और न ही मैं आज़ादी को पाने की

कोशिश ही करता हूं। सचमुच ही मुझे नहीं पता। वह न-जानना ही आज़ादी है। जानना जेल है। तार्किक रूप से यह सत्य है।

मुझे नहीं पता कि कल क्या होगा। इसलिए मैं अतीत से मुक्त हूं, आज़ाद हूं उस दायरे से।

उस दायरे को जानना जेल है, और उसे न जानना भी जेल है।

देखिए श्रीमान, कल का मुझे पता है। मैं जानता हूं कल क्या हुआ था। कल क्या हुआ था यह जानना ही तो जेल है।

इसलिए वह मन जो न-जानने की अवस्था में जीता है, वही आज़ाद मन है। ठीक?

परंपरावादियों की गलती यही है कि वे कहते हैं, ‘कहीं जुड़ें मत।’ वे संबंधों को नकारते हैं। वे संबंधों की समस्या को सुलझा नहीं पाते, और कहने लगते हैं, ‘बेलगाव रहो’, ‘आसक्ति मत रखो’, इसलिए वे अलगाव में भटक जाते हैं।

इस दायरे के ज्ञान में जीना जेल में जीना है। और इस जेल को न जानना भी आज़ादी नहीं।

इसलिए वह मन जो जाने हुए में जीता है, ज्ञात में जीता है, वह हमेशा कैद में है। यही सच्चाई है।

क्या मन यह कह सकता है कि मैं नहीं जानता, जिसका मतलब है अतीत का अंत? निरंतरता का ज्ञान ही तो जेल है।

प्रश्न : इसके लिए तो एकदम निर्मम होना होगा।

कृष्णमूर्ति : निर्मम मत कहिए। इसके लिए तो गज़ब की कोमलता चाहिए। जब मैं कहता हूं कि सचमुच मैं नहीं जानता, तो सच में ही मैं नहीं जानता। बात खत्म। देखिए इससे क्या होता है। यही है असली विनम्रता, एक सच्चा तप। फिर अतीत का अंत हो जाता है। इसलिए जिसने अतीत का अंत कर दिया हो, वही असल में नयी शुरुआत करता है। इसलिए उसे एकदम सादा होना होगा। सच में ही मैं नहीं जानता, कितनी गज़ब की चीज़ है यह। मुझे नहीं पता, हो सकता है कल मैं मर जाऊं। इसलिए कभी कोई निष्कर्ष निकालने की संभावना ही नहीं, यानी बोझा ढोने की ज़रूरत ही नहीं। जानना ही बोझ है।

प्रश्न : क्या कोई इस बिंदू पर पहुंच कर रुक सकता है वहां?

कृष्णमूर्ति : रुकना नहीं है।

प्रश्न : मन फिर वहीं लौट आता है। शब्द सिर्फ एक हद तक ही जा सकते हैं। जहां से वापिसी की कोई राह ही नहीं।

कृष्णमूर्ति : थोड़ा धीमे। इस तरह से नहीं......। हम ने यह सब देखा, वह आदमी जो ममता, आसक्ति छोड़ने की बात करता है, और उसे भी देखा जिसने आत्मा नाम की कोई चीज़ ईजाद कर ली है। हम यह कह रहे हैं, 'देखो, दोनों ही गलत हैं। इस दायरे में तो कोई आज़ादी है ही नहीं।'

फिर हम पूछते हैं, 'क्या कहीं कोई आज़ादी है भी?' मैं कहता हूं, 'सच में मुझे नहीं मालूम'। इसका मतलब यह नहीं कि मैं अतीत को भूल गया हूं। जब मैं कहता हूं, 'मुझे नहीं मालूम', उसमें अतीत का कुछ शुमार नहीं, न ही उसका इस्तेमाल किया गया है, न ही उसे रद्द किया गया है।

वह तो बस इतना ही कहता है, 'अतीत के दायरे में कोई आज़ादी नहीं है'। अतीत ज्ञान है, अतीत एक भंडार है, अतीत बुद्धि है। इस सब में कहीं आज़ादी नहीं।

इस सवाल के जवाब में कि क्या सचमुच कहीं कोई आज़ादी है, आदमी कहता है, 'मैं सचमुच ही नहीं जानता'।

प्रश्न : लेकिन दिमाग के तंतुओं का वह ढांचा तो बना ही रहता है।

कृष्णमूर्ति : उनमें एक अद्भुत लोच आ जाती है—गज़ब की संवेदनशीलता। इसी लचीलेपन से वे नकारते हैं, स्वीकारते हैं, एक गतिशीलता रहती है।

प्रश्न : हम किसी चीज़ को ऐक्शन के रूप में—देखते हैं। हमें बस गतिविधिओं का ही पता है। हम उन्हें छोड़ नहीं सकते। वो चलती रहती हैं। सारी गतिविधिओं को छोड़ देने पर तो ऐक्शन के रास्ते में रुकावट नहीं रह जाती। रोज़मर्रा की ज़िंदगी तो चलती ही रहती है।

कृष्णमूर्ति : क्या आप पूछ रहे हैं कि ऐक्शन क्या है? वह आदमी जो नहीं जानता उसके लिए ऐक्शन क्या है? जो जानता है वह सब कुछ ज्ञान ही के धरातल से करता है, उसके ऐक्शन, उसकी गतिविधियां हमेशा एक दायरे में—कैदखाने में—बंधी रहती हैं, उसी दायरे को वो भविष्य पर भी थोपती चली जाती हैं। यह सब कुछ हमेशा जाने हुए के दायरे में ही बना रहता है।

मद्रास,

16 जनवरी 1971

ट्रैडीशन एंड रेवल्यूशन

30

क्या मन सोच-विचार की यांत्रिक गति से आज़ाद हो सकता है?

तो हम यह कैसे जानें कि आज़ादी क्या है? जुल्म या डर-भय से आज़ादी नहीं, उन छोटी-छोटी चीज़ों से आज़ादी नहीं जिनकी चिंता हमें घेरे रहती है, बल्कि उस बुनियाद को ही उखाड़ फेंकना जिस पर भय का सारा ढांचा खड़ा है, जहां से हमारे सारे टकराव पैदा होते हैं, अपने वजूद की जड़ों से जहाँ यह भयानक टकराव छिपे हैं, सुख के पीछे की यह डरावनी दौड़ जहाँ से शुरू होती है, सारे देवी-देवता अपने पंडे-पुजारियों और चर्च व मठों समेत जहाँ से निकले हैं—इस सारे झमेले को आप अच्छी तरह से जानते हैं, मसला इन सबसे आज़ाद होने का है। मुझे लगता है कि हमें खुद से ही यह पूछना होगा कि क्या हम एक सतही आज़ादी चाहते हैं, बस ऊपर-ऊपर से, या फिर अपने वजूद की तह तक आज़ाद होना चाहते हैं, बिल्कुल धुरी से। सारे जीवन के ऐन मूल में उतर कर अगर आप यह जानना चाहेंगे कि आज़ादी क्या है तो आपको विचार के बारे में सीखना होगा। अगर यह सवाल एकदम साफ है, ज़बानी-कलामी नहीं, न ही किसी धारणा के रूप में जो आप किसी व्याख्या से जुटा लेते हैं, बल्कि यदि आप यह महसूस करते हैं, देख लेते हैं कि विचार के बारे में सीखना सचमुच, पूरी तरह से लाज़िमी है, तब हम साथ-साथ चल सकते हैं। क्योंकि अगर हम इसे समझ लेते हैं तो सब सवालों के जवाब हमें मिल जाएंगे।

तो हमें पता लगाना होगा कि सीखना क्या है। सबसे पहले तो मैं यह सीखना चाहूंगा कि क्या विचार से आज़ाद हुआ जा सकता है—यह नहीं कि विचार का इस्तेमाल कैसे करना है, यह अगला सवाल है। लेकिन क्या मन कभी विचारों से आज़ाद होता है? इस आज़ादी का अर्थ क्या है? हम सिर्फ एक ही आज़ादी

को जानते हैं, वह है किसी चीज़ से आज़ाद होना—भय से आज़ाद होना, किसी चिंता से, दर्जनों बातें हैं ऐसी, यह नहीं तो वह। क्या कोई ऐसी आज़ादी है जो किसी शै से आज़ादी नहीं, बस अपने-आप में आज़ादी है, असल में? और इस सवाल का जवाब क्या विचार पर निर्भर करता है? या आज़ादी विचार का न होना है? समझे? और सीखने का मतलब है तुरंत बोध, इसलिए सीखने के लिए समय की ज़रूरत नहीं पड़ती। पता नहीं आप इसे देख पा रहे हैं या नहीं। मेहरबानी करके समझें, यह बहुत ही महत्त्वपूर्ण है, एकदम दिलकश!

सीखने में समय लगता है। किसी भाषा को सीखने में, कोई तकनीक या कोई तरीका सीखने में, कोई सूचना इकट्ठी करने में, मकैनिक्स के बारे में जानने या ऐसी ही दूसरी चीज़ों मे समय लगता है, महीनों या बरसों लग जाते हैं। पियानो, वायलिन या भाषा सीखने के लिए तो काफी कुछ याद रखना पड़ता है, प्रैक्टिस करनी पड़ती है, जानकारियां जमा करनी पड़ती हैं, बाद में जिनका इस्तेमाल हो सके, हम सब इसी में तो लगे हुए हैं, सारी आदम जात को बस इसी में दिलचस्पी है, क्योंकि इससे उन्हें सत्ता मिलती है, रोज़गार मिलता है, रुतबा वगैरह मिलता है। और मैं खुद से कहता हूं कि सीखना तो तुरंत होना चाहिए—एकदम से, सीखने का मतलब है देखना और उस पर अमल करना, देखने और करने के दरमियान कोई फासला नहीं होता—ऐसा नहीं कि पहले देखें और फिर थोड़ा गैप-फासला और उसके बाद में ऐक्शन। जी हां, भाषा को सीखने के लिए तो समय चाहिए। क्या आज़ाद होने के लिए भी समय चाहिए? समझे आप? क्या यह देखने के लिए भी मन को समय चाहिए कि जब तक वह विचार के ही दायरे से सरगर्मी करता है तब तक कोई आज़ादी संभव नहीं, भले ही वह कितना ही विशाल क्यों न हो, उसमें छुपी सामग्री भले कितनी ही शानदार या सही क्यों न हो? क्या इस सच्चाई को देखने के लिए भी समय चाहिए कि आज़ादी को किसी पैटर्न में बांधा नहीं जा सकता, ठीक? क्या इस सच को देखने के लिए भी आप समय लगाएंगे? आप मेरे सवाल को समझे या नहीं? देखिए, आप ने विस्तार से मुझे समझाया कि विचार ने दुनिया में क्या कर डाला है, आपने यह भी समझाया कि एक तरह का नया ढांचा, जो विचार पर ही आधारित होगा, बिल्कुल ही अलग तरह के बर्ताव को अमल में लाने में मददगार साबित होगा। आप की उस सारी व्याख्या और मेरे मान लेने में, उस सारी तार्किक प्रक्रिया और शाब्दिक संवाद में, शब्दों के उस सारे आदान-प्रदान में जिनका वहां इस्तेमाल हुआ, जिनसे मैं भी बाखूबी वाकिफ था, उस सब में समय तो लगता ही है, ठीक? और उस

सब के अंत में मन तो अभी भी आज़ाद नहीं, अभी भी उसी पैटर्न में उलझा है। क्या हम एक-दूसरे को समझ पा रहे हैं? और आपने यह भी बताया कि आज़ादी क्या है यह सीखने में समय नहीं चाहिए, तुरंत होती है वह, समय तो विचार है और आज़ादी को समझने के लिए समय का इस्तेमाल हरगिज़ मत करें। तो मैं खुद से कहता हूं, क्या कह रहा है यह आदमी? मेरी समझ में कुछ नहीं आता, कुछ पल्ले नहीं पड़ता, क्योंकि मेरे पास एक ही तो साधन है और वह है विचार। सही-गलत तरीके से मैंने इसका इस्तेमाल किया है, कभी शैतानी भरे ढंग से तो कभी भलमनसी से, लेकिन है मेरे पास सिर्फ यही एक साधन। और आप मुझ से कहते हैं कि उसे ही एक तरफ कर दूं। विचार की गतिविधिओं के बारे में सीखना छोड़ो, वह तो आप पहले से जानते हैं, बल्कि यह सीखो कि देखना कैसे है—जो कि एकदम है—तुरंत। समय के अंतराल के बिना आज़ादी क्या है, इसे सीखें।

क्या हम समझ रहे हैं एक-दूसरे को? मेरे सवाल को समझे आप? बोध ही सीखना है और बोध के लिए समय नहीं चाहिए। सार रूप में समय विचार की ही गतिविधि है, और सोच-विचार से आप यह नहीं समझ सकते कि आज़ादी क्या है। आज़ादी क्या है इसके बारे में सीखने के लिए विचार को पूरी तरह मौन होना होगा।

प्रश्न : यह मौन कैसे हो सकता है?

कृष्णमूर्ति : सुनिए। यह मत पूछें कि 'कैसे' देखा आपने? जैसे ही आप यह पूछते हैं कि 'कैसे' तो आप किसी विधि-विधान की मांग करने लगते हैं, किसी अभ्यास की, जो सब विचार के ही दायरे में पड़ता है।

मुझे आप से कोई समस्या है : विचार का उसमें अपना एक स्थान है, वरना तो हम लोग बात ही नहीं कर पाएंगे। बातचीत के लिए मुझे भाषा सीखनी होगी, अगर आप और मैं दोनों अंग्रेजी जानते हैं तो हमारे दर्मियान बात हो सकती है, और अंग्रेजी सीखनें में वक्त लगता है। लेकिन आज़ादी की अंतर-झलक में समय नहीं लगता, अगर कहीं विचार सरगरम है, विचार की कोई तरंग जो कहती है कि 'मुझे आज़ादी को समझना ही होगा' तो आप आज़ादी की झलक नहीं पा सकते—समझे? तो फिर यह समस्या खड़ी हो जाती है : मैं सोच-विचार का आदी हूं, वही तो एक साधन है जो मेरे हाथ में है, मैं पढ़ा-लिखा हूं, विचार ही में पला-बड़ा हूं, मेरे सारे संस्कार, सारा का सारा मेरा वजूद ही उस पर टिका है, मेरे सारे रिश्ते-नाते उस छवि पर टिके हैं जिसे विचार ने खड़ा किया है। और आप आ कर यह कहते हैं, 'इसे इस्तेमाल ना करो, बल्कि देखो, समझो-बूझो,

अंतर-झलक पाओ।' फिर मैं कहता हूं, 'अगर मेरा मन संस्कारों में इतनी बुरी तरह से जकड़ा है, विचार की रेल-पेल के बोझ तले दबा है तो कैसे मैं उस अंतर-झलक को पाऊं, कैसे मैं उस सब से छुटकारा पाऊं ताकि उस दूसरी शै को देख सकूं?' ठीक है? आपका यह सवाल ही गलत है। अगर आप कहते हैं, 'मुझे इससे मुक्त होना होगा'—जो कि सोच की ही यांत्रिक प्रतिक्रिया है—आप ने सवाल ही गलत खड़ा कर लिया है क्योंकि आप उस नई शै के बारे में सीख ही नहीं रहे। अभी भी आप पुराने से ही चिपके हैं और जब तक आप पुराने से जुड़े रहेंगे, उसी में ही उलझे रहेंगे आप। पता नहीं आप इस सब को समझ रहे हैं या नहीं?

तो असली मसला तो यह है कि क्या मन अब अतीत के सारे सार-तत्त्व को समझते हुए उससे चिपके बिना रह सकता है, क्योंकि अब हम बिल्कुल ही दूसरी दिशा में जा रहे हैं—खोजबीन कर रहे हैं। ऐसा नहीं है कि आप को पहले अतीत को, पुराने को समझना है और फिर उसे खत्म करना है या उसे वश में करना है, कंट्रोल करना या दबाना है, बल्कि पुराने से बिलकुल ही दूर हट जाना है और नए को सीखना है, जो समय नहीं लेता। ठीक है, समझ गए आप? यह सब ऊलजलूल और विरोधाभासी लगता है—लेकिन यह है नहीं।

प्रश्न : यकीनन विचार ही तो समझ-बूझ का मार्ग प्रशस्त करेगा? सोच-विचार को हम रोक नहीं सकते।

कृष्णमूर्ति : बिलकुल ऐसा ही है। आप विचार रोक नहीं सकते।

प्रश्न : यह कोई आकाश से गिरने वाली चीज़ नहीं जो यूं ही टपक जाएगी।

कृष्णमूर्ति : मैं समझ रहा हूं। अगर आप किसी नई चीज़ को देखना चाहें तो क्या करते हैं आप? आप खोजी है, कुछ खोज रहे हैं। उस पुराने ताम-झाम को आप बखूबी जानते हैं, आप कुछ नया खोजना चाहते हैं, एकदम नया। क्या करेंगे आप? पुराने को ही जारी रखेंगे क्या? पुराना जिससे आप अच्छी तरह वाकिफ हैं, आप जानते हैं पुराने के उस सारे ताने-बाने को कि वह क्या है। अगर आप उसे ही ढोते रहेंगे तो कुछ भी नया नहीं पा सकेंगे आप। तो क्या करेंगे आप? आप को पुराने को छोड़ना होगा। पुराने और नए के बीच में एक फासला होगा ही—नया जिसके उद्भव की संभावना है। वहां एक अंतराल होगा। और यह अंतराल तभी होता है जब आप पुराने की सारी अहमियत को देख लेते हैं—देख लेते हैं कि पुराना नए को जन्म नहीं दे सकता। हम सभी नया चाहते हैं क्योंकि पुराने से हम तंग आ चुके हैं, बोर हो चुके हैं, जानते हैं उसकी रग-रग को, और नए की इस चाहत में हम यह नहीं जान पाते कि इस जंज़ीर को कैसे तोड़ें। तो फिर

वहां गुरु हैं, टीचर हैं, हर तरह के बेतुके लोग हैं जो कहते हैं, 'मैं तुम्हें बताउंगा कि कैसे तोड़ते हैं इस जंज़ीर को।' और जंज़ीर तोड़ने के उनके सारे हथकंडे अभी भी विचार के ही दायरे से निकलते हैं—ठीक है? वे कहते हैं, 'ऐसा करो, ऐसा मत करो, इसे मानो, इसके बारे में सोचो-विचारो', अभी भी वे विचारों के ढांचे में उलझे हैं। अब अगर आप इसे देख लेते हैं, उस सब के अंदर तक झांक लेते हैं, उसकी अंतर-झलक पाने के लिए समय नहीं चाहिए। पता नहीं आप ने देखा या नहीं। तुरंत आप इसे देख लेते हैं कि सारा यह धार्मिक तानाबाना कितना बेतुका है, उससे जुड़ी तमाम संस्थाएं, पोप, बिशप सब—समझे आप? इस सब के बेतुकेपन को। सयाने-बयाने लोग खिलोनों से खेल रहे हैं। अगर आप उसके भीतर झांक लेते हैं तो वह वहीं खत्म हो जाता है। फिर आप पूछते हैं, 'यह अंतर-झलक मैं कैसे पाऊं?' इसका मतलब है कि असल में आप ने सुना ही नहीं। आप अभी भी पुराने के ही पल्लू को पकड़ कर बैठे हैं, वही चर्च, वही विश्वास और विचारधाराएं, और कहते हैं, 'मैं नहीं छोड़ सकता क्योंकि मैं डरा हुआ हूं।' 'पड़ोसी क्या कहेंगे?' 'मेरी नौकरी चली जाएगी।' तो आप सुनना ही नहीं चाहते, यही तो मसला है, यह नहीं कि कैसे अंतर-झलक पाएं, या सूझबूझ कैसे हासिल करें, बल्कि बात तो असल में यह है कि आप उस खतरे को देखना ही नहीं चाहते जो सोच ने खड़ा किया है। और इस अंतर-झलक के लिए तो सुनना होगा, खुद को ढीला छोड़ते हुए बस सुनना होगा। अगर आप उस कबूतर को सुनते हैं—बिना कोई नाम दिए, बिना किसी निंदा के, सचमुच में सुनते हैं—इस तरह आप जब सुनते हैं, वही अंतर-झलक है, ठीक?

तो पूर्ण आज़ादी—आधी-अधूरी या सापेक्ष नहीं, पूर्ण आज़ादी—तभी आती है जब मन विचार को समझ लेता है, उसकी ठीक-ठीक जगह को समझते हुए उससे मुक्त हो जाता है, समझे आप? तो इतना कुछ कहने के बाद हम पहुंचे कहां हैं? क्योंकि आप और मैं साथ-साथ ही सीख रहे हैं। यहां आने के लिए आप ने समय, ऊर्जा और पैसा वगैरह सब खर्च किया है, तो आप कुछ सीख रहे हैं या सिर्फ याददाश्त को ही भरे जा रहे हैं? अगर आप सिर्फ याद ही कर रहे हैं तो आप दूसरों की कही बातों को दुहराएंगे, इस तरह आप एक दोयम दर्जे के आदमी बन कर रह जाएंगे। लाउत्से, बुद्ध, मार्क्स या किसी दूसरे की बजाय अब आप 'के' को दोहराने लगेंगे, लेकिन फिर भी रहेंगे तो आप एक दोयम दर्जे के इनसान ही, लेकिन अगर आप सीख रहे हैं तो एकदम उस क्लास से बाहर आ जाएंगे, उभर आएंगे उस सारी गंदगी से।

तो कहां हैं हम? क्या आज़ादी की कोई अंतर-झलक मिली, विचार से मुक्ति की कोई झलक? और विचार से मुक्ति की जब अंतर-झलक मिलती है तब उस आज़ादी में विचार तर्कपूर्ण ढंग से काम कर सकता है, समझदारी से, निष्पक्ष हो कर, व्यक्तिगत दायरे से ऊपर उठ कर। तो कैसे यह मन, जो बुरी तरह से जकड़ा है संस्कारों में, सुबह से शाम तक जो विचारों का इस्तेमाल करता है, सोते-जागते यहां तक कि सपनों में भी जो विचारों ही में घिरा है, कैसे वह मन उस आज़ादी की अंतर-झलक पाए जहां विचार का कोई नामो-निशां तक नहीं? मेहरबानी करके यह सवाल अपने सामने रखें, क्या सोच इसका कोई जवाब देती है? अगर सोच कोई जवाब देती है तो वह कोई आज़ादी नहीं। लेकिन जब आप पूरी शिद्दत से यह सवाल उठाते हैं, पूरी गंभीरता से, ऊर्जा से भरे हुए जब सचमुच ही आप उसका पता लगाना चाहते हैं, तब आप देखेंगे कि वहां एक आज़ादी है जिसकी आपने तमन्ना भी नहीं की, जिसके पीछे आप भागे नहीं। किसी शै के पीछे भागना ही तो विचार की तरंग है।

ब्रॉकवुड पार्क,
9 सितंबर 1972

31

एकाकीपन, आपसी रिश्ते और आज़ादी

प्रश्न : आज़ाद होने के लिए एकाकी—(alone) होना क्या ज़रूरी है, उस आज़ादी में फिर दूसरे लोगों से आप का क्या संबंध होगा? मानवीय संबंधों में क्या आज़ादी संभव नहीं?

कृष्णमूर्ति : सवाल यह है कि आज़ादी का मतलब क्या एकाकीपन (aloneness) है? यही है न जो पूछा गया? शब्दकोष के हिसाब से (alone) एकाकी का मतलब है, (all one) 'एक ही में सब समेट देना, सब एक।' अगर आप स्व केंद्रित गतिविधियों में उलझे हैं तो फिर आज़ादी कैसे हो सकती है, जो अकेले होने से रोकती हैं? ठीक? अगर मैं हमेशां अपने ही बारे में सोचता हूं—अपनी ही चिंताओं में, अपने ही मसलों में घिरा रहता हूं—अगर मेरा मन ऐसी बातों से भरा है जो स्व में केंद्रित हैं, तो अकेला होना मुमकिन ही नहीं, या है? आज़ाद तो वह मन है जो व्यस्त नहीं। मन जो कि व्यस्त है, इससे कुछ फर्क नहीं पड़ता कि किस चीज़ में व्यस्त है—ईश्वर में, काम-वासना में, चिंताओं में या पैसा कमाने में या सुख-भोग में—जैसा कि ज़्यादातर लोग हैं ही, हम किसी न किसी चीज़ में उलझे हैं। बेशक, जब तक यह व्यस्तता है, किसी न किसी शै से चिपके रहने का यह चलन है, तब तक आज़ादी नहीं हो सकती।

और सवाल करने वाला यह पूछ रहा है कि जब ऐसी आज़ादी होती है तो उस आज़ादी में फिर संबंधों के क्या मायने हैं—अगर ऐसी आज़ादी है तो? पहले ऐसी आज़ादी हासिल करो और पता लगाओ। लेकिन उस आज़ादी के बिना ही हम यह पूछ रहे हैं कि संबंध क्या हैं। मैं इसे छोटा करने की कोशिश नहीं कर रहा। परंतु यही सच्चाई है, हमारा मन किसी ना किसी बकबक में उलझा रहता है, घमंड में, हेकड़ी में, अपने पर तरस खाने में या ऐसी ही दूसरी बातों

में। क्या मन इन सब चीज़ों से आज़ाद हो सकता है? और जब वह आज़ाद है, तो क्या वह एकाकी नहीं?

क्योंकि वह उस दूसरे मन से बिलकुल ही अलग है, उस मन से जो व्यस्त है, उलझा हुआ है। पता नहीं आप इसे देख पाए या नहीं।

तो इनसान अगर चल रही इस सारी मारा-मारी से आज़ाद हो जाए, तो उसके संबंध क्या होंगे? क्या इसका पता लगाया जा सकता है? इसका पता लगाने के लिए हमें उस सारे बोझ को उतार फेंकना होगा जिसे हम ढो रहे हैं, व्यस्तता के सारे सामान को, चेतना की सारी सामग्री को, वही तो आज़ादी है। तब फिर क्या होता है जब आप तो आज़ाद हैं लेकिन दूसरा नहीं है। एक आदमी के रूप में आप सारी चिंताओं से, सारी उलझनों से छूट सकते हैं—जो व्यस्त रखती हैं—लेकिन दूसरा अभी फसा है, तो फिर आप दोनों में क्या रिश्ता होगा। वह व्यक्ति जो कि आज़ाद है उसकी उस दूसरे व्यक्ति के प्रति क्या ज़िम्मेदारी है जो कि मुक्त नहीं?

अब आप प्रेम के बारे में बात करना चाहेंगे। आज़ादी की इस में क्या भूमिका होगी, जिसका मतलब है एक ऐसा आदमी जो उलझा नहीं है, समस्याओं और हर तरह के बोझ तले जो दबा नहीं है—उसका उस दूसरे आदमी से क्या रिश्ता होगा जो मुक्त नहीं? क्या उस रिश्ते में प्यार है? क्या ऐसा नहीं कि सिर्फ उसी सूरत में ही प्यार हो सकता है? गौर करें कि प्यार शब्द से आप का मतलब क्या है? ज़रा ध्यान से! शब्द को उस वस्तु से अलग रखें, क्या है वह चीज़ जो तब सामने आती है जब आप शब्द को एहसास से अलग करते हैं? आप दूसरों से प्यार करते हैं—क्या है वो जिसे प्यार करते हैं आप? जी हां, आप प्यार करते हैं, नहीं करते क्या—बीवी-बच्चों से, पति-पत्नी, अपने यार से या जो भी आप नाम दें उसे—आप प्यार करते है? जब आप इस शब्द का इस्तेमाल करते हैं तो उसके अर्थ क्या होते हैं आपके लिए? क्या प्यार का कोई मकसद होता है? मेहरबानी करके सिर मत हिलाइए, हमारे लिए तो यहां मकसद है। क्योंकि दूसरे को आप काम-सुख देते हैं, खाना पकाते हैं उसका, दूसरी सुविधाएं देते हैं, निर्भर हैं आप उस पर, मलकियत है आप की वह, दबाते हैं उसे, चिपके रहते हैं उससे, मोह-ममता, कब्जे की भावना सब शामिल है इसी में। जलन, गुस्सा, नफरत, डर, चिंता, क्योंकि आप उसे खो सकते हैं, ऐसी ही भावनाएं उठती हैं, और उसे आप प्यार कहते हैं। ठीक है? हम कोई सनकी नहीं हो रहे, सिर्फ सच्चाई ही दिखा रहे हैं।

प्रेम का पता लगाने के लिए क्या मानव को इस सबसे आज़ाद नहीं होना होगा? मोह और आसक्ति से मुक्ति—हम इसका खुलासा करते हैं। जब कोई मोह में पड़ता है, तो वह क्या शै है जिससे उसे आसक्ति है? मान लीजिए कोई किसी मेज से जुड़ा है, क्या मायने हैं उस जुड़ाव के? खुशी, मलकियत की भावना, व्यावहारिक फायदा, यह भावना कि यह एक शानदार मेज़ है और मुझे उसे अपने पास रखनी है, वगैरह-वगैरह। तो जब कोई आदमी दूसरे से जुड़ता है, लगाव रखता है, तो होता क्या है? अगर कोई आपके मोह में पड़ा है, तो उस आदमी की भावना क्या है जो आपके साथ जुड़ा है। उस मोह में मलकियत का गर्व है, काबिज होने की भावना, खो जाने का डर, वह आदमी कहीं खो ही न जाए, उसी से जलन उठती है, जिससे मोह और भी ज़्यादा मजबूत हो जाता है, मलकियत की ख्वाहिश और भी ज़ोर पकड़ जाती है—ऐसा ही है न? जलन और चिंताएं आप पर सवार हो जाती हैं। अब अगर वह मोह या लगाव न हो तो क्या प्यार भी नहीं रहेगा, कोई ज़िम्मेदारी नहीं होगी? आप मेरी बात समझे? ज़्यादातर लोगों के लिए प्यार का मतलब है इनसानों के बीच में भयंकर द्वंद्व-टकराव, इस तरह रिश्ते एक निरंतर चिंता की वजह बन जाते हैं—यह सब आप को पता है, मुझे आप को बताने की ज़रूरत नहीं, और इस सब को हम प्यार कहते हैं। और इस भयंकर तनाव से बचने के लिए जिसे हम प्यार कहते हैं, हमने तरह-तरह के मनोरंजन खोज लिए हैं : टैलीविजन, या अगर आप बुरा न मानें तो आपका वह धार्मिक मनोरंजन। कमाल की बात है! हम झगड़ते भी रहते हैं और मंदिरो व मस्जिदों में भी चक्कर लगाते रहते हैं, और वापिस आ कर फिर से वही सब शुरू कर देते हैं। तो जीवन भर बस यही सब चलता रहता है।

आदमी हो या औरत, क्या हम इससे मुक्त हो सकते हैं? या फिर यह नामुमकिन है? अगर यह संभव नहीं तो हमारी ज़िंदगी हमेशा चिंताओं का घर बनी रहेगी, और पागलपन से भरे ऐसे ही मनोभावों, विश्वासों के प्रभाव में हम क्रियाशील होंगे। तो क्या मोह अथवा जुड़ाव से मुक्त होना संभव है, जिस में बहुत कुछ छुपा है? क्या यह मुमकिन है कि आदमी किसी मोह-ममता में न पड़े लेकिन फिर भी उसे जिम्मेदारी का एहसास हो?

अब मोह से मुक्त होने का मतलब निर्मोही होना नहीं है। समझे आप? इसे समझना बहुत अहम है। जब हम किसी से जुड़े होते हैं तो हमें उस जुड़ाव के दर्द का एहसास रहता है, उसकी चिंताओं को आप महसूस करते हैं, और फिर हम कहते हैं, खुदा के लिए मुझे इसे झमेले से छूटना ही होगा। यूं छूटने

की जंग शुरू हो जाती है, एक टकराव। लेकिन अगर आप गौर से देखते हैं, उस यथार्थ और शब्द के प्रति सजग रहते हैं—वह शब्द मोह और फिर उस शब्द से आज़ादी, जो कि एहसास है—फिर उस एहसास को देखना गौर से, बिना किसी मूल्यांकन के—सिर्फ देखना—फिर आप देखेंगे कि इस तरह गौर से देखने भर से ही वहां कुछ घटता है, बिल्कुल ही अलग तरह की कोई लहर जो न तो मोह है न ही निर्मोह। समझे आप? जब हम यह बात कर रहे हैं, आप करके देख रहे हैं इसे या सिर्फ शब्दों से ही झोली भरे जा रहे हैं? आप जानते हैं कि आप मोह में फसे हैं, जानते हैं न? इससे कुछ फर्क नहीं पड़ता कि किसके मोह में पड़े हैं, इसके या उसके, किसी विश्वास के, पक्षपात के, किसी निष्कर्ष के, किसी आदर्श, आदमी या किसी घर से जुड़े हैं आप। यह जुड़ाव एक तरह की सुरक्षा देता है जो कि झूठी है—ठीक? किसी भी चीज़ से जुड़ना एक भ्रम है क्योंकि वह चीज़ बदल सकती है। तो आप सिर्फ उस छवि से ही जुड़ते हैं जो आप ने उस चीज़ के बारे में बना ली है। पता नहीं आप समझ रहे हैं या नहीं।

क्या आप इस जुड़ाव से मुक्त हो सकते हैं ताकि वह ज़िम्मेदारी उभर कर आ सके जो कोई फर्ज़ नहीं है? जब कहीं कोई जुड़ाव न हो उस सूरत में फिर प्यार क्या है? आप सवाल को समझे? देखें, अगर आप किसी कौम से जुड़े हैं, कौमी अलगाव में आप की श्रद्धा है, जो कि कबीलावाद का ही एक सुधरा हुआ रूप है—कुछ महिमामंडित और आप उससे जुड़े हैं। वह करता क्या है? यह बंटवारे खड़े करता है, करता है या नहीं? मैं एक हिंदू के रूप में अपनी कौम से बुरी तरह जुड़ा हूं, और आप अपनी कौम से जुड़े हैं : जर्मन, फ्रैंच, इटालियन या इंगलिश। तो हम अलग-अलग हैं। इसीलिए तो जंग होती है और उसके साथ जुड़े वह सभी झमेले चलते रहते हैं। अब अगर वहां कोई जुड़ाव नहीं है, आप किसी से नहीं जुड़े, तो क्या होता है? क्या वह प्रेम है? पता नहीं आप समझ रहे हैं या नहीं? क्या हम एक दूसरे को थोड़ा-बहुत समझ पा रहे हैं?

तो मोह या जुड़ाव बंटवारे खड़े करता है, तोड़ता है हमें—ठीक? मैं अपने विश्वास से जुड़ा हूं, और आप अपने विश्वास से जुड़े हैं, इसीलिए यह अलगाव है। ज़रा इसके नतीजों को देखें, परिणाम क्या है इसका। तो जहां कहीं भी जुड़ाव है, वहीं अलगाव भी है, और इसीलिए वहां टकराव भी है। और जहां टकराव है वहां प्यार तो हो ही नहीं सकता। तो फिर हमारे ये रिश्ते—वे भले आदमी के रूप में हों, औरत या फिर किसी भी रूप में—क्या हैं, जब आदमी आज़ाद होता है तो दूसरों के साथ उसका रिश्ता क्या होता है? समझे आप? मोह और

जुड़ाव से मुक्ति और उनसे जुड़े तमाम नतीजों से। क्या यही शुरुआत है—मैं सिर्फ 'शुरूआत' शब्द का इस्तेमाल कर रहा हूं, इसे पकड़ मत लीजिएगा—क्या यह करुणा की शुरुआत है, रहमदिली की? समझ रहे हैं न? जब वहां कोई कौम नहीं, न ही किसी विश्वास का जाल है, न ही आप किसी आदर्श या निर्णय से जुड़े हैं, तभी आदमी एक आज़ाद इनसान होगा। और दूसरों से उसका रिश्ता उसी आज़ादी से निकलेगा, प्रेम और रहमदिली से, है या नहीं? पता नहीं आप इसे समझ पा रहे हैं या नहीं।

ज़ानेन,
1 अगस्त 1976

32

कोई भी पहचान आज़ादी को सीमित कर देती है

अपने शरीर या अपने अनुभवों के साथ, घर या परिवार के साथ, कौम या किसी विचारधारा या किसी विश्वास के साथ अपनी पहचान जोड़ने से ही अहम को, 'मैं' को, अहंकार को, बल मिलता है। और उसी से यह विचार खड़ा होता है, एक व्यक्ति का विचार, यह विचार कि हम मनुष्य सब अलग-अलग हैं, जुदा-जुदा व्यक्ति हैं जो हर किसी से अलग हैं—विचार शब्द का इस्तेमाल मैं एक सटीक भावना में कर रहा हूं। अलग व्यक्तित्व पर इतना बल देने से ही ये सारी मुसीबतें खड़ी हुई हैं। इसी ने परिवारों को बरबाद किया है—पता नहीं आप इस बारे में जानते हैं कि नहीं—इसने अजब-गजब उपलब्धियां अर्जित की हैं, तकनीक के क्षेत्र में, किसी खास आदमी के रूप में उच्चतम प्रयास करके, व्यक्ति विशेष की पहलकदमी के रूप में। इसके विरोध में तानाशाही की एक अलग विचारधारा है—जिसमें व्यक्ति का कोई स्थान ही नहीं। तो हमारे पास यह दो उलट धाराएं हैं। एक तरफ आज़ादी है, कथित आज़ादी, दूसरी तरफ कोई आज़ादी है ही नहीं, सिर्फ चंद लोगों को छोड़ कर। और जैसे कि दुनिया भर में हम देखते हैं कि व्यक्ति की शानदार गुज़ारदारियों के कुछ अच्छे नतीजे निकले हैं, सिर्फ तकनीकी जगत में ही नहीं बल्कि कला की दुनिया में भी। हालांकि व्यक्ति सोचता है कि वह आज़ाद है, क्या वह सचमुच ही आज़ाद है? सिक्के का दूसरा पहलू है तानाशाही, जहां पर चंद लोगों को छोड़ कर किसी के लिए कोई आज़ादी नहीं।

अब इसकी सच्चाई क्या है? यह तो स्पष्ट ही है कि आज़ादी तो चाहिए। लेकिन आज़ादी शब्द से आपके क्या मायने हैं। एक बार फिर साफ कर दूं कि हम यह सवाल खुद ही से पूछ रहे हैं, वक्ता नहीं पूछ रहा, आप पूछ रहे हैं। जैसा कि हमने कहा, यहां कोई बोलने वाला नहीं है। आप और मैं दोनों ही बोलने

वाले हैं। आप और मैं—यह आदमी जो बोल रहा है—मिल कर इस सवाल की छानबीन कर रहे हैं : एक तरफ तो व्यक्ति को, उसकी सारी पहचानों सहित इतनी ज़्यादा अहमीयत दी जाती है, जिनमें कौम है, घर-बार है, पूंजीवाद या समाजवाद है, जो भी कहें उसे, और दूसरी तरफ समाज की विचारधारा से पहचान जोड़ी जाती है। चंद लोगों के हिसाब से वहां समाज को ही सब कुछ मान लिया जाता है। अगर मैं सुझाव दूं तो इस छानबीन में सबसे पहले हमें यह पूछना चाहिए कि आखिरकार हम इनसान करना क्या चाहते हैं? एक इनसान के नाते—किसी फलां-फलां पहचान के रूप में नहीं, बल्कि एक ऐसा इनसान जिस पर कोई लेबल नहीं लगा, जिसकी कोई कौम नहीं, सारे उस कूड़े-करकट के बिना जिसे दूसरों ने हमारे भीतर उतारा है या हमने दूसरों के गले के नीचे उतारा है—हम इस संसार में क्या करने की कोशिश कर रहे हैं? किस चीज़ की तलाश में हैं हम, किसके पीछे हैं, किस के लिए तड़प रहे हैं? और इसमें एक सवाल यह भी है कि आज़ादी क्या है? हम सोचते हैं कि हम आज़ाद हैं क्यों कि हम सफर कर सकते हैं, अमरीका जा सकते हैं, अगर हमारे पास पैसा है और इच्छा है तो हम जहां चाहें जा सकते हैं।

तो आज़ादी क्या है? शायद हममें से ज़्यादातर लोग, कम से कम जो संजीदा हैं और सोचने समझने वाले हैं, सजग हैं, उन्हें ज़रूर ही यह सवाल उठाना चाहिए : आज़ादी क्या है? क्या एक व्यक्ति के रूप में जो मन में आए वही करना आज़ादी है? आज़ादी क्या मन की मौज है? यही तो है, हर कोई वही तो करना चाहता है जो उसकी चाहत है। अगर वह भगवान में यकीन करना चाहता है तो वह करता है। अगर वह नशे या सैक्स के पीछे या ऐसी ही किन्हीं चीज़ों के पीछे भागना चाहता है तो वह आज़ाद है, अगर उसके पास पैसे हैं और दिल में रुझान है तो वह यह सब कर सकता है। और इस सब को हम आज़ादी समझते हैं : जो मन भाय वही करना, जो करना चाहें वही करना, जिसे भी पाना चाहें, या फिर आज़ादी से पहचान जोड़ लेते हैं। आप यह सब जानते हैं। तो क्या यह आज़ादी है? या आज़ादी बिल्कुल ही किसी दूसरी शै का नाम है। हम सोचते हैं कि आज़ादी किसी चीज़ से मुक्त होने का नाम है, गरीबी से, उस शख्स से जिससे आप ने शादी की है लेकिन जिसे आप अब नहीं चाहते, उससे तलाक लेने की आज़ादी या ऐसा ही कुछ। बिजनेस के संसार में अपना काम-धाम चुनने की आज़ादी, या फिर मानसिक संसार में, या जिस में यकीन करना चाहें उसी में विश्वास करने की आज़ादी। आदमी को लगता है कि वह कैथोलिक या प्रोटैस्टेंट होने के लिए या फिर किसी भी चीज़ में विश्वास न रखने के लिए आज़ाद है। आप जानते ही हैं यह सब।

तो क्या यह आज़ादी है? मेहरबानी करके मुझ से नहीं, अपने आप से पूछें यह। आप आईने के सामने हैं, खुद को ही देखते हुए, अपनी ही सारी मानसिक सरंचना की खोजबीन करते हुए। जो भी करना चाहें वही करना, ऐसे हमारे संस्कार हैं। हमने कभी इसकी खोजबीन नहीं की कि वह क्या है जो हमें ऐसा करने के लिए प्रेरित करता है कि हम दाएं जाएं या बाएं। जब तक हम किसी कौम से जुड़े हैं, किसी परिवार से, पति-पत्नी से, किसी लड़की या विश्वास से, किसी जड़सूत्र, परंपरा अथवा रिवाज़ से जुड़े हैं, क्या कोई आज़ादी है वहां? आप सब समझ रहे हैं न? आप ही यह सवाल पूछ रहे हैं। मैं तो आपकी छानबीन को जुबान ही दे रहा हूं। एक बार फिर से दोहरा दें, यहां कोई अथारटी नहीं है, जहां तक वक्ता का सवाल है, यहां कोई नहीं, जिसमें सत्ता का कुछ भान हो, बेहतर होने का कोई एहसास हो। यहां न तो कोई सूत्र-सिद्धांत है, न ही कोई विश्वास है। अगर वक्ता किसी चीज़ पर ज़ोर दे रहा है, तो वह कुछ थोपना नहीं है, न ही कुछ मनवाना चाहता है वह, यह तो उसका सहज स्वभाव है।

तो हम इस चीज़ की खोजबीन कर रहे हैं कि क्या कहीं कोई मुकम्मल आज़ादी है, किसी एक चीज़ से दूसरी या फिर उससे किसी और में जाने की आज़ादी नहीं। हम आज़ादी के इस सारे एहसास की छानबीन कर रहे हैं, अगर ऐसी कोई शै है तो। जब तक मन, विचार, संवेदनाएं या जज़्बात किसी खास वस्तु से जुड़ा हुआ महसूस करते हैं, किसी मेज़-कुर्सी से, आदमी से या किसी विश्वास से, क्या वहां कोई आज़ादी है? सीधी सी बात है कि नहीं। जिस पल आप खुद को किसी शै से जोड़ लेते हैं, आप आज़ादी से हाथ धो बैठते हैं। यदि मैं किसी परम हस्ती की या ऐसी ही किसी चीज़ की पूजा करता हूं, प्रार्थना करता हूं उसके आगे, खुद को उसी से जोड़ कर देखता हूं, क्योंकि वह विचार मुझे पसंद है, तो क्या भला यह आज़ादी है? तो यह बात हमारे सामने आ रही है कि जब तक किसी शै से अपनी पहचान जोड़ने का सिलसिला जारी है तब तक कोई आज़ादी हो नहीं सकती—ठीक?

मेहरबानी करके थोड़ा सावधान रहें, कृपा करके जो भी कहा जा रहा है, उसे अपने शब्दों में मत ढालें, अपनी राय उस पर मत लादें, बल्कि सचमुच ही उन शब्दों को सुनें जिनका हम इस्तेमाल कर रहे हैं, क्योंकि तभी हम सीधे संवाद कर पाएंगे। ठीक है, मैं इसे इस तरह कहता हूं : भाषा—यानी शब्दों का प्रयोग, शब्दों के अर्थ, वाक्य रचना—यही ज़्यादातर लोगों को चलाती है, ठीक है? जब आप कहते हैं कि मैं फ्रैंच हूं, तो शब्द सरगरम हो जाते हैं और हमे एक खास

दिशा में धकेल देते हैं। यूं भाषा हमारा इस्तेमाल करने लगती है—समझे आप? पता नही आपने इस तरफ कभी ध्यान दिया या नहीं। जब आप कम्युनिज़्म, पूंजीवाद या समाजवाद शब्दों का इस्तेमाल करते हैं या फिर कैथोलिक, प्रोटैस्टेंट, हिंदू या यहूदी जैसे शब्दों का, तो वह हम पर भारी पड़ जाते हैं, असर अंदाज़ होने लगते हैं हम पर और हमें एक खास तरह से सोचने के लिए मजबूर करते हैं—होता है न ऐसा? यूं भाषा हमें हांक रही है, इस्तेमाल कर रही है हमारा। पता नहीं आप इस बारे में सजग हैं या नहीं। और अगर आप भाषा का प्रयोग करते हैं—तो उसे खुद को हांकने की इज़ाज़त मत दें—तब आप बिना किसी भावुक लाग-लपेट के शब्दों का इस्तेमाल कर पाएंगे—बिना किसी जज़्बाती लाग-लपेट के। तभी एक सच्चे संवाद की संभावना हो सकेगी। क्या हम कहीं पहुंच रहे है, समझ रहे हैं एक दूसरे को? कृपा करके समझें इसे क्यों कि हम एक ऐसी गहराई में उतर रहे हैं जिसके बारे में—मुझे लगता है कि मैं भी अभी कुछ यकीन से नहीं कह सकता—वह तो आज़ादी के बारे में हमारी खोजबीन में ही सामने आएगा, इस सजगता से कि कोई भी पहचान आज़ादी को तबाह कर देती है, सीमित कर देती है। और अगर आप आज़ादी की उन सीमाओं में संतुष्ट हो जाते हैं तो आपको उसके नतीजों के बारे में भी खबरदार होना होगा, जिसका मतलब है अलगाव, संबंधों के अभाव को जारी रखना, प्रयास-संघर्ष, जंग, हिंसा और ऐसा ही जाने क्या-क्या।

अपने बारे में खोजबीन करते हुए हमें इस मामले में भी बहुत सजग होना होगा कि कहीं भाषा तो हमें हांक नहीं रही, मसलन जब हम कम्युनिज़्म शब्द का इस्तेमाल करें तो भावनात्मक तौर पर उससे एक दूरी बनाए रखें। और अगर आपका झुकाव अमरीका के पूंजीवादी जगत की तरफ है, या ऐसी ही किसी चीज़ की तरफ तो भी बात तो एक ही है। अगर आप सचमुच ही इसकी गहराईयों में जाना चाहते हैं तो हमें बहुत ही संजीदगी से खबरदार रहना होगा, कि कहीं भाषा तो हमें नहीं चला रही—मैं इस खोज के लिए आप पर कोई दबाव नहीं बना रहा—तभी हम शब्दों का सादगी से इस्तेमाल कर सकेंगे, उनके सही अर्थों में, बिना किसी जज़्बाती लाग-लपेट के। तभी आप और मैं निरंतर संवाद में रह पाएंगे—ठीक? क्या आप ऐसा कर सकते हैं? कल नहीं, अभी? फिर हम साथ-साथ बढ़ सकते हैं, सुस्त रफ्तार से नहीं, बल्कि सरपट दौड़ते हुए।

आज़ादी सिर्फ तभी हो सकती है जब आप बिल्कुल भी किसी चीज़ से जुड़े हुए न हों, न किसी चर्च से, न देवी-देवताओं से, न मूर्तियों से, न विश्वासों

से—समझे?—किसी भी चीज़ से नहीं! आप ने मुझ से कुछ कहा, कुछ सख्त शब्द
बोले या गाली दी। मुझे दुख हुआ। और दुनिया में ज़्यादातर लोग दुखी हैं, जिस्मानी
तौर पर ही नहीं, बल्कि मानसिक रूप से और भी कहीं ज़्यादा दुखी हैं। आप
दुखी हैं, हैं कि नहीं? और उसी दुख में ठहरे हुए ही हम सब किए चले जाते
हैं, डरते हैं, हिंसक हो जाते हैं, कड़वाहट से भर जाते हैं, भाग खड़े होते हैं या
प्रतिरोध करते हैं, यूं ही सिलसिला चलता चला जाता है। अगर आप नज़दीक
से इसे देखें तो यह दुख—यह घाव—विचार की ही एक गति है जो एक छवि
घड़ने में लगा है—ठीक है? विचार ने अपने बारे में एक छवि बना ली है, कि
वह बहुत सुंदर है, दिमागी तौर पर वह कमाल का है, ऐसी ही कई छवियां। और
जब आप कोई भद्दा शब्द बोल देते हैं, या गुस्से में कोई इशारा कर देते हैं, उस
छवि को चोट लगती है, जो कि विचार है—मेहरबानी करके समझें इसे—विचार
जिसने अपने बारे में एक छवि बना रखी थी, वही छवि घायल होती है—दुखी
होती है। क्या जीवन भर कोई यूं जी सकता है बिना एक भी जख्म के? सिर्फ
तभी आज़ादी है, तभी अक्लमंदी है।

ज़ानेन,
13 जुलाई 1978

33

हमारी गुलामी भरी ज़िन्दगी

मुझे लगता है कि हम में से ज़्यादातर लोग गुलाम हैं, या तो किन्हीं धार्मिक संकल्पों के, विश्वासों के, चिह्नों के या फिर किसी तरह के अनुभव के, नहीं तो किसी संस्था के गुलाम हैं। और इन सभी जंजीरों में जकड़े हुए, कैसे कोई अपने जीवन में रोशनी ला सकता है? अगर कोई जीवन के किसी खास पैटर्न से बंधा पड़ा है, ज़िंदगी जीने के किसी खास अंदाज़ से, अगर कोई व्यापारी है, साईंसदान या दार्शनिक है, तो वह उस ढर्रे से बंधा हुआ है, वह पूरी तरह उसमें खप कर रह जाता है और बाकी सारा जीवन यूं ही निकल जाता है। हमारी दिलचस्पी पूरी की पूरी ज़िंदगी में है, न कि उसके किसी खास हिस्से में, किसी एक अंश में, किसी धंधे या किसी खास रुझान में। तो क्या हमें इस बात का एहसास है कि हम एक ही तरह की दिनचर्या में फंसे हैं—हर रोज़ वही काम, मैं खुद इस में शामिल हूं—जो स्वाभाविक ही आज़ादी में रुकावट है? यह आजादी में बाधा बनती है और आदमी कभी खुद में स्पष्ट नहीं हो पाता। जब तक कोई किसी पर निर्भर है वह कभी अपनी गहराई को समझ नहीं सकता, वह खुद अपने लिए रोशनी नहीं बन सकता।

ब्रॉकवुड पार्क,
12 सितंबर 1978

34

प्रज्ञा, कंप्यूटर और एक मशीनी मन

क्या हम किसी और चीज़ के बारे में बात कर सकते हैं, मसलन, मज़ा, आमोद-प्रमोद तो सदा जाने हुए में ही है? आज मज़ा नहीं आ रहा, लेकिन कल यह संभव हो सकता है। ऐसा होगा यह सोचना अच्छा लगता है। पता नहीं आप समझे या नहीं। सुख, मज़ा तो समय की गति है। क्या कोई ऐसा सुख है जो ज्ञान पर आधारित न हो? मेरा सारा जीवन ही ज्ञात में है—जाने हुए में। मैं इस जाने हुए को थोड़ा बहुत सुधार कर भविष्य पर आरोपित कर लेता हूं, लेकिन फिर भी यह रहता तो ज्ञात ही है। अज्ञात से मुझे कुछ सुख नहीं मिलता। और कंप्यूटर तो ज्ञात के ही घेरे मे रहता है। अब असली सवाल तो यह है कि क्या ज्ञात से, जाने हुए से, मुक्त हुआ जा सकता है? यही असल मुद्दा है क्योंकि सुख यहां है, दुख यहां है, डर यहां है, मन की सारी भागदौड़ ज्ञात में ही है। यह अज्ञात की कल्पना कर सकता है, कोई सिद्धांत गढ़ सकता है, लेकिन वह सच नहीं होगा। तो कंप्यूटर, कैमीकल्ज़, जैनेटिक्स और क्लोनिंग वगैरह सब जाने हुए के ही दायरे में है। तो क्या जाने हुए से आज़ादी संभव है? ज्ञात ही आदमी को तबाह कर रहा है। खगोल-भौतिकशास्त्री ज्ञात ही से स्पेस में जा रहे हैं। वह विचार द्वारा गढ़े साधनों के ज़रिए ही आकाशीय पिंडों और ब्रह्मांड की खोजबीन कर रहे हैं, वह उन यंत्रों के माध्यम से देख कर ही ब्रह्मांड की खोज कर रहे हैं, जो है उसे देख रहे हैं, है तो यह अभी भी ज्ञात ही।

प्रश्न : अभी-अभी मेरे दिमाग में एक बहुत ही दिलचस्प बात आई है। आदमी का दिमाग जैसा कि वह अब है, जिस तरह से वह काम कर रहा है, खतरे में है। यह तबाह हो रहा है। या तो मशीन उस पर भारी पड़ जाएगी और वह खत्म हो जाएगा, या फिर ज्ञात से यह आज़ादी, वह भी काम करने के उसके मौजूदा ढंग को खत्म कर देगी। चुनौती कहीं ज़्यादा गहरी है।

कृष्णमूर्ति : जी हां, यही तो है जो मैंने कहा। आप ने ठीक पकड़ा। अगर मैं ठीक से समझ पाया हूं तो आप यही कह रहे हैं कि ज्ञात जिसके दायरे में हमारे मन काम कर रहे हैं, वह हमें बरबाद कर रहा है। ज्ञात ही को मशीनों, नशीली दवाईयों, जैनेटिक्स और क्लोनिंग आदि के रूप में भविष्य पर आरोपित किया जा रहा है। यूं दोनो ही हमें बरबाद कर रहे हैं।

प्रश्न : वह भी यही कह रही है कि आदमी का मन सदा जाने हुए में ही भटकता रहा है, सुख के पीछे भागता रहा है। यह टेकनालोजी उसी का नतीजा है, जो हमें बरबाद कर देगी। फिर उसने यह कहा कि वह दूसरी चीज़, जो जाने हुए से आज़ादी है, वह भी मन को तबाह कर देगी, जिस तरह के मन को हम जानते हैं उसे।

कृष्णमूर्ति : जी हां। जाने हुए से आज़ादी? आप क्या कहना चाहते हैं?

प्रश्न : उन्होंने कहा, वहां दो तरह की चीज़ें हैं। ज्ञात की गति जो मन को गहरी से गहरी तबाही की तरफ लिए जा रही है। बचने का रास्ता है ज्ञात से मुक्ति, और वह भी जाने हुए को खत्म ही कर रहा है।

कृष्णमूर्ति : रुकिए ज़रा। आज़ादी का मतलब किसी से आज़ादी नहीं। यह तो एक अंत है, अवसान। क्या आप समझे?

प्रश्न : क्या आप यह कहना चाहते हैं कि जाने हुए से यह आज़ादी कुछ ऐसे स्वभाव की है कि आप यहां किसी चीज़ को खत्म नहीं करते, यानी कि मन की, सोच-विचार की अपनी जगह है? क्या आप यह कह रहे हैं कि इसी में आज़ादी है?

कृष्णमूर्ति : मैंने कहा वहां सिर्फ आज़ादी है, जाने हुए से आज़ादी नहीं।

प्रश्न : मेरा मतलब है कि मन एक खास तरीके से काम करता है, जिसे हम कहते हैं कि आदमी का मन एक निश्चित ढंग से ही काम करता है। तकनीकी तरक्की आदमी के मन के लिए चुनौती बन रही है—दबाव डाल रही है उस पर। और यह दूसरा—जो कि जाने हुए से आज़ादी है—भी मन के काम-काज के लिए पूरी तरह तबाहकुन है, विनाशकारी है। इसलिए एक नए मन का होना तो लाज़िमी है—चाहे वह तकनीक के माध्यम से हो या ज्ञात से मुक्ति के मार्ग से। सिर्फ यही दो रास्ते बचे हैं, मौजूदा पोजीशन के दिन तो गए।

कृष्णमूर्ति : बात को थोड़ा साफ कर लेते हैं। या तो एक नया मन होगा या फिर जो भी अब चल रहा है वह मन को तबाह कर देगा। ठीक है? लेकिन नया मन सचमुच में, सैद्धांतिक रूप से नहीं, सिर्फ तभी हो सकता है जब ज्ञान का अंत हो जाए। ज्ञान ने ही तो मशीनें बनाई हैं, और हम ज्ञान पर ही जीते हैं। हम मशीनें हैं, अब हम दोनों को अलग-अलग कर रहे हैं। मशीनें हमें तबाह

कर रही हैं। मशीन ज्ञान की ही पैदावार है। इसलिए ज्ञान हमें तबाह कर रहा है न कि मशीन। इसलिए सवाल अब यही बनता है : क्या ज्ञान का अंत हो सकता है? यह नहीं कि क्या ज्ञान से आज़ादी हो सकती है? फिर तो आप ज्ञान से सिर्फ बच रहे हैं, भाग रहे हैं उससे।

प्रश्न : सवाल यह है कि क्या ज्ञान या उस ज्ञान से निकले ऐक्शन का अंत हो सकता है? ज्ञान से उपजे कर्म का अंत हो सकता है, ज्ञान का खात्मा नहीं हो सकता।

कृष्णमूर्ति : हो सकता है।

प्रश्न : ज्ञानजनित कर्म का?

कृष्णमूर्ति : कर्म तो ज्ञान से मुक्ति है।

प्रश्न : ज्ञान का अंत नहीं हो सकता।

कृष्णमूर्ति : हो सकता है, जनाब।

प्रश्न : जब आप सारे ज्ञान के अंत की बात करते हैं तो आपका मतलब क्या है? कहना क्या चाहते हैं आप?

प्रश्न : यहां सिर्फ ज्ञान ही तो है?

कृष्णमूर्ति : यहां सिर्फ ज्ञान है, ज्ञान का अंत नहीं। पता नहीं मैं अपनी बात समझा पा रहा हूं या नहीं।

प्रश्न : जनाब, खुद को बचाने की एक ज़बरदस्त प्रवृत्ति है और यहां सिर्फ ज्ञान है। और आप पूछते हैं कि क्या ज्ञान का अंत हो सकता है, जिसका मतलब है खुद का खात्मा?

कृष्णमूर्ति : नहीं, मैं समझ रहा हूं आप जो कह रहे हैं। थोड़ी देर के लिए मैं खुदी के अंत की बात छोड़ देता हूं। मेरा कहना है कि कंप्यूटर, जिसमें सारी टेकनोलोजी शामिल है, और मेरा यह जीवन दोनों ही ज्ञान पर आधारित हैं। इसलिए दोनो में कोई विभाजन या सीमा-रेखा नहीं।

प्रश्न : यह बात तो समझ में आती है।

कृष्णमूर्ति : यह बड़ी ज़बरदस्त बात है। जब तक हम ज्ञान में जीते हैं, बंधा-बंधाया रोज़मर्रा का यह ढर्रा, यह मशीनी ढंग हमारे दिमाग को तबाह कर रहा है। मन तो ज्ञान है। इसलिए यह कहने का तो कुछ मतलब नहीं कि वह खुद को ज्ञान से मुक्त करे। देखें इसे। वहां सिर्फ मन है जो कि ज्ञान है। मैं आप को कुछ बताने जा रहा हूं। आपने देखा, आपने खुद ही अपना रास्ता रोक रखा है। यह मत कहें कि यह नामुमकिन है। अगर आप यह कहते हैं कि यह असंभव है, तो आप कंप्यूटर की खोज नहीं कर सकते थे। यहां से आगे बढ़ें। जब मन

यह कहता है कि उसे आज़ाद होना ही है, तो फिर जो भी वह करता है, वह सब ज्ञात के ही दायरे में होगा। तो उस मन की अवस्था क्या है जो यह जानता है, जो पूरी तरह से सजग है कि वह सिर्फ ज्ञान है, इसके बारे में जो चेतन है?

मैं तो आगे बढ़ गया। आप ने नहीं देखा? अब यहां पर हुआ क्या?

यह तो साफ है कि ज्ञान एक गतिशीलता है। ज्ञान गतिशीलता के ही ज़रिए इकट्ठा किया जाता है। इसलिए ज्ञान एक गति है। इसलिए समय, वह सब कुछ, गति है।

प्रश्न : आप मन की उस अवस्था की बात कर रहे हैं जब समय रुक जाता है।

कृष्णमूर्ति : वही आज़ादी है। समय गति है। क्या मतलब है इसका? यह बहुत ही दिलचस्प है। मुझे इसे ज़रा स्पष्ट करने दें। मन ने कंप्यूटर की खोज की। कंप्यूटर से मेरा मतलब है सारी की सारी तकनीकी जानकारी, जिसमें जैनेटिक्स, क्लोनिंग और कैमिकल वगैरह सब शामिल हैं। यह सारा कुछ आदमी द्वारा इकट्ठे किए ज्ञान से ही निकला है। अभी भी यह ज्ञात ही के दायरे में है, उसी की उपज है, जिसमें इसके अनुमान, ख्यालों की उड़ान और सिद्धांत तथा फिर उन सिद्धांतों का खंडन वगैरह सब कुछ शामिल है। मन ने भी ठीक वही कुछ किया है जो मशीन करती है। इसलिए दोनों में कुछ फर्क नहीं है—कुछ भेद नहीं है। मन ज्ञान है। जो भी यह करता है सब ज्ञान ही से पैदा होता है—आदमी के देवी-देवता, उसके मंदिर सब ज्ञान की उपज हैं। ज्ञान एक गति है। क्या यह गति रुक सकती है?

वह असल आज़ादी है। जिसका मतलब है कि बोध ज्ञान से मुक्त है और कर्म किसी ज्ञान से नहीं पैदा हो रहा। सांप के होने का बोध, खतरे का एहसास ही कर्म है, लेकिन वह बोध तो सांप के बारे में सदियों से इकट्ठे हुए संस्कारों से निकला है। इस बात का बोध कि मैं हिंदू हूं, जो तीन हज़ार साल से चला आ रहा है, वह भी बिल्कुल वही गति है। और हम हर वक्त उसी दायरे में जी रहे हैं। वह दायरा ही विनाशकारी है, मशीन नहीं। जब तक मन की यह मशीन रुकती नहीं—बात कंप्यूटर वगैरह की नहीं है—तब तक हम खुद को तबाह और बरबाद करते ही रहेंगे।

तो क्या कोई ऐसा बोध है जो ज्ञान से, जानकारी से पैदा नहीं होता? क्यों कि जब इस संस्कारजनित ज्ञान की गति रुकती है, तब लाज़मी है कि कर्म होगा।

'द वे आफ इंटेलीजेंस' से,
ऋषि वैली,
4 दिसंबर 1980

35

मानव का भविष्य

दुनिया में घोर अशांति है, भ्रष्टाचार है, लोग बेइंतहा परेशान हैं। सड़कों पर चलना खतरनाक हो रहा है। जब हम भय से मुक्ति के बारे में बात कर रहे हैं, हमारा वास्ता बाहरी स्वतंत्रता, अराजकता से स्वतंत्रता, तानाशाही से मुक्ति से रहता है। लेकिन हमारी जिज्ञासा, हमारी मांग, हमारी खोज आंतरिक स्वतंत्रता, मन की स्वतंत्रता को लेकर कभी नहीं होती। इस बात की जांच-परख नहीं करते कि क्या वह वास्तविक स्वतंत्रता है या मात्र एक जड़ सूत्र है? हम राज्य को स्वतंत्रता की राह में एक बाधा के रूप में देखते हैं। साम्यवादियों और अन्य अधिनायकवादी लोगों का कहना है कि स्वतंत्रता जैसी कोई बात नहीं होती, राज्य या सरकार, अकेली प्रभुसत्ता है। और उसकी हुकूमत स्वतंत्रता के हर रूप को दबा देती है। तो हम किस तरह की स्वतंत्रता चाहते हैं? वहां बाहर? हमारे से बाहर? आंतरिक स्वतंत्रता? जब हम स्वतंत्रता के बारे में बात करते हैं, तो क्या यह इस सरकार और उस सरकार के बीच चुनाव की स्वतंत्रता है—यहां और वहां, बाहरी और आंतरिक स्वतंत्रता के बीच चुनाव? आंतरिक मानस हमेशा बाह्य पर विजय पा लेता है। मानस, यानी आदमी की आंतरिक संरचना—विचार, भावनाएं, महत्त्वाकांक्षाएं, कार्य, लोभ—हमेशा बाहरी जगत पर अपना पलड़ा भारी रखती है। तो, हम स्वतंत्रता की तलाश कहां करें? क्या हम इस बारे में बात कर सकते हैं? क्या हम राष्ट्रीयता से मुक्त हो सकते हैं जो हमें सुरक्षा की भावना देती है? क्या उन तमाम अंधविश्वासों, जड़सूत्रों और धर्मों से मुक्ति मिल सकती है? केवल वास्तविक धर्म की खोज के माध्यम से एक नई सभ्यता का उद्गम संभव है, न कि अंधविश्वास, हठधर्मिता, या पारंपरिक-स्थापित धर्म के माध्यम से।

'द वे आफ इंटेलीजेंस' से,
नई दिल्ली,
5 नवंबर 1981

36

इस होने-बनने में क्या कहीं आज़ादी है?

हम इस बात की छानबीन करने जा रहे हैं कि आज़ादी क्या है, स्वास्थ्य क्या है, और उस ऊर्जा की क्या गुणवत्ता होती है जो तब उभरती है जब आदमी सत्य को देख लेता है, पा लेता है, ग्रहण कर लेता है उस सत्य को जिस में तमाम समय इसी एक बिंदु में समा जाता है। समझे? क्या है आज़ादी? युगों-युगों से मानव जाति किसी न किसी रूप में आज़ादी को तलाशती आई है, ऐतिहासिक या धार्मिक रूप से या किसी दूसरे तरीके से। और आजकल आज़ादी का मतलब है जो जी में आए वैसा ही करना, जो कि आप सब कर ही रहे हैं, जैसे कि चुनने की आज़ादी—कोई भी एक जगह से दूसरी जगह जाने का फैसला कर सकता है। यह उसका अपना चुनाव होगा, एक नौकरी की बजाय दूसरी नौकरी, बशर्ते कि आप तानाशाही में न रह रहे हों, जहां हर चीज़ कंट्रोल की जाती है। यहां तक कि आप के विचार और भावनाओं को भी एक खास ढांचे के मुताबिक ढाला जाता है। तो इस तरह की तानाशाही हुकूमतों में आज़ादी को नकारा जाता है, इसीलिए ये राज्य पतनशील हैं, अतीतमुखी हैं, जीवंत नहीं हैं वे, समझ रहे हैं आप?

आज़ादी क्या है हमें इसकी खोजबीन करनी ही होगी? क्या आज़ादी चुनाव है? दो कारों में से एक को चुनना, या किन्हीं दो चीज़ों में से, जहां जाना चाहते हैं वहां जाने की छूट, बाकी सब की कीमत पर खुद को आगे बढ़ाना, ठीक? जो भी हम हैं उससे कुछ आगे बढ़ने की कोशिश—कुछ बेहतर, अधिक वैभवपूर्ण, अधिक समझदार होना, और ज़्यादा ज्ञान हासिल करना—यही तो है होने-बनने की सारी प्रक्रिया, जिसे परिपूर्ण होना, कामयाब होना कहा जाता है। 'मुझे हर हाल में कामयाब होना है।' 'कहीं तो जड़ें होनी चाहिएं मेरी।' समझ रहे हैं आप? होने-बनने के इस सारे खेल के नतीजे—जो-जो छिपा है इसमें। महज़ भौतिक रूप से ही नहीं, मसलन

कर्मचारी से मालिक हो जाना, सहायक से माहिर कारीगर हो जाना, बल्कि यह महसूस करना कि अंदरूनी तौर पर कुछ बन रहा हूं। 'मैं ऐसा हूं, और वैसा हो जाऊंगा। मैं लालची हूं, ईर्ष्यालु हूं, हिंसक हूं—हम इस हिंसक शब्द का इस्तेमाल करेंगे, हम हिंसक हैं। एक दिन मैं अहिंसक हो जाऊंगा, शायद एक या दो साल में या फिर जीवन की अंतिम बेला में, जब सांस गले में अटकी हो—ठीक है? और इस सब कुछ का ही मतलब है मानसिक रूप से होना—कुछ बनना। साफ है यह तो। क्या इस बनने में कहीं आज़ादी है? सवाल को समझ रहे हैं आप? या फिर आज़ादी बिल्कुल ही कोई दूसरी चीज़ है। हम मिल कर खोज रहे हैं, छानबीन कर रहे हैं। ऐसा नहीं कि मैं सिर्फ व्याख्या कर रहा हूं और आप सिर्फ बटोर रहे हैं। हम मिल कर तलाश रहे हैं, जिसका मतलब है आप अपने दिमाग पर ज़ोर डालें, किसी भी चीज़ को यूं ही स्वीकार न करें, जो भी वक्ता कह रहा है उसे वैसे ही मत मान लें। इस तरह वह खोजबीन आपकी होगी, वक्ता की नहीं। वक्ता तो महज़ एक खाका ही दे सकता है, शब्दों में ढाल सकता है लेकिन सारा काम तो आप को ही करना होगा, गहराई में आप को ही उतरना होगा। इसलिए हम दोनों ही इसमें भागीदार हो रहे हैं, ठीक है? ऐसा नहीं कि मैं कुछ आप के सामने रख रहा हूं और आप खाली स्वीकार या इनकार कर रहे हैं—यह तो कोई भागीदारी नहीं हुई। लेकिन हम दोनों ही खोज रहे हैं, जांच-पड़ताल कर रहे हैं, सवाल उठा रहे हैं, हर विचार और एहसास को जो भी हमारे भीतर उठता है, संदेह की दृष्टि से देख रहे हैं, समय के साथ उसके संबंधों को देख रहे हैं, और यह देख रहे हैं कि कहीं यह होने या बनने की यह प्रक्रिया ही तो आज़ादी की राह में रोड़ा नहीं। क्या हम एक-दूसरे को समझ रहे हैं, किसी हद तक? क्या मैं थोड़ा सा और विस्तार में जा सकता हूं?

ऐसा है, अगर कोई एक अध्यापक है और धीरे-धीरे यूनिवर्सिटी का प्रोफैसर होना चाहता है, या कोई किसी काम में छोटा-मोटा सहायक है, जो हमेशा कुछ ना कुछ होने के चक्कर में रहता है—कुछ बड़ा, माहिर होना चाहता है, कोई कारीगरी सीख कर या ज्ञान के बल पर। किसी विषय में झोंकी गई यह ऊर्जा सीमित है। इसलिए वह आज़ादी को नकारती है। समझे आप? क्या हम थोड़ा-बहुत समझ रहे हैं इसे?

गौर किया आपने, असल में हम आज़ादी चाहते ही नहीं। हम सिर्फ एक सीमित दायरे में ही आज़ादी चाहते हैं जहां हम जो चाहें कर सकें, मैं अपनी पसंद और ना-पसंद के मुताबिक ही काम करता हूं, और इसी में मेरी आज़ादी है, मैं आप में और किसी दूसरे में चुनाव कर सकता हूं, या ऐसा ही और कुछ।

सारी यह सरगर्मियां बहुत सीमित हैं, और ये सीमाएं ही आज़ादी को नकार देती हैं। जी हां, बोलचाल में भी हम सीमित हैं, भाषाई रूप से भी हम सीमित हैं। चलिए इसका पता लगाते हैं कि क्या भाषा आज़ादी को सीमित करती है। वक्ता अंग्रेज़ी बोल रहा है—वह भाषा, इसके शब्द, दिमाग को संस्कारित करते हैं और इसलिए वह सीमित हो जाता है। क्या भाषा दिमाग को संस्कारित करती है या नहीं, क्या भाषा सीमित करती है दिमाग को? क्या आप छानबीन कर रहे हैं। मेहरबानी करके मेरे साथ-साथ चलें, खोजबीन करें इसमें। अगर यहां सिर्फ आप और मैं होते, ये इतने सारे लोग न होते, सिर्फ आप, जो कि मेरे दोस्त हैं और केवल मैं, यह वक्ता, तब हम बहुत ही बारीकी से इस पर बात कर सकते थे। और वही मैं करने जा रहा हूं—ठीक है? यानी आप मेरे दोस्त की जगह और मैं यहां वक्ता के स्थान पर। वक्ता और उसका दोस्त इस मुद्दे पर चर्चा कर रहे हैं : क्या हमेशा कुछ न कुछ बनते रहने में आज़ादी है। क्या आज़ादी आपकी लालसाओं की अभिव्यक्ति में है—महत्त्वाकांक्षाओं के इज़हार में? क्या आज़ादी अपनी ख्वाहिशों को पूरा करने में है? और मेरा दोस्त मुझ से कहता है, मेरे तो कुछ भी पल्ले नहीं पड़ रहा, आप कैसी बेतुकी बातें कर रहे हैं। हम इसके आदी हैं, यह हमारी आदत हो चुकी है, हमारे संस्कार। हम हमेशा कुछ बनना चाहते हैं, परिपूर्ण होना, बाहर और भीतर दोनों ही संसारों में। हमें कुछ हासिल करना होगा वरना तो कोई तरक्की ही नहीं होगी। ऐसी ही बातें कहता है वह—मेरा दोस्त—हर उस चीज़ का विरोध करता है जो मैं कहता हूं—वक्ता कहता है। और फिर वक्ता कहता है, इतनी जल्दबाजी मत कीजिए, आईए मिल कर देखते हैं इसे। जब भी आप महत्त्वाकांक्षी होते हैं, दोनो ही जगह, बाहरी संसार में या फिर मानसिक जगत में, महत्त्वाकांक्षा तो एक ही है, भले ही वह बेहद अमीर होने की हो या निर्वाण हासिल करने की, स्वर्ग की हो, रोशन होने या फिर मौन होने की। और वक्ता अपने दोस्त से कहता है कि वह महत्त्वाकांक्षा सीमित है, आज़ादी नहीं है। आज़ादी शब्द का हमने गलत इस्तेमाल किया है। हर कोई अपने को दूसरों पर थोपने में लगा है, अपने विचारों पर अड़ा हुआ है, अपने फैसलों, मूल्यांकनों, अपने पंथ और रूढ़ियों को ले कर मरने-मारने पर तुला है। इसी सब कुछ को हम आज़ादी कहते हैं। यह आज़ादी है क्या? फिर वह दोस्त मुझ से कहता है, 'अब कुछ-कुछ मेरी समझ में आने लगा है कि आप क्या कह रहे हैं। मैं सहमत हूं आपसे।' मैं कहता हूं, सहमत मत हों बल्कि सच्चाई को देखें, इस बात की हकीकत को।

इसलिए आज़ादी ज़रूर ही बिल्कुल कोई अलग चीज़ होगी। क्या उसे पाना मुमकिन है, हकीकत में जीना उस आज़ादी को? यह कोई महत्त्वाकांक्षा पालने वाली बात नहीं है। गहराई में जाएं इसकी, यह कुछ करने का जो प्रेम है, कुछ करने की गहरी रुचि है उसमें रुकावट नहीं बनती—ठीक? हम सब ही की तरह, संसार भर के ये साईंसदान भी महत्त्वाकांक्षाओं से भरे हैं। वे रूस वगैरह के खिलाफ कुछ बेहतर हथियार बनाना चाहते हैं। ऐसे ही खतरनाक खेल में उलझे हुए हैं वे लोग। तो इस संसार का हर आदमी, चाहे वह कितना ही अनपढ़ या मूर्ख हो या फिर गज़ब का विद्धान हो, हर कोई इस झमेले में पड़ा है। और इसे ही आमतौर पर आज़ादी कहा जाता है। लेकिन वक्ता यह कहता है कि यह आज़ादी नहीं। और वह दोस्त कहता है, ‘क्या भाषा दिमाग की सीमित कारगुज़ारिओं में रुकावट बनती है या उन्हें प्रोत्साहित करती है?’ आप यह सब समझ रहे हैं न? क्या आपकी दिलचस्पी है इसमें? बिल्कुल पक्का है? या फिर कोई खेल ही खेल रहे हैं आप मेरे साथ? क्या भाषा दिमाग को संस्कारित करती है? अगर शब्द महत्त्वपूर्ण हो जाते हैं तो भाषा दिमाग को संस्कारित करती है। चाहे वे शब्द इंग्लिश के हों या फ्रेंच के, जर्मन, इटालियन या रूसी, शब्द जब अपनी गहराई खो देता है, शब्द का इस्तेमाल जब बेध्यानी में होता है, जब हर किसी के लिए शब्द का कोई अलग ही महत्त्व हो जाता है, शब्द जब आपके दिमाग का एक नेटवर्क—एक जंजाल—बन कर रह जाएं, तो वे संस्कारित करते हैं दिमाग को—समझे आप? समझ रहे हैं न? फिर शब्द दिमाग को संस्कारित करते हैं। ठीक? लेकिन शब्दों का इस्तेमाल जब संवाद या चर्चा के लिए किया जाता है, जिसके लिए एक ध्यान की ज़रूरत होती है, संवेदनशीलता की, लचीलेपन और प्यार मुहब्बत की, तो सीमित कर देने वाले उनके प्रभाव के बिना भी शब्दों का इस्तेमाल हो सकता है। फिर दिमाग शब्दों द्वारा संस्कारित नहीं होता। लेकिन जैसे हम अभी हैं, शब्द दिमाग को संस्कारित करते हैं। जब आप तानाशाही राज्यों की बात करते हैं, तो एकदम से मेरे दिमाग में एक तस्वीर सी बन जाती है। संसार के अलग-अलग हिस्सों के तानाशाहों के चेहरे आंखों के आगे घूमने लगते हैं, क्योंकि पिछले पचास बरसों से दुनिया भर के अखबारों में उन की तस्वीरें छाई रही हैं। वह छवि उभर आती है और दिमाग को संस्कारित कर जाती है। आप इसे समझ रहे हैं न? जब मैं कहता हूं ‘गुरु’ (हंसी)—देखा आपने?—आप एकदम से प्रतिक्रिया करते हैं! या किसी क्रिश्चियन के सामने जब क्राइस्ट का ज़िक्र होता है तो वह तुरंत प्रतिक्रिया करता है। इसी तरह हिंदुओं के अपने कुछ खास शब्द हैं और बौद्धों

के अपने। मेहरबानी करके भाषाई संस्कारों की इस अहमियत को देखिए, और क्या इन्हीं संस्कारों से ही सारी समस्याएं निकलती हैं, सारे टकराव खड़े होते हैं—हिंदू-मुसलमानों के झगड़े, मुसलमानों और अरबों का यहूदियों से टकराव, ईसाईयों का जो ईश्वर में यकीन करने वाले हैं काफिरों से संघर्ष—समझे आप? यही तो चल रहा है।

तो भाषा की इस कैद से आज़ादी क्या संभव है? आप अपना दिलो-दिमाग झोंक नहीं रहे हैं इसमें, ठीक? देखिए अगर आप यह कर सकें, अभी यहां बैठे हुए, इसी वक्त, शब्दों की छवियों से पूरी तरह मुक्त हो जाना। बनते रहने में तो आज़ादी नहीं है। आदमी हो या औरत, जब तक वह महत्त्वाकांक्षी है, लालची और ईर्ष्यालु है, कोई आज़ादी संभव नहीं। वह सोच सकता है कि वह आज़ाद है क्योंकि वह अपनी महत्त्वाकांक्षाओं को अभिव्यक्त कर सकता है, लेकिन बनने की इस प्रक्रिया में कोई आज़ादी नहीं है। जब तक दिमाग शब्दों में उलझा हुआ है, शब्द छवियों का कैदी है कोई आज़ादी संभव नहीं।

छानबीन करें कि आज़ादी क्या है, खोजें स्वास्थ्य क्या है, क्योंकि अगर आप सेहतमंद नही होंगे तो आप आज़ाद नहीं हो सकते, क्योंकि सेहत की खराबी आड़े आएगी। हो सकता है कि मुझे लकवा मार जाए लेकिन फिर भी मैं तंदुरुस्त हो सकता हूं—समझ रहे हैं? हो सकता है कि मेरे पास एक ही आंख बची हो, लेकिन मैं उससे भी साफ-साफ देख सकता हूं, वह मुझे स्वस्थ होने से नहीं रोक सकती। स्वास्थ्य को तबाह करने वाली चीज़ें हैं निरंतर टकराव, कामयाबियां, उपलब्धियां, महत्त्वाकांक्षाएं, अनिश्चितताएं, उलझनें, जीवन के ये सारे दर्द। ऊर्जा इनमें बरबाद होती रहती है। समझ रहे हैं आप? बहस और दलीलबाजी में, जो भी आप ने किया या जो कह रहे हैं उस पर अड़े रहने में : 'यह बिल्कुल ठीक है, मैं इस पर अडिग हूं।' ऊर्जा का भाव है निरंतर गतिशीलता, लगातार कुछ नया तलाशते रहना, तकनीकी तौर पर नहीं, बल्कि मानसिक तौर पर। ताकि आपके दिमाग में गैर मामूली सरगर्मी रहे, गज़ब की गतिशीलता हो और आप ऊर्जा को बेकार में न गंवाएं। जब आप में यह ऊर्जा होती है तब आप मसले पर गौर कर सकते हैं, देख सकते हैं उसे ठीक से, और समय को समझ सकते हैं। तमाम समस्याएं गुथी हुई हैं एक दूसरे से, वे अलग-अलग नहीं हैं। यह एक ही अखंड सिलसिला है, दूर तक जाने वाला।

ज़ानेन,
10 जुलाई 1984

37

आज़ादी से खुदगर्ज़ी का रिश्ता

जैसा कि हमने पहले कहा, हम गंभीर लोग हैं, कम से कम वक्ता तो है। पिछले तकरीबन सत्तर सालों से वह इसी काम में जुटा है। कुछ चर्चाओं में हिस्सा लेने से या छपे हुए कुछ शब्दों को पढ़ लेने से हमारी समस्याएं हल नहीं होने वाली, इससे कुछ मदद मिलने वाली नहीं। और वक्ता आपकी मदद करने की कोशिश भी नहीं कर रहा। मेहरबानी करके यकीन मानें, वक्ता कोई अथॉरटी नहीं है, पक्की बात है यह, इसलिए वह वो आदमी नहीं है जिससे आप कुछ मदद की आस कर सकते हैं। और लोग हैं यहां जो शायद आप की कुछ मदद कर सकें। आपके पूरे मान-सत्कार को ध्यान में रखते हुए अगर मैं यह कह सकूं कि यदि आप यह चाहते हैं कि आपकी मदद की जाए तो आप अपनी समस्याओं को दूसरों पर छोड़ रहे हैं, कि कोई और आ कर उनका हल करे। और वे उनका हल करेंगे अपनी इच्छाओं के मुताबिक, अपने हितों को ध्यान में रखते हुए, उनकी सत्ता, पोज़ीशन और बिजनेस का वही खेल। तो हम बिल्कुल साधारण लोग हैं, आम आदमी, जो मिल कर चर्चा कर रहे हैं। हम मिल कर छानबीन कर रहे हैं, तथ्यों का सामना कर रहे हैं, तथ्यों के बारे में जो विचार बन गए हैं उनका नहीं, बल्कि सीधे तथ्यों का। विचारधाराओं का नहीं, वे सब फिज़ूल हैं। सिद्धांतों और ख्याली उड़ानों का नहीं, कि कौन प्रकाश को पा चुका है और कौन नहीं, कौन ईश्वर के कितना ज़्यादा करीब है, यह सब नहीं, बल्कि हम साथ मिल कर आज़ादी के इस मुद्दे पर गौर करने जा रहे हैं, आज़ादी का समय के साथ क्या संबंध है और समय का विचार और ऐक्शन के साथ क्या संबंध है। क्योंकि जीते तो हम ऐक्शन में ही हैं, जो भी हम करते हैं वह ऐक्शन है, हम व्यापारिक जगत के या साईंस और किसी ख्याली दुनिया में होने वाले ऐक्शन की बात नहीं कर

रहे, वह दुनिया जिसे फिलॉसफी कहते हैं। हम तो चीज़ों को वैसा ही देखने जा रहे हैं जैसी कि वे हैं।

संसार में भयानक अफरा-तफरी है, अराजकता है, अव्यवस्था है, और यह सब किसका किया धरा है? यह हमारा पहला सवाल है। संसार की इस बदहाली के लिए ज़िम्मेदार कौन है, यह बदहाली चाहे आर्थिक क्षेत्र में हो, समाज या सियासत में हो या जीवन में कहीं भी, सारी चीज़ें जंग की तरफ ही ले जा रही हैं। आज भी कितने युद्ध चल रहे हैं, दिल दहला देने वाले युद्ध। और क्या हमें इस बात का एहसास है कि यहां जिस घर में हम सब रह रहे हैं, उसकी सूरते हाल क्या है? नहीं, बौद्धिक स्तर पर नहीं, बल्कि रोज़मर्रा की अपनी असली ज़िंदगी में? सिर्फ उस बाहरी घर का ही नहीं, जिसे आदमी ने बनाया है, बल्कि भीतर के इस घर का? क्या हमें इस बात का एहसास है कि कितनी बेतरतीबी है यहां, कितने टकराव, आज़ादी का हमारा दायरा कितना सिकुड़ा हुआ है? आज़ादी शब्द में प्यार तो शामिल ही है, यह सिर्फ जब, जहां, जो जी में आए वही सब करने की आज़ादी नहीं है। बल्कि हम सब, यहां इस धरती पर रह रहे हैं, और हर कोई अपनी ही आज़ादी के पीछे है, खुद को व्यक्त करने, परिपूर्ण करने के चक्कर में, निर्वाण का हर किसी का अपना-अपना रास्ता है, चाहे वह जो भी हो, मज़हब का अपना-अपना रंग-रूप, अपने विश्वास, अंधविश्वास, यकीन और उससे जुड़ी तमाम दूसरी चीज़ें, मसलन प्रधानता, सत्ता की सीढ़ी पर कौन आगे है और कौन पीछे, सियासी तौर पर हो या मज़हबी तौर पर। इसीलिए आज़ादी का हमारा दायरा इतना सीमित है। और यह संसार जो कि भयंकर मनोरोगियों के लिए एक खुला मैदान बना हुआ है, यहां हर आदमी को आंतरिक आज़ादी चाहिए, सचेत या अचेत रूप से यह हर शख्स की ज़रूरत है, वह भले ही रूस में रह रहा हो, जहां तानाशाही का बोलबाला है या फिर इस तथाकथित लोकतांत्रिक संसार में। जैसे कि हर दरख़्त को फलने-फूलने के लिए आज़ादी चाहिए, वैसे ही हर शख्स को प्यार और आन-शान का जीवन जीने के लिए आज़ादी चाहिए।

आज़ादी का खुदगर्ज़ी से क्या रिश्ता है? देखिए, हम मिल कर चीज़ों पर गौर कर रहे हैं, अगर मैं कहूं कि आप यहां सिर्फ इस वक्ता को सुनने के लिए नहीं बैठे हैं, किसी ऊंचे प्लेटफार्म पर बैठे हुए आदमी को सुनने के लिए नहीं आए हैं आप, उसका कुछ भी महत्त्व नहीं। वक्ता का सचमुच ही यह मानना है कि वह यानी कि वक्ता बिल्कुल भी महत्त्वपूर्ण नहीं है। लेकिन शायद आप अपना ध्यान उस बात पर दे सकते हैं जो वह कह रहा है, जैसे दो दोस्त बड़ी

ही संजीदगी से चर्चा कर रहे हों। हम पूछ रहे हैं कि खुदगर्ज़ी और आज़ादी का क्या संबंध है? आज़ादी और खुदगर्ज़ी के बीच आप लाईन कहां खींचेंगे? और खुदगर्ज़ी है क्या? इसका विचार और समय के साथ क्या नाता है? सारे ये सवाल आज़ादी के मुद्दे से जुड़े हुए हैं। ध्यान रहे कि आज़ादी अपनी महत्त्वाकांक्षा, लोभ और ईर्ष्या वगैरह की पूर्ति का नाम नहीं। तो फिर आज़ादी और खुदगर्ज़ी का क्या संबंध है? आप जानते हैं कि खुदगर्ज़ी क्या है? यह खुदगर्ज़ी हमारे जीवन के हर कोने में, हर तह में छिपी हो सकती है, बुनियाद में—समझे? क्या हम चर्चा में एक साथ हैं? क्या आपको पूरा यकीन है कि हम एक ही धरातल पर बात कर रहे हैं—किसी ऐसे व्यक्ति से नहीं जो कहीं ऊंचे आसन पर विराजमान हो, बल्कि हम सब तो एक ही स्तर पर मौजूद हैं—पक्का यकीन है आपको?

खुदगर्ज़ी क्या है? क्या हम सचेत रूप से, सोचते-समझते हुए, छानबीन कर सकते हैं इसकी? यह कितनी गहरी या उथली है, कहां यह लाज़िमी है, कहां पर इसके लिए कोई जगह है ही नहीं, बिल्कुल भी नहीं। सवाल को समझे आप? हम साथ-साथ यह सवाल उठा रहे हैं। इसी खुदगर्ज़ी ने दुनिया में बहुत बड़ी-बड़ी उलझनें खड़ी की हैं, बेतरतीबी और टकराव खड़े किए हैं। भले ही यह खुदगर्ज़ी किसी देश, भाईचारे, परिवार, किसी देवी-देवता या किसी विश्वास या आस्था के साथ अपनी पहचान जोड़ ले, लेकिन है यह सब खुदगर्ज़ी ही। चाहे आप निर्वाण के ही पीछे भाग रहे हों—हे भगवान, जैसे कि उसके पीछे भागा जा सकता हो! इस तलाश में भी खुदगर्ज़ी है, और जब आप घर बनाते हैं, बीमा करवाते हैं या कुछ गिरवी रखते हैं, वह सब भी खुदगर्ज़ी है। व्यापारिक तौर पर और सारे धर्मों के द्वारा भी खुदगर्ज़ी को ही बढ़ावा दिया जाता है, वे मुक्ति की बात करते हैं लेकिन खुदगर्ज़ी पहले आ जाती है। और इसी संसार में हमें जीना है, काम करना है, पैसे कमाने हैं, बच्चे पालने हैं, शादी करनी है या नहीं करनी है, सब यहीं करना है। और बीसवीं सदी में जीते हुए हमारी खुदगर्ज़ी कितनी गहरी या उथली है? इसकी छानबीन करना महत्त्वपूर्ण है। खुदगर्ज़ी लोगों को बांटती है—ठीक है? हम और वो, आप और मैं, आप के हितों के मुकाबले मेरे हित, आप के परिवार के मुकाबले मेरे परिवार के हित, आपका देश, मेरा देश, जिसमें मेरे जज़्बात रचे-बसे हैं, जिससे बहुत प्यार किया है मैंने, मेरे भौतिक-जिस्मानी हित जुड़े हुए हैं जिससे, जिसके लिए मैं लड़ने और मरने-मारने को तैयार हूं, जो कि जंग है। और हम विचारों, विश्वासों, जड़सूत्रों और रिवाज़ों के साथ अपने हितों को जोड़ लेते हैं, और यही चक्कर चलता रहता है। इस सब की जड़ों में खुदगर्ज़ी ही समाई है।

अब क्या कोई इस संसार में जी सकता है, रोज़ाना का अपना जीवन, बिना किसी उलझन के, जहां ज़रूरी हो अपने हितों का ख्याल रखते हुए—मसलन भौतिक चीजों में, और मानसिक स्तर पर, आंतरिक रूप से खुदगर्ज़ी को पूरी तरह से नकारते हुए, जी हां, मैं बड़ी सावधानी से इस शब्द का इस्तेमाल कर रहा हूं। क्या यह मुमकिन है? समझ रहे हैं आप? क्या हम एक ही धरातल पर हैं? क्या हम में से हर एक के लिए यह संभव है, इस बेहद पेचीदा समाज में जीना, जहां भयंकर मुकाबलेबाजी है, सहमतियों-असहमतियों के बंटवारे हैं, एक धर्म जहां दूसरे के विरोध में खड़ा है, और यह टकराव जहां बढ़ते ही जा रहे हैं, न सिर्फ व्यक्तिगत रूप से बल्कि सामूहिक रूप से भी, ऐसे संसार में जीना, मानसिक स्तर पर खुदगर्ज़ी और जो खुदगर्ज़ी नहीं है, उसमें स्पष्ट लकीर खींचते हुए? क्या हम ऐसा कर सकते हैं? आप इस बारे में अंतहीन चर्चा करते रह सकते हैं, जैसा कि चर्चाओं में हिस्सा लेना, लैक्चर सुनने जाना, यह सब हमें पसंद है, लेकिन यहां हमें साथ-साथ देखना होगा, एकदम गौर से देखना होगा, सिर्फ शब्दों को ही सुनना नहीं है, बल्कि गहराई में जा कर अपने भीतर यह पता लगाना है, पूरे विस्तार से, व्यापकता से, सिर्फ अपनी खुदगर्ज़ी का नहीं, बल्कि यह खोजना है कि इस खुदगर्ज़ी की जड़ें कहां हैं। अपने भीतर, मानसिक स्तर पर क्या कोई खुदगर्ज़ी की हल्की सी भी भिनभिनाहट के बिना जी सकता है, इस 'मैं' के बिना, 'अहं' के बिना, जो कि खुदगर्ज़ी का निचोड़ है? कोई दूसरा नहीं बता सकता कि यह खुदगर्ज़ी है और यह खुदगर्ज़ी नहीं है, यह तो बड़ी भयानक बात होगी। लेकिन आदमी खुद यह पता लगा सकता है, कदम-कदम पर खोजबीन करते हुए, बड़ी ही होशियारी से, फूंक-फूंक कर चलते हुए, बिना किसी अंतिम निर्णय के। क्योंकि यहां पर कोई भी नहीं है जो हमारी मदद को आ सके। मेरे ख्याल से हमें पूरी तरह से पक्का हो जाना चाहिए कि कोई हमारी मदद को नहीं आने वाला। आप ऐसा ढोंग कर सकते हैं, लेकिन सच्चाई यही है कि बीस-पच्चीस लाख साल बाद या फिर चालीस हज़ार साल बाद, हम आज भी मदद चाहते हैं, हम कहीं अटक गए हैं। अपने बंधन के आखिरी छोर तक आ पहुंचे हैं हम।

खुदगर्ज़ी की इस खोजबीन के दौरान हमें इस सवाल पर भी गौर करना होगा कि आज़ादी क्या है। और प्यार तो आज़ादी में शामिल ही है, आज़ादी का मतलब गैर ज़िम्मेदारी नहीं है, मनमानी करना नहीं है, जिसने संसार में यह सारी गड़बड़ियां पैदा की हैं। और यह भी पता लगाना है कि खुदगर्ज़ी और सोच-विचार में क्या रिश्ता है? समय, विचार और सोच प्रक्रिया पर हम पहले

भी उस दिन बात कर चुके हैं। क्या हम संक्षेप में फिर दोहराएं कि समय और विचार क्या हैं—ज़रूरत है? बार-बार दोहराने से कुछ फायदा नहीं, बल्कि उकताहट होने लगती है, कम से कम वक्ता के साथ तो ऐसा होता है। इसलिए उसे शब्दों में फेर-बदल करनी पड़ती है, वाक्यों को खास अंदाज में गढ़ना पड़ता है, और बीच-बीच में मौन, अवकाश। लेकिन अगर आप खाली शब्दों को ही सुनते हैं, सिर्फ शब्द और बस शब्द, और खुद कुछ नहीं करते—तब हमारी झोली में सिर्फ राख ही पड़ती है।

ब्रॉकवुड पार्क,
31 अगस्त 1985

अनुवाद-संदर्भ

अनुवाद में पूरी सावधानी बरतने के बाद भी इसमें कुछ त्रुटियां रह सकती हैं; इसे बेहतर बनाने की गुंजाइश तो हमेशा बनी रहती है। इस संबंध में किसी भी आलोचना या सुझाव का हम स्वागत करेंगे और आगामी संस्करणों में अपेक्षित परिवर्तन किये जा सकेंगे। आपकी बहुमूल्य टिप्पणियों की हमें प्रतीक्षा रहेगी।

—अनुवादक

पत्र-व्यवहार का पता :
अनुवाद एवम् प्रकाशन प्रकोष्ठ
कृष्णमूर्ति स्टडी सेंटर, के.एफ.आई.
राजघाट फोर्ट, वाराणसी-221 001
E-mail : tpcrajghat@gmail.com

जे. कृष्णमूर्ति की अन्य पठनीय पुस्तकें

आपको अपने जीवन में क्या करना है?

जीवन से जुड़े जीवंत प्रश्नों का गहन अन्वेषण जे. कृष्णमूर्ति का बीसवीं सदी के मनोवैज्ञानिक व शैक्षिक विचार में मौलिक तथा प्रामाणिक योगदान है। यह पुस्तक उनकी विभिन्न पुस्तकों से संकलित अपने प्रकार का पहला संग्रह है, जिसमें विशेषकर युवा वर्ग को शिक्षा तथा जीवन के विषय में कृष्णमूर्ति की विशद दृष्टि का व्यवस्थित एवं क्रमबद्ध परिचय प्राप्त होता है।

ईश्वर क्या है?

जे. कृष्णमूर्ति की चर्चित और लोकप्रिय पुस्तकों में एक पुस्तक है। यह पुस्तक उस पावन परमात्मा के लिए हमारी खोज को केन्द्र में रखती है।

कठिनाइयों, विपत्तियों, दुःख, कष्ट और असमंजस में घिरा व्यक्ति जब किसी परमसत्ता से मार्गदर्शन और सहायता की आशा करता हुआ आस्था की ओर लौटता है तो उस 'रहस्यमय परमसत्ता' की वास्तविकता और खोज भी करता है। यही से प्रश्न उठते हैं 'मैं क्या हूँ'–'ईश्वर क्या है?'

जे. कृष्णमूर्ति व्यापक विवेचन करते हुए स्पष्ट करते हैं कि जब हम अपनी वैचारिकता के माध्यम से खोजना बंद कर दें तभी हम यथार्थ, सत्य अथवा आनंद की अनुभूति कर पाएंगे।

शिक्षा क्या है?

क्या आप स्वयं से यह नहीं पूछते कि आप क्यों पढ़-लिख रहे हैं? क्या आप जानते हैं कि आपको शिक्षा क्यों दी जा रही है और इस तरह की शिक्षा का क्या अर्थ है? इस पुस्तक में जीवन से संबंधित युवा मन के ऐसे अनेक पूछे-अनपूछे प्रश्न हैं और जे. कृष्णमूर्ति की दूरदर्शी दृष्टि इन प्रश्नों को मानो भीतर से आलोकित कर देती है, पूरा समाधान कर देती है। ये प्रश्न शिक्षा के बारे में हैं, किंतु सब एक-दूसरे से जुड़े हैं।

दर्शन ः संस्कृति ः धर्म

भारतीय दर्शन (दो खण्ड) / डॉ. एस. राधाकृष्णन्

विश्वविख्यात दार्शनिक तथा भारत के पूर्व राष्ट्रपति डॉ. एस. राधाकृष्णन की भारतीय दर्शन के सभी पक्षों पर अधिकृत जानकारी देने वाली यह बृहद कृति बीसवीं शताब्दी में प्रथम प्रकाशन के समय से ही अपने विषय की सबसे महत्त्वपूर्ण तथा प्रामाणिक पुस्तक मानी जाती है। यह वैदिक युग से आरम्भ करके उपनिषद्, पुराण, गीता, षड्दर्शन, बौद्ध तथा जैन धर्म-दर्शनों का सांगोपांग विवेचन वर्तमान युग की भाषा में प्रस्तुत करती है।

उपनिषदों का संदेश / डॉ. एस. राधाकृष्णन्

भारतीय दर्शन में उपनिषदों के चिन्तन की गहरी छाप है। उपनिषदें मानव जीवन के सभी आधारभूत विषयों को अपने विचार का विषय बनाती हैं। विश्वविख्यात दार्शनिक डॉ. राधाकृष्णन ने अपनी पुस्तकों में भारतीय दर्शन के विविध पक्षों का मानक विवेचन प्रस्तुत किया है। इस पुस्तक में उन्होंने सभी प्रमुख अठारह उपनिषदों (ईश, केन, मठ, प्रश्न, मुण्डक, माण्डूक्य, श्वेताश्वतर, कौषीतकी, छान्दोग्य, बृहदारण्यक आदि) के विचारों को बड़े सरल और स्पष्ट ढंग से प्रस्तुत किया है। पढ़ने और मनन करने योग्य अत्यन्त उपयोगी ग्रन्थ।

भारतीय संस्कृति ः कुछ विचार / डॉ. एस. राधाकृष्णन्

महान विचारक और दार्शनिक डॉ. एस. राधाकृष्णन भारतीय संस्कृति के मूर्धन्य व्याख्याता और समर्थक थे। भारतीय संस्कृति का विश्व की अनेक संस्कृतियों से तुलनात्मक अध्ययन प्रस्तुत करते हुए उन्होंने प्रतिपादित किया है कि भारतीय संस्कृति धर्म को जीवन से अलग करने की बात नहीं मानती, अपितु वह मानती है कि धर्म ही जीवन की ओर ले जाने वाला मार्ग है और भारतीय संस्कृति के आध्यात्मिक अन्वेषण से मानव मात्र का जीवन उन्नत हो सकता है।

जे. कृष्णमूर्ति की अन्य पठनीय पुस्तकें

ध्यान

महान दार्शनिक जे. कृष्णमूर्ति की वार्ताओं तथा लेखन से संकलित संक्षिप्त उद्धरणों का यह क्लासिक संग्रह 'ध्यान' के संदर्भ में उनकी शिक्षा का सार प्रस्तुत करता है—अवधान की, होश की वह अवस्था जो विचार से परे है, जो समस्त द्वंद्व, भय व दुःख से पूर्णतः मुक्ति लाती है जिनसे मनुष्य-चेतना की अंतर्वस्तु निर्मित है। इस परिवर्द्धित संस्करण में मूल संकलन की अपेक्षा कृष्णमूर्ति के और अधिक वचन संगृहीत हैं, जिनमें कुछ अब तक अप्रकाशित सामग्री भी सम्मिलित है।

ईश्वर क्या है?

जे. कृष्णमूर्ति की चर्चित और लोकप्रिय पुस्तकों में एक पुस्तक है। यह पुस्तक उस पावन परमात्मा के लिए हमारी खोज को केन्द्र में रखती है।

कठिनाइयों, विपत्तियों, दुःख, कष्ट और असमंजस में घिरा व्यक्ति जब किसी परमसत्ता से मार्गदर्शन और सहायता की आशा करता हुआ आस्था की ओर लौटता है तो उस 'रहस्यमय परमसत्ता' की वास्तविकता और खोज भी करता है। यही से प्रश्न उठते हैं 'मैं क्या हूँ'—'ईश्वर क्या है?'

जे. कृष्णमूर्ति व्यापक विवेचन करते हुए स्पष्ट करते हैं कि जब हम अपनी वैचारिकता के माध्यम से खोजना बंद कर दें तभी हम यथार्थ, सत्य अथवा आनंद की अनुभूति कर पाएंगे।

शिक्षा क्या है?

क्या आप स्वयं से यह नहीं पूछते कि आप क्यों पढ़-लिख रहे हैं? क्या आप जानते हैं कि आपको शिक्षा क्यों दी जा रही है और इस तरह की शिक्षा का क्या अर्थ है? इस पुस्तक में जीवन से संबंधित युवा मन के ऐसे अनेक पूछे-अनपूछे प्रश्न हैं और जे. कृष्णमूर्ति की दूरदर्शी दृष्टि इन प्रश्नों को मानो भीतर से आलोकित कर देती है, पूरा समाधान कर देती है। ये प्रश्न शिक्षा के बारे में हैं, किंतु सब एक-दूसरे से जुड़े हैं।

जे. कृष्णमूर्ति की अन्य पठनीय पुस्तकें

आपको अपने जीवन में क्या करना है?

जीवन से जुड़े जीवंत प्रश्नों का गहन अन्वेषण जे. कृष्णमूर्ति का बीसवीं सदी के मनोवैज्ञानिक व शैक्षिक विचार में मौलिक तथा प्रामाणिक योगदान है। यह पुस्तक उनकी विभिन्न पुस्तकों से संकलित अपने प्रकार का पहला संग्रह है, जिसमें विशेषकर युवा वर्ग को शिक्षा तथा जीवन के विषय में कृष्णमूर्ति की विशद दृष्टि का व्यवस्थित एवं क्रमबद्ध परिचय प्राप्त होता है।

सोच क्या है?

सोचने-विचारने से अपनी समस्याएं हल हो जाएंगी ऐसा मनुष्य का विश्वास रहा है, परंतु वास्तविकता यह है कि विचार पहले तो स्वयं समस्याएं पैदा करता है, और फिर अपनी ही पैदा की गई समस्याओं को हल करने में उलझ जाता है। एक बात और, विचार करना एक भौतिक प्रक्रिया है। कृष्णमूर्ति स्पष्ट करते हैं कि स्वतंत्रता का, मुक्ति का तात्पर्य है व्यक्ति के मस्तिष्क पर आरोपित इस 'नियोजन' से, इस 'प्रोग्राम' से मुक्त होना। इसके मायने हैं अपनी सोच का, विचार करने की प्रक्रिया का विशुद्ध अवलोकन; इसके मायने हैं निर्विचार अवलोकन—सोच की दखलंदाज़ी के बिना देखना। *'अवलोकन अपने आप में ही एक कर्म है'*, यही वह प्रज्ञा है जो समस्त भ्रांति तथा भय से मुक्त कर देती है।

प्रथम और अंतिम मुक्ति

इस पुस्तक में जे. कृष्णमूर्ति की अंतर्दृष्टियों का व्यापक व सारगर्भित परिचय तथा उनमें सहभागिता का चुनौती-भरा निमंत्रण प्राप्त होता है। कृष्णमूर्ति की शिक्षाओं के विविध सरोकारों का समावेश इस एक पुस्तक में उपलब्ध है जो अंग्रेज़ी पुस्तक *'द फर्स्ट एंड लास्ट फ्रीडम'* का अनुवाद है। इस पुस्तक का प्रकाशन 1954 में हुआ था लेकिन आज भी यह पुस्तक कृष्णमूर्ति की सर्वाधिक पढ़ी जाने वाली पुस्तकों में से एक है।

www.ingramcontent.com/pod-product-compliance
Lightning Source LLC
LaVergne TN
LVHW040038150726
843364LV00038B/922